NORMANDIE 1944

L'ÉTÉ CANADIEN

BILL McANDREW
DONALD E. GRAVES
MICHAEL WHITBY

NORMANDIE 1944

L'ÉTÉ CANADIEN

ART GLOBAL

Données de catalogage avant publication (Canada)

McAndrew, Bill, 1934-
   Normandie 1944 : l'été canadien
   Publ. aussi en anglais sous le titre: Normandy 1944:
   The Canadian Summer
   ISBN 2-920718-56-8
1. Normandie, Bataille de, 1944. 2. Guerre, 1939-1945 (Mondiale, 2e) —
Canada. 3. Opération Overlord. 4. Canada — Forces armées — Histoire —
Guerre, 1939-1945 (Mondiale, 2e). I. Graves, Donald E. (Donald Edward),
1949- . II. Whitby, Michael J (Michael Jeffrey), 1954 . III. Titre.
D756.5.N6M3214 1994   940.54'2142   C94-940499-3

Coordonnateur du projet : Serge Bernier

Conception et réalisation :
Ara Kermoyan

Pages de garde :
Thomas Charles Wood, 1913 –
Le Jour J, 1944
Huile sur toile,
Musée de la Guerre, 10558
Photographie : William Kent

Illustration de la jaquette : Stéphane Geoffrion,
d'après *Le Jour J* de Thomas Charles Wood.

Réalisation des cartes (pages 30, 31, 44, 45, 149) :
William R. Constable

Imprimé au Canada

This work was published simultaneously in English under the title:
Normandy 1944: The Canadian Summer.
ISBN 2-920718-55-X

Publié par Éditions Art Global
1009, avenue Laurier Ouest
Montréal, Québec H2V 2L1
Canada
en collaboration avec le ministère de la Défense nationale
et le Groupe Communication Canada — Édition
Approvisionnements et Services Canada.

ISBN 2-920718-56-8 (Art Global)

TABLE DES MATIÈRES

PR18,212 +

PR18,212 +

REMERCIEMENTS

Le ministre de la Défense nationale, son sous-ministre et le chef d'État-major de la Défense ont approuvé la production du présent ouvrage en 1993 et n'ont pas ménagé leurs efforts pour assurer sa publication.

Les auteurs souhaitent exprimer leur sincère reconnaissance aux nombreuses personnes, anciens combattants ou autres, qui les ont généreusement aidés à préparer ce livre. Carl Landry et Patrick McCloskey leur ont permis de consulter à volonté les journaux et les documents personnels de feu monseigneur Raymond Hickey, et Fred Whitty, qui a été son chauffeur tout au long de la campagne, a développé de nombreux aspects des touchants mémoires de Mgr Hickey, The Scarlet Dawn. *Charles Martin, Charles Forbes et Jean Ellis Wright ont bien voulu autoriser les auteurs à citer des extraits de leurs mémoires, et George Blackburn des passages de* Thank God, the Guns. *Plusieurs anciens combattants ont fourni des récits personnels de leurs aventures, notamment : le vice-amiral H.G. DeWolf, le contre-amiral D.W. Piers, les brigadiers-généraux E.A.C. Amy, S.V. Radley-Walters et J.L. Summers, le commander L.B. Jenson, le lieutenant-colonel A.L. Coffin, le major W.J. McLeod, le capitaine Charles Williams, D.B. Wilson et le soldat Archie Mimms.*

Nous remercions également les vétérans de la campagne de Normandie qui ont émis des commentaires constructifs sur le premier jet de certains chapitres : le major-général Roger Rowley, les brigadiers-généraux N. Gordon et S.V. Radley-Walters, les colonels H.C.F. Elliott, C.O. Dalton et H.E. Dalton, les lieutenants-colonels L. Fulton, J.C. Stewart et H.C. Taylor, et le lieutenant-commander Alan Easton.

W.A.B. Douglas, Roger Sarty, Stephen Harris, Bill Rawling, Brereton Greenhous et Bill Johnston, du Service historique du MDN, nous ont communiqué leurs observations sur cet ouvrage, de même que M. Marc Milner, le lieutenant-commander Doug McLean et Pat Whitby. Certains documents nous ont été aimablement procurés par Pamela Brunt. Quant à Serge Bernier, il a géré la production de cet ouvrage avec un tact et un bon sens remarquables. Enfin, Réal Laurin a su découvrir des livres introuvables, et Laurette Blais a produit avec compétence le manuscrit final. Qu'ils trouvent tous ici l'expression de notre reconnaissance.

Le personnel des Archives nationales du Canada, de l'Unité de photographie du ministère de la Défense nationale, l'Escadron de soutien géographique du Service de cartographie, et du Musée canadien de la guerre, nous a rendu d'inestimables services pour la préparation de cet ouvrage. En particulier, nous aimerions exprimer notre dette envers M. Timothy Dubé, de la Division des manuscrits des ANC, ainsi qu'à Hugh Halliday et à Bill Kent, du MCG.

Sans la contribution de toutes ces personnes aussi généreuses que bien informées, ce livre n'aurait jamais pu être écrit. Quant aux éventuelles erreurs qu'il contient, elles ne sont attribuables qu'aux auteurs.

Les paroles des personnes qui ont effectivement participé aux événements décrits, ont été reproduites dans toute la mesure du possible, telles qu'elles nous ont été fournies, par des mémoires ou par des entrevues et elles sont indiquées, dans le texte, en caractères italiques.

PRÉFACE

Cet ouvrage commémore le cinquantième anniversaire de la participation canadienne à l'opération Overlord, l'une des plus grandes réalisations des Alliés au cours de la Seconde Guerre mondiale : le débarquement en France occupée. Présents au cœur de presque toutes les phases de cette entreprise colossale, les Canadiens ont joué un rôle significatif dans son succès. Des aviateurs canadiens formaient des équipages de bombardiers, de chasseurs ou d'avions de reconnaissance. Ils s'y trouvaient soit comme membre de l'Aviation royale du Canada, soit à titre individuel au sein d'escadrons britanniques. Des équipes de la Marine royale du Canada déminèrent des corridors d'approche maritimes, pilotèrent des barges de débarquement, chassèrent des sous-marins et des navires ennemis et couvrirent du feu de leurs canons le débarquement de nos soldats. Des militaires venus de toutes les régions du Canada participèrent à l'assaut original en Normandie. Durant trois longs mois, dans les champs, de Caen à Falaise, et même au-delà, ils se distinguèrent lors de très durs combats.

Ce fut un accomplissement remarquable pour un pays qui comptait alors un peu plus de onze millions d'habitants; qui mit sous l'uniforme et au service de la liberté environ un dixième de sa population adulte. L'influence du Canada dans l'après-guerre est due fortement à l'action de ces hommes et de ces femmes. Les anciens combattants canadiens de la campagne de Normandie avaient fièrement repris les traditions créées par le Corps expéditionnaire canadien, en 1914-1918. Aujourd'hui, ils peuvent constater que leurs héritiers, de la Corée à la Croatie, ont maintenu leur glorieuse tradition. Au nom de tous les Canadiens et Canadiennes, je salue ces vétérans et les remercie sincèrement.

Jean Chrétien
Premier ministre

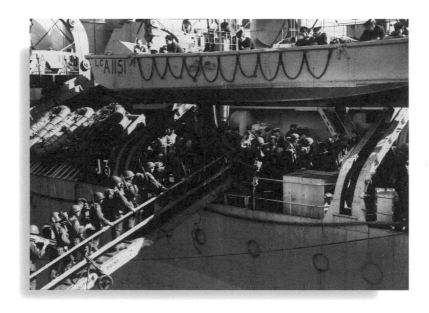

CHAPITRE I

PRÉPARATION À L'OPÉRATION OVERLORD, 1939-1944

Oui, bien sûr, et c'était facile d'être un héros sur le quai de la gare de Newcastle, par une paisible matinée d'octobre de l'an de grâce mil neuf cent trente-huit. Rien, là-bas, n'évoquait le fracas et la fumée des combats, sinon le vieux tortillard de Chatham, qui grimpait vers nous en ahanant.

C'est ainsi que le père Raymond Hickey décrit, dans ses mémoires intitulés *The Scarlet Dawn*, la manière inusitée dont il fait connaissance avec le monde de l'armée de terre. Il vient de tomber par le plus grand des hasards sur le lieutenant-colonel Arthur Leger, qui lui demande à brûle-pourpoint de devenir aumônier de son bataillon de miliciens, le North Shore (New Brunswick) Regiment. Hickey accepte, du moment que son évêque est d'accord; décision fatidique qui donnera à sa carrière d'ecclésiastique et d'enseignant un tour tout à fait imprévisible. Exactement un an plus tard, après avoir célébré la messe à Chatham, un dimanche matin, Hickey regagne sa chambre, d'où il peut apercevoir *«le Miramichi, ce Rhin de l'Amérique, dont le cours nonchalant rappelle une coulée d'argent fondu».* Ayant allumé sa radio, il entend, en même temps que les Canadiens de tout le pays, la nouvelle qui tombe *«comme un barrage d'artillerie avant une attaque. Retentit alors ce mot horrible : guerre! guerre! guerre! Mais c'est impossible! Qui pourrait haïr, et qui pourrait-on haïr, dans un monde si paisible?» En fait, les haineux s'avéreront bien trop nombreux dans un monde qui se désagrège.*

Le North Shore Regiment est une unité rurale plus ou moins typique de la milice canadienne. Son quartier général se trouve à Newcastle, et ses compagnies sont dispersées aux environs des localités de Campbellton, de Bathurst et de Chatham, dans le nord-est. Les soldats à temps partiel de ce régiment sont mobilisés en mai 1940, pendant que d'autres bataillons, déjà arrivés en Grande-Bretagne, assistent avec angoisse à l'extraordinaire spectacle du corps expéditionnaire britannique revenant de Dunkerque sans tambour ni trompette. En quelques jours, les Forces armées allemandes ont gagné le rivage français de la Manche, non loin du château de Douvres, et les deux divisions canadiennes mal entraînées qu'on a hâtivement expédiées outre-mer constituent la première ligne de la défense britannique.

À cette époque, ou même deux ans plus tard, lorsque les survivants canadiens reviendront en titubant de Dieppe, il faut une rare puissance d'imagination pour entrevoir de quelle manière les Alliés pourront retourner en force sur le continent. À l'exception notable de ce qui s'est produit au cours de la bataille d'Angleterre, les Allemands ont eu le champ libre. Ils ont enlevé la Pologne et la France, puis, pour protéger leur flanc avant d'envahir l'Union soviétique en juin 1941, les Balkans et la Grèce. À compter de décembre 1941, les Japonais s'avancent rapidement jusqu'en Nouvelle-Guinée au sud et jusqu'à la frontière de l'Inde à l'ouest : en 1942, les tenailles de l'Axe menacent de se rejoindre quelque part au Moyen-Orient.

En dépit de demandes prématurées exigeant la création d'un second front européen, l'organisation d'un retour victorieux sur le continent est une entreprise complexe qui ne saurait être prise à la légère. Les Alliés doivent d'abord s'assurer de la supériorité aérienne et tranformer en une force militaire efficace les armées d'une coalition disparate. Par-dessus tout, la victoire dans la bataille de l'Atlantique, la plus longue campagne de la guerre, est essentielle au succès de l'invasion. Dès 1939, la survie de la Grande-Bretagne dépend en effet d'un ravitaillement sûr en vivres et en marchandises diverses; et, suite au désastre de juin 1940, chacun sait que les navires de commerce devront faire franchir l'Atlantique Nord à des quantités massives d'hommes et de matériel de guerre lorsque les Alliés reprendront l'offensive. Or, les convois maritimes attirent les U-Boot. Au cours de l'hiver 1940-1941 et des mois qui suivent l'entrée en guerre des États-Unis, par exemple, les sous-mariniers allemands célèbrent leurs «beaux jours» en envoyant par le fond assez de vaisseaux marchands pour menacer la maîtrise alliée des mers. Cependant, en quelques mois, les cryptographes britanniques trouvent la clé du code allemand ENIGMA, ce qui leur permet de déchiffrer les messages émis ou reçus par les sous-marins ennemis, et, pour la première fois, les navires militaires escorteurs sont en mesure de protéger les convois commerciaux d'un bord à l'autre de l'Atlantique. En septembre, la US Navy entre dans la danse, et il faut à peine plus d'un an à l'industrie américaine pour réussir à produire des navires de commerce plus vite que les Allemands n'arrivent à les couler.

La couverture aérienne au large des côtes et l'amélioration des tactiques anti-sous-marines refoulent les U-Boot au milieu de l'océan, dans le tristement célèbre «trou de l'Atlantique». Là, ils sont hors de portée des avions basés sur le littoral. Mais, de nouvelles découvertes cryptographiques, des groupes de navires qui patrouillent au hasard «le trou de l'Atlantique», des avions patrouilleurs à long rayon d'action, ou transportés à bord de porte-avions, rendent l'existence des sous-mariniers allemands encore plus difficile. L'année 1943 marque un tournant décisif en leur défaveur. Pendant les trois premières semaines de mai, les navires et les avions alliés coulent 31 U-Boot, obligeant leur commandant, l'amiral Karl Dönitz, à retirer de l'Atlantique Nord les survivants de sa flotte sous-marine. La contre-attaque qu'il lance en septembre échoue et, entre janvier et mars 1944, 105 convois comprenant au total 3 360 navires marchands — la plupart transportant des approvisionnements dont on a un pressant besoin pour l'invasion — franchissent l'Atlantique Nord, ne perdant que trois bâtiments.

Les Forces canadiennes ont joué un rôle crucial dans la victoire de l'Atlantique. Des escadrons de patrouille de l'ARC, volant à bord de Canso, de Hudson, de Sunderland, et de Liberator à très long rayon d'action basés des deux côtés de l'océan, ont contribué à couvrir peu à peu tout l'espace aérien, alors que la MRC a fourni près de la moité des navires des groupes d'escorte du milieu et de l'ouest de l'océan. Pour ces deux armées, il s'est agi d'une campagne particulièrement difficile, car leurs forces, minuscules avant la guerre, se sont rapidement transformées en flottes de centaines de navires et d'avions. Pour devenir efficaces, elles ont dû toutes deux surmonter les innombrables insuffisances dont souffraient leur entraînement et leur équipement. Mais, en 1944, elles seront responsables de presque toutes les missions d'escorte de l'Atlantique Nord.

La victoire sur les U-Boot donnera aux Alliés les moyens nécessaires pour transformer une guerre défensive en guerre offensive. Cependant, le premier ministre Churchill a déjà mis sur pied un service d'opérations combinées chargé d'étudier le mécanisme du franchissement de la Manche par une armée d'invasion. Ce service s'est livré à des raids expérimentaux sur les côtes tenues par l'ennemi — à Vaagsö, à Bruneval, à Saint-Nazaire et à Dieppe. Ce faisant, il a mis au point toute une batterie de navires et de péniches de débarquement spécialisés pouvant transporter, plus ou moins sans encombre, des troupes d'assaut jusqu'aux plages ennemies. Des essais opérationnels de grande envergure — débarquements en Afrique du Nord, en Sicile et en Italie — ont permis de perfectionner les techniques de reconnaissance, de débarquement, d'appui-feu, de nettoyage des plages, de commandement et de contrôle. Au printemps 1944, on dispose d'un remarquable éventail d'ingénieux engins : une flotte de navires spécialisés permettant de transporter des hommes, des armes, des approvisionnements, des chars amphibies, des camions et des AVRE (véhicules blindés des Royal Engineers) qui serviront à débarrasser les plages des mines, des blockhaus et de tout autre obstacle.

Pendant que les Opérations combinées mettent au point l'équipement et les méthodes de débarquement, plusieurs états-majors de planification interarmées élaborent les plans d'un assaut livré à travers la Manche, à partir de la Grande-Bretagne. En 1943, on regroupe leurs travaux dans un QG interarmées, sous le commandement du lieutenant-général Frederick Morgan, qui a été nommé COSSAC, c'est-à-dire chef d'état-major du commandant suprême des Forces alliées, dont le nom est inconnu à ce moment-là. Le mandat donné à Morgan est de «s'emparer, sur le continent, d'un point d'appui à partir duquel il sera possible de mener de nouvelles opérations offensives».

Son personnel fonde sa planification sur trois hypothèses. La première, voulant qu'il ne soit pas nécessaire de s'emparer immédiatement d'un port en eau profonde fonctionnel, repose sur une solution de rechange toute prête : les Alliés emporteront avec eux leur propre port, MULBERRY, de même que PLUTO, un pipeline pétrolier. L'esprit fertile du premier ministre Churchill a déjà envisagé, en 1917, la possibilité de construire des ports artificiels. Vingt-cinq ans après, il donne instructions à ses planificateurs de *me fournir la meilleure solution qui aura été mise au point. Inutile de discuter, il y aura*

Le père Raymond Hickey estime qu'un aumônier, tout comme un fantassin, «a besoin d'une paire d'épaules vigoureuses, de deux jambes robustes, d'un estomac capable de digérer des semelles de bottes, et de deux pieds à l'épreuve des ampoules».
(Collection Hickey)

Un grand nombre de soldats canadiens qui combattront en Normandie se sont enrôlés dans l'armée de terre auprès de bureaux de recrutement régionaux semblables à celui-ci. (Ministère de la Défense nationale, PMR93-393)

suffisamment de difficultés comme ça, dans cette affaire». Les problèmes abondent en effet, mais, grâce à une technique imaginative issue de la construction de plates-formes antiaériennes dans l'estuaire de la Tamise, en 1940, on les surmontera et on produira un dispositif des plus ingénieux. Il s'agit tout d'abord de remorquer à travers la Manche des brise-lames — de vieux navires et des caissons remplis de ciment — qu'on coulera à proximité immédiate de la côte. On ancrera au large, pour les protéger, d'énormes constructions d'acier flottantes ressemblant à des radeaux pneumatiques. À l'intérieur de ces deux lignes de protection et jusqu'au rivage, on installera des quais flottants capables de monter et de descendre avec la marée, sur lesquels les vaisseaux de ravitaillement pourront débarquer leur chargement d'hommes, de véhicules et d'approvisionnements. Les Alliés construiront deux MULBERRY complets, chacun d'eux ayant une capacité comparable à celle du port de Douvres. Les secteurs américain et canado-britannique disposeront chacun d'un de ces MULBERRY complets, et chaque plage d'assaut sera protégée par un brise-lames.

La deuxième hypothèse de planification, selon laquelle les Alliés auront acquis la supériorité aérienne, se réalisera au printemps 1944, lorsque de nouveaux chasseurs à long rayon d'action de la United States Army Air Force deviendront opérationnels et iront vaincre la Luftwaffe jusqu'au cœur de l'Allemagne. La troisième hypothèse, voulant que les divisions de réserve allemandes puissent être tenues à l'écart de la tête de pont jusqu'à ce que les forces d'invasion s'y soient solidement consolidées, sera réalisée par un programme de déception de grande envergure. L'axiome de Thomas Hobbes selon lequel «la force et la duperie sont les vertus cardinales de la guerre», servira d'inspiration à l'opération FORTITUDE, c'est-à-dire au plan de déception. FORTITUDE usera de la force par le moyen d'une campagne de bombardement judicieuse qui amènera les Allemands à disperser leurs réserves dans toute la France. Quant à la duperie, elle consistera à faire croire aux Allemands que l'invasion empruntera le chemin le plus court à travers la Manche, celui du Pas-de-Calais. Comme toutes les autres ruses efficaces, FORTITUDE encouragera des idées préconçues solidement enracinées. Les Allemands, ayant estimé qu'ils choisiraient eux-mêmes le Pas-de-Calais, supposeront que d'autres esprits militaires professionnels doivent arriver à des conclusions identiques.

En se préparant à affronter l'invasion, les Allemands se trouvent devant un dilemme; en effet, ils n'ont pas assez de moyens pour protéger toute l'étendue des côtes menacées. N'ayant guère d'autre choix que de réserver la plus grande partie de leurs troupes combattantes à la campagne de grande envergure qui se déroule sur le front oriental, ils tentent de protéger les secteurs occidentaux les plus vulnérables au moyen de fortifications fixes occupées par des garnisons. Les positions que les commandants allemands responsables assignent à leurs réserves mobiles, et qui sont la clé d'une défense efficace, révèlent des différends fondamentaux. Le maréchal Erwin Rommel, dont le rôle s'apparente à celui d'un inspecteur général, juge, d'après son expérience de la supériorité aérienne alliée en Afrique du Nord, que les unités de chars doivent être positionnées de façon à défaire sur les plages même les éventuelles forces d'invasion : trop éloignés de la zone de débarquement, les blindés seront incapables de franchir la moindre distance sans être détruits par les avions. Mais quelles plages? demande le commandant en chef dans l'Ouest, le maréchal Gerd von Rundstedt. La 15e Armée se trouve à l'est de la Seine, dans le Pas-de-Calais, qui est l'un des secteurs menacés, et la 7e Armée occupe le second, entre la Seine et la Loire. Il veut donc placer ses formations blindées dans une position centrale d'où elles pourront intervenir en n'importe quel point du littoral. Une autre voix dissidente est celle du commandant des troupes de Panzer, le général Geyr von Schweppenburg. Selon lui, les Alliés feront précéder leurs forces de débarquement par des troupes d'invasion aéroportées. Il devrait donc conserver ses chars à l'arrière pour éliminer d'abord celles-ci avant de se porter à la rencontre de celles-là.

Pour leur part, les planificateurs de Morgan décident de débarquer en Normandie plutôt que dans le Pas-de-Calais. Ceci après avoir soupesé une myriade de facteurs — distances, dénivellation et issues des plages, dispositif des Allemands, possibilité de l'effet de surprise. Au début de 1944, le général Dwight D. Eisenhower quitte la Méditerranée pour revenir en Grande-Bretagne, où il prend le commandement des forces d'invasion interarmées et combinées. Le rejoint le général Bernard L. Montgomery, qui reçoit le commandement des armées d'invasion. Les deux commandants acceptent le plan fondamental de Morgan, mais ils insistent pour que la largeur du front et l'effectif de la force d'assaut initiale soient augmentés.

Une pénurie de péniches de débarquement a limité les prévisions de Morgan à trois divisions d'assaut. Lorsque le premier ministre Churchill, le président Roosevelt et les chefs des états-majors combinés se réunissent à Québec en 1943, ils doivent décider des priorités de répartition de ces indispensables bâtiments entre l'Europe et le Pacifique. Leurs discussions militaires s'enveniment souvent, ainsi qu'on peut s'y attendre de la part de meneurs d'hommes de forte volonté qui doivent défendre des intérêts nationaux et militaires souvent divergents. Les chefs des états-majors précisent leurs priorités, et de nouvelles péniches de débarquement sont construites, permettant à Eisenhower et à Montgomery de porter l'effectif de leur force d'assaut de trois à cinq divisions de débarquement, en plus de trois divisions aéroportées.

À l'approche de l'invasion, l'entraînement devient de plus en plus dur.
Pourtant, si réaliste qu'il soit, il ne peut jamais donner une image tout à
fait fidèle du véritable combat. (MDN, PMR93-382)

À mesure que la date de l'invasion approche, les unités d'assaut
apprennent et réapprennent sans cesse comment monter à bord et
descendre des péniches de débarquement. (MDN, PMR93-413)

Des facteurs parfois contradictoires influent sur la date et l'heure de l'invasion : les divisions aéroportées veulent un clair de lune, et les forces aériennes une période exempte de brouillard, alors que les navires ont besoin d'obscurité pour s'approcher et de la lumière du jour pour observer les points de chute de leur tir d'appui. Un débarquement à marée basse obligera les troupes d'assaut à traverser à pied et à découvert de plus grands espaces. Par contre, il exposera les obstacles minés protégeant les plages qui, s'ils ne sont pas détruits, éventreront les péniches de débarquement. Un compromis raisonnable consiste à s'approcher à la faveur de l'obscurité et à attaquer à la lumière du jour au début de la marée montante. En mai et juin 1944, il n'existe que trois périodes réunissant les conditions les plus favorables, à savoir une pleine lune suivie d'une marée basse peu après l'aube : au début de mai, du 2 au 6 juin, et du 17 au 21 juin. Eisenhower, portant son choix sur la deuxième période, sélectionne le 5 juin comme jour J.

Sous la direction d'Eisenhower, les commandants des forces navales, aériennes et terrestres mettent la dernière main à leurs plans en vue de l'opération NEPTUNE, la phase d'assaut de l'opération OVERLORD. Au cours des heures d'obscurité qui précéderont les débarquements, la 6e Division aéroportée britannique, dont fait partie le 1er Bataillon de parachutistes canadien, doit prendre position à l'est de l'Orne, où elle s'emparera des ponts qui franchissent ce fleuve et le canal voisin, afin d'empêcher les réserves allemandes de venir s'opposer aux débarquements. Sur le flanc occidental, la 82e et la 101e Divisions aéroportées américaines doivent s'emparer des routes qui traversent le terrain marécageux à la base de la presqu'île du Cotentin. Ses flancs ainsi protégés, le gros des forces d'assaut débarquera le lendemain matin et opérera sa jonction avec les troupes aéroportées.

Sur la droite du front maritime de 80 kilomètres se trouvera la 1re Armée américaine du lieutenant-général Omar Bradley; sur la gauche, la 2e Armée britannique du lieutenant-général Miles Dempsey. Bradley disposera de deux corps d'armée, le 7e pour la plage UTAH, le 5e pour OMAHA. Chacun d'eux doit débarquer sur un front d'une division, la 4e à droite et la 1re à gauche. Dempsey aura également deux corps d'armée. Sur la droite, la plage GOLD est attribuée à la 50e Division du 30e Corps d'armée; à gauche, le 1er Corps d'armée doit envoyer la 3e Division canadienne sur la plage JUNO, et la 3e Division britannique sur SWORD.

Les planificateurs préparent un plan savant de feux d'appui destiné à accaparer les défenses des plages lorsque les troupes d'assaut s'approcheront dans leurs vulnérables péniches de débarquement. Les bombardiers de la Royal Air Force et de l'Aviation royale du Canada doivent arriver les premiers, pendant la nuit, pour neutraliser les batteries de défense côtière qui pourraient faire des ravages parmi les navires de la flotte d'invasion. Les bombardiers de la 8e Force aérienne des États-Unis les suivront au point du jour pour lâcher des explosifs brisants sur les défenses des plages. Les canons de marine prendront ensuite à partie les batteries d'artillerie et les centres de résistance allemands et, lorsque le jour se sera levé, les roquettes et l'artillerie de campagne, dont sont dotées certaines péniches de débarquement converties, compléteront ce dispositif. Enfin, des chars Sherman amphibies et des CENTAUR (des chars Churchill pourvus de puissants canons de 95 mm à courte portée) apporteront, sur la terre ferme, un appui-feu immédat à l'infanterie.

L'armée devra toutefois franchir d'abord la Manche. Selon les ordres de l'amiral sir Bertram Ramsay, commandant des Forces navales alliées, la marine aura pour tâche globale de veiller à «amener les forces d'assaut jusqu'à leurs plages, sans encombre et à l'heure dite, à protéger leur débarquement et, par la suite, à assurer le soutien, l'entretien et le renforcement rapide de nos forces sur la terre ferme». La Royal Navy étant déjà employée à la limite de ses possibilités, la Marine royale du Canada fournit à la cause commune 126 navires — environ un tiers de son effectif combattant — qui participeront pratiquement à toutes les phases de l'invasion. Seize dragueurs de mines de la classe Bangor doivent contribuer à ouvrir la voie à travers la Manche, alors que deux navires de débarquement, le NCSM *Prince David* et le NCSM *Prince Henry*, transporteront chacun 450 soldats jusqu'aux plages. Les destroyers *Sioux* et *Algonquin* doivent escorter des groupes d'assaut de l'Angleterre à la Normandie et assurer un appui-feu rapproché. D'autres navires de la MRC seront déployés pour protéger le flanc maritime de l'invasion.

Les planificateurs concluent qu'il n'existe qu'un maigre risque que les navires lourds allemands basés dans la mer Baltique tentent d'effectuer une sortie dans l'Atlantique, voire de se ruer dans la Manche par le Pas-de-Calais. Outre les mines, la flotte d'invasion n'est donc plus exposée qu'à deux menaces allemandes importantes. Au nord-est de la baie de la Seine, l'ennemi dispose, dans la Manche, de plusieurs navires légers : quatre petits destroyers au Havre et trois flottilles de vedettes lance-torpilles entre Le Havre et Ostende. Le *Sioux*, l'*Algonquin* et huit unités de la 29e Flottille de torpilleurs se trouvent parmi les forces navales combinées chargées de les tenir en échec.

Le flanc occidental est plus vulnérable. Les ports du golfe de Gascogne hébergent 36 U-Boot et quatre gros destroyers; 39 autres sous-marins se trouvent en mer ou sont tenus en réserve en Norvège, et il y a deux flottilles de vedettes lance-torpilles à Cherbourg. La MRC déploie la 65e Flottille de torpilleurs, deux destroyers de la classe Tribal et quatre groupes d'appui anti-sous-marins (deux de frégates et deux de destroyers) pour contribuer à la mise en échec de ces

Peinture des bandes d'identification sur un Spitfire du 411ᵉ Escadron de l'ARC. Le jour J, l'escadron effectue quatre opérations offensives au-dessus des plages d'assaut, et ses pilotes sont «très déçus» de voir qu'aucun appareil allemand ne les provoque. Par la suite, l'un des pilotes de cette unité, le capitaine d'aviation R.J. Audet, détruira cinq avions ennemis au cours d'un combat de deux minutes. (MDN, PL 30827)

Au cours des mois précédant le jour J, treize escadrons de bombardiers lourds du 6ᵉ Groupe de l'ARC, dont trois de Lancaster, bombardent des objectifs en Allemagne et en France. Afin d'éviter de dévoiler l'emplacement du secteur d'invasion, les objectifs du bombardement ne sont pas confinés à la seule Normandie. (MDN, PL 44205)

menaces. Enfin, 19 corvettes canadiennes escorteront les convois chargés de ravitailler la tête de pont.

En dépit d'une supériorité numérique écrasante, les forces navales alliées ne laissent rien au hasard, et l'équipage de chaque navire se prépare pleinement à sa mission. L'entraînement au combat de l'équipage des corvettes, décrit par un officier historien de la MRC, offre sans doute un excellent exemple :

De jour comme de nuit, des «attaques ennemies» aériennes peuvent se produire sans avertissement. Pendant que le groupe poursuit un sous-marin, on fait passer à portée de l'artillerie antiaérienne une cible remorquée, puis, pour compliquer l'existence du service des communications, on envoie à celui-ci un message lui ordonnant de brouiller une fréquence qu'on soupçonne de servir au guidage de bombes planantes. La nuit, des vedettes simulant des torpilleurs allemands attaquent simultanément de diverses directions, et les corvettes doivent organiser un tir d'obus éclairants et d'obus explosifs contre des cibles remorquées. Pendant qu'une corvette simule avec des grenades Mills une attaque contre un sous-marin, elle peut être subitement assaillie par des avions qui font pleuvoir des munitions réelles autour d'elle, et l'officier d'entraînement attaché au navire peut faire partir simultanément un de ses pétards d'exercice.

Après ce précieux entraînement réaliste, un capitaine fait remarquer que *personne ne pouvait imaginer exactement à quoi on nous préparait, mais il nous semble maintenant qu'il nous fallait nous attendre à tout et à n'importe quoi, et à être envoyés n'importe où*. Les hommes ne peuvent que chercher à percer le voile d'une sécurité rigoureuse pour deviner à quel endroit au juste ils devront se rendre.

Les forces aériennes alliées ont des tâches tout aussi variées. Pendant que mûrissent les plans d'invasion, les bombardiers, les chasseurs et les avions de patrouille maritime de l'Aviation royale du Canada prennent une part active à des opérations aux côtés de la RAF et de l'USAAF. Aux premiers jours de la guerre, les bombardiers lourds étaient les seules armes offensives dont disposaient les Britanniques et, en 1944, la campagne de bombardement qui a découlé de cette situation a acquis une vie propre. Les commandants supérieurs de l'armée de l'air estiment avec optimisme que, si on leur donne assez d'avions et de bombes, ils pourront vaincre l'Allemagne nazie sans que soit nécessaire une offensive terrestre. Toutefois, les chefs des états-majors combinés refusent d'accepter la certitude doctrinaire des aviateurs, de telle sorte que le Bomber Command de la RAF, qui comprend 13 escadrons de bombardiers du 6e Groupe de l'ARC, apporte une contribution directe à l'opération OVERLORD, et ce, de deux manières. Au stade préparatoire, il passe du bombardement des villes allemandes à l'attaque du réseau de transport français, dans le cadre d'un gigantesque programme d'interdiction destiné à ralentir les mouvements des réserves allemandes d'un front à un autre. Après les débarquements, il bombardera des objectifs tactiques pour frayer la voie à coups d'explosifs brisants aux offensives terrestres.

Les chasseurs, les chasseurs-bombardiers et les avions de reconnaissance ont des tâches particulières. Au début de la guerre, les chasseurs étaient destinés à livrer des batailles défensives contre les bombardiers ennemis, et leurs pilotes étaient entraînés à cette fin. Après la bataille d'Angleterre, le Fighter Command de la RAF, étudiant d'autres rôles à l'intention du nombre croissant d'avions de combat dont il dispose, met au point un vaste plan d'opérations offensives au-dessus des régions de la France que peuvent atteindre ses appareils à court rayon d'action. Les pilotes de chasse canadiens des escadrons de l'ARC et de la RAF participent pleinement aux opérations offensives et y subissent de sévères pertes. Si ce plan onéreux possède une quelconque valeur, outre la contrariété qu'il occasionne à l'ennemi, c'est à titre d'école supérieure d'entraînement opérationnel. Il n'y a guère d'autres manières de s'initier au combat aérien et, à cette rude école, les aviateurs apprennent, en y mettant le prix, à piloter et à se battre.

Bien que la supériorité aérienne demeure le principal objectif du Fighter Command, il incombera également à celui-ci d'apporter un appui tactique à l'armée de terre lorsqu'elle se rendra en France. Ce nouveau rôle exige sa réorganisation : d'une force aérienne sédentaire décollant de bases aériennes britanniques bien équipées, elle doit se convertir en une force mobile capable d'opérer à partir d'aérodromes de fortune. Au printemps 1943, un groupe mixte mobile expérimental s'exerce avec l'armée de terre canadienne à l'occasion de l'exercice SPARTAN et, au cours de l'année suivante, on structure les 83e et 84e Groupes mixtes de manière à constituer la 2e Force aérienne tactique, qui appuiera la 2e Armée britannique et la 1re Armée canadienne en Normandie. Parmi eux se trouvent les 126e, 127e et 144e Escadres (Spitfire) de l'ARC, la 143e Escadre de chasseurs-bombardiers (Typhoon) et la 39e Escadre de reconnaissance.

D'autres escadrons de l'ARC effectuent des patrouilles maritimes depuis 1942. Au cours des mois précédant l'opération OVERLORD, ils harcèlent les U-Boot et interdisent les eaux européennes à la navigation commerciale allemande. Ils acquièrent tous des tableaux de chasse impressionnants, expédiant même par le fond un destroyer ennemi.

L'armée de terre canadienne qui se prépare à franchir la Manche en 1944 n'a plus grand-chose de commun avec la force minuscule du début de la guerre. En 1939, elle comptait tout juste 4 261 soldats de la Force permanente, et 51 418 autres hommes appartenant à des unités de la milice, comme le North Shore Regiment du père Hickey, dispersées aux quatre coins du Canada et disposant, en tout et

Des fantassins s'engagent un à un à bord de leur péniche de
débarquement, tout en échangeant sans doute des quolibets avec
les marins stupéfaits. Probablement qu'aucun des deux groupes
ne changerait de métier avec l'autre.
(Archives nationales du Canada,
PA 132811)

La pénurie de péniches de débarquement arrachera au premier ministre
Churchill la plainte suivante : «Le destin de deux grands empires...
semble suspendu à ces fichus engins qu'on appelle des LST.» On résoudra
ce problème à temps pour former le plus vaste assortiment de bâtiments
jamais réunis. (ANC, PA 132653)

pour tout, d'à peine quatre canons antiaériens modernes et de deux chars légers. Cinq ans plus tard, à la veille de l'opération OVERLORD, elle possède cinq divisions complètement équipées — trois d'infanterie et deux de blindés — en plus de deux brigades blindées indépendantes, le tout formant deux corps d'armée. Deux d'entre elles, la 1re Division d'infanterie et la 5e Division blindée, se trouvent en Italie avec la 1re Brigade blindée; les autres, c'est-à-dire la 2e et la 3e Divisions d'infanterie, ainsi que la 4e Division et la 2e Brigade blindées, toutes placées sous le commandement du 2e Corps d'armée et de la 1re Armée canadienne, sont disponibles pour l'invasion de la France.

La transformation de civils en soldats bien entraînés est une entreprise monumentale. Contrairement aux marins et aux aviateurs, dont les activités du temps de paix — la navigation ou le pilotage — comprennent un grand nombre des tâches qui leur sont confiées en temps de guerre, les soldats combattants opèrent, pendant la guerre, dans un milieu étrange et hostile qui ne peut jamais être simulé avec exactitude en temps de paix. Par ailleurs, il manquait à l'armée de terre des premiers jours une doctrine tactique complète et réaliste dans le cadre de laquelle les diverses armes de combat et de soutien pouvaient confortablement s'insérer. On a décentralisé l'entraînement en le confiant aux unités qui ne savent guère comment procéder et ne possèdent pas ou peu d'expérience en la matière. D'une façon ou d'une autre, il faut trouver des instructeurs pour entraîner les hommes, et il s'avère bientôt évident, lorsque les unités arrivent en Grande-Bretagne, qu'un nombre considérable d'officiers et de sous-officiers, dont plusieurs sont des vétérans de la Première Guerre mondiale, ne satisfont pas aux exigences du combat moderne. Lorsque le général Montgomery initie les Canadiens à ses inspections d'une brusquerie légendaire, ceux-ci s'aperçoivent que ce n'est pas un balai qu'il manie, mais une scie mécanique. «Inapte au commandement»; «impropre à commander un bataillon»; «un vaillant soldat, sans l'ombre d'un doute, mais dépourvu de cervelle»; «le pire commandant, et le plus ignorant, que j'aie jamais vu dans mon armée» ne sont que quelques exemples de ses évaluations d'une franchise brutale.

La tâche consistant à trouver des remplaçants aux hommes trop âgés ou inaptes, et à combler un nombre croissant de postes combattants, techniques ou administratifs, exige du temps. Les cours du War Staff College forment des officiers d'état-major et d'éventuels officiers supérieurs. Les unités se livrent à un entraînement en campagne plus réaliste alors que l'infanterie, les blindés et l'artillerie commencent à s'exercer ensemble pour coordonner leurs fonctions distinctes sur le champ de bataille. Les commandants et leurs états-majors apprennent à déplacer et à diriger des groupes importants de véhicules et d'hommes. Au début, l'entraînement est entravé par la nécessité de défendre la Grande-Bretagne contre

l'invasion qu'on soupçonne les Allemands de préparer, puis, lorsque cette menace s'estompe, l'armée de terre doit apprendre à livrer une guerre offensive. Si l'adage voulant qu'on apprend en se trompant est vrai, l'armée de terre progresse beaucoup pendant son séjour en Grande-Bretagne. Quant à savoir si elle en retient de bonnes leçons, seule l'épreuve du champ de bataille le dira.

Les planificateurs ont d'abord choisi la 1re Armée canadienne pour procéder à l'invasion dans le secteur britannique. Mais, après l'expédition du 1er Corps d'armée en Italie, cette tâche échoit à la 2e Armée britannique. Du coup, le commandant canadien, le lieutenant-général H.D.G. Crerar se voit confier un rôle d'exploitation : prendre en charge le secteur oriental de la tête de pont dès qu'on s'en sera emparé, puis participer à la percée à partir de là. Mais finalement, la 3e Division d'infanterie canadienne et la 2e Brigade blindée sont affectées à l'assaut sous le commandement opérationnel du 1er Corps d'armée britannique du lieutenant-général J.T. Crocker.

Le major-général R.F.L. Keller, un officier de 44 ans de la Force permanente appartenant au Princess Patricia's Canadian Light Infantry, commande la 3e Division. Il cultive l'image du commandant dur à cuire avec lequel il ne fait pas bon plaisanter, mais il manque d'expérience des opérations. Les trois brigades de la division sont d'origine régionale. La 7e Brigade, commandée par le brigadier-général H.W. Foster, un cavalier de la Force permanente, comprend trois bataillons de l'Ouest : le Canadian Scottish Regiment, de Victoria, le Regina Rifle Regiment et le Royal Winnipeg Rifles. Le brigadier-général K.G. Blackader, un vétéran décoré de la Première Guerre, commande la 8e Brigade, composée de bataillons du centre et de l'est du Canada : le Queen's Own Rifles of Canada, de l'Ontario, le Régiment de la Chaudière, du Québec, et le North Shore (New Brunswick) Regiment. Le brigadier-général D.G. Cunningham, avocat et officier de la milice de Kingston, commande la brigade des Highlanders : le North Nova Scotia Highlanders, le Stormont, Dundas and Glengarry Highlanders de l'est de l'Ontario, et le Highland Light Infantry of Canada, de l'ouest de l'Ontario. À la tête des blindés d'appui de la 3e Division se trouve le brigadier-général R.A. Wyman, milicien et vétéran de la campagne d'Italie. Sa 2e Brigade blindée comprend trois régiments : le 6e Régiment blindé (1st Hussars), le 10e Régiment blindé (Fort Garry Horse) et le 27e Régiment blindé (Sherbrooke Fusilier Regiment).

Au cours de l'été 1943, ces unités commencent à s'entraîner à leur rôle d'assaut et, l'automne de la même année, s'en vont en Écosse s'exercer aux débarquements. Ceux-ci sont suivis, au cours de l'hiver, d'exercices plus détaillés, alors que les brigades mettent à l'épreuve leurs nouvelles compétences sur des plages du sud de l'Angleterre. Deux escadrons de chacun des régiments blindés, le

Un conseil de guerre dans la salle des cartes du NCSM **Prince David**, en route vers la Normandie. De gauche à droite, les galons révèlent l'appartenance de leurs propriétaires à la Réserve de la Marine royale canadienne, à la Réserve volontaire de la Marine royale canadienne et à la Marine royale canadienne. (MDN, PMR93-414)

Alors que le NCSM **Algonquin** quitte Portsmouth pour la Normandie, le lieutenant-commander D.W. Piers, après des mois de rumeurs, révèle à ses marins leur destination. (MDN, PMR92-563)

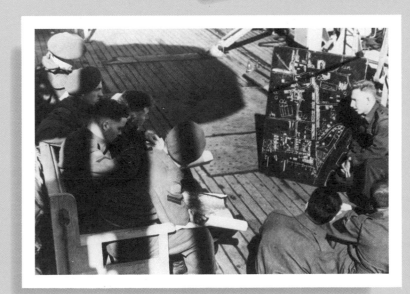

Le 4 juin, le lieutenant R.R. Smith montre aux sous-officiers de ses Regina Rifles un croquis de leur objectif, Courseulles-sur-Mer. Ses auditeurs n'ont pas tort de se montrer sceptiques : cinq d'entre eux seront tués au combat. (MDN, PMR93-386)

1st Hussars et le Fort Garry Horse, reçoivent de nouveaux chars Sherman DD (Duplex Drive, c'est-à-dire bipropulsion), ce qui amène les deux régiments à se réorganiser en vue de l'exécution de leur tâche, qui consistera à précéder les bataillons d'infanterie sur la terre ferme. Le Sherman DD, ou amphibie, est l'un des nombreux véhicules blindés spécialement conçus pour l'invasion. Il est propulsé dans l'eau par des hélices. Il flotte grâce à un écrin de tissu repliable dont le support est fait de tubes pneumatiques de caoutchouc et d'entretoises d'acier, le tout gonflé à l'air comprimé. L'équipage qui se tient au sommet de la tourelle du char, maintenu au niveau de la surface, dirige l'engin au moyen d'un gouvernail. En atteignant la rive, les hommes démolissent les entretoises, libèrent les supports pneumatiques et se défont de l'écrin. Si celui-ci est déchiré en mer, le char coule. Inutile de préciser que les équipages doivent se montrer prudents et s'entraîner avec assiduité, particulièrement s'ils ne savent pas nager.

Il faut assurer une coordination étroite entre l'entraînement et la planification effective de l'invasion, sans compromettre pour autant la sécurité. L'état-major de la 3e Division passe le mois de février à Londres pour se préparer à son rôle, et les états-majors des brigades font de même sur l'île de Wight jusqu'en mars. La mission de la division consiste à prendre d'assaut la plage JUNO, qu'on lui a assignée, et à s'emparer, à 14 kilomètres vers l'intérieur, d'une position située aux abords occidentaux de Caen, sur la voie ferrée reliant cette ville à Bayeux. Le plan général prévoit le déploiement de la 7e Brigade sur la droite et de la 8e sur la gauche. Ces deux brigades doivent attaquer chacune avec deux bataillons et un régiment blindé pour constituer dès le départ une tête de pont. Aussitôt, leurs bataillons de réserve suivront pour s'emparer d'une zone de rassemblement à une distance de trois à quatre kilomètres vers l'intérieur. La 9e Brigade s'avancera ensuite avec les chars d'appui jusqu'à l'objectif de la division. Les officiers d'état-major des opérations logistiques doivent prévoir le ravitaillement, dès le jour J, d'un nombre estimé à 21 382 hommes, accompagnés de 2 374 véhicules et de 858 motocyclettes.

Les défenses allemandes du secteur canadien sont occupées par la 716e Division d'infanterie, dont la responsabilité comprend intégralement le front de 30 kilomètres de la 2e Armée britannique. Directement en face des Canadiens se trouve un bataillon du 736e Régiment d'infanterie, appuyé par 16 batteries d'artillerie, en plus des centres de résistance sur les plages mêmes et de l'équivalent de deux compagnies antichars. Les services de renseignements alliés estiment que la division est de valeur moyenne, voire médiocre, au combat. Mais, quelques semaines à peine avant l'invasion, des rapports situent aux environs de Caen, à 15 kilomètres à peine au sud des plages canadiennes, la 21e Division de Panzer, beaucoup plus dangereuse.

À l'approche de juin, l'entraînement est interrompu par une interminable succession de visiteurs de très hauts rangs, pour lesquels on organise des prises d'armes exigeant beaucoup de temps. *«Nous commençons à nous sentir comme des oiseaux en cage»*, commente avec ironie l'auteur d'un journal de guerre. *«Tout le monde semble vouloir nous observer.»* Au début de mai, la division et la brigade blindée se trouvent près de Portsmouth, où, au milieu du mois, le général Keller et ses brigadiers-généraux donnent leurs instructions aux commandants de leurs unités. On distribue aux hommes des tenues de combat imperméabilisées, destinées à neutraliser les gaz ennemis, et *«il faut réduire impitoyablement le paquetage personnel au strict minimum; on rend étanches les véhicules, et on adopte une liste interminable de nouveaux équipements : casques d'assaut, vareuses de combat, motocyclettes légères.»*

En mars, le père Hickey et ses collègues aumôniers reçoivent l'ordre de se rendre au QG de la 3e Division pour y rencontrer le général Keller. Hickey écrira que Keller s'est montré bref : *«Messieurs, dit-il, je sais que, lorsque quelque chose de grave est en vue, vous voulez avoir le temps d'y préparer les hommes. Tout ce que je peux dire, c'est : préparez-vous! Au revoir, messieurs!»* Hickey songe que *«c'est la manière dont s'expriment les généraux lorsqu'ils ont quelque chose à vous dire»*, et il entame, avec ses collègues ecclésiastiques de la *«bande imperméabilisatrice»*, une tournée de visites auprès des soldats, auxquels ils annoncent : *«Oui, nous sommes venus vous imperméabiliser sur le plan spirituel.»*

Plusieurs jours avant l'embarquement, les camps, les navires et les terrains d'aviation sont isolés, les communications avec l'extérieur interrompues, et les soldats assignés à leurs bâtiments : *«Tous les soldats ont reçu des devises françaises, et on leur a encore fourni d'autres accessoires d'assaut : des gilets de sauvetage, des comprimés contre le mal de mer, et même des sacs malaise.»* Ils commencent à s'embarquer le 1er juin, et, deux jours plus tard, la plupart d'entre eux se trouvent installés, même inconfortablement, à bord des navires auxquels ils ont été affectés, attendant qu'on donne l'ordre du départ. Le moral est très élevé. Le père Hickey écrira par la suite : *«Je crois exprimer ce que ressentaient la plupart des hommes le matin de l'invasion en disant que je souhaiterais toujours être aussi bien préparé à la mort que je l'étais ce matin-là.»*

Le soir du samedi 3 juin 1944, le général Eisenhower rencontre ses commandants supérieurs à son QG avancé, près de Portsmouth, à l'occasion de leur briefing météorologique régulier. Les rapports fournis par plusieurs stations météorologiques sont pessimistes. À Portsmouth, le ciel est dégagé, mais on prévoit du vent et de la pluie. Eisenhower reporte l'assaut de 24 heures. C'est là une heureuse décision, car l'orage qui frappe le littoral normand le lundi matin aurait dangereusement perturbé un

*«Nous commençons à nous sentir
comme des oiseaux en cage»
est l'un des commentaires
sardoniques dirigés contre les
nombreuses visites effectuées
par de hautes personnalités
aux troupes qui se préparent à
l'invasion. Celle-ci, par la reine
et la princesse Élisabeth au
1er Bataillon de parachutistes
canadien juste avant qu'il prenne
la tête de l'invasion en Normandie,
est probablement bien accueillie.
(ANC, PA 129047)*

débarquement. Le dimanche soir, le prévisionniste en chef, le colonel d'aviation James Stagg, de la RAF, est plus optimiste. Il annonce que l'état du temps au-dessus de l'Atlantique Nord s'est modifié inopinément. Il semble qu'un front froid passager laissera derrière lui un créneau de conditions favorables le mardi 6, mais Stagg est incapable de préciser sa durée. Les commandants se rencontrent de nouveau le lendemain matin, 5 juin, à 3 h 30. Stagg, légèrement plus optimiste, estime que, jusqu'au mardi après-midi au moins, les vents seront modérés, et la visibilité, bonne.

Eisenhower doit maintenant prendre une décision aux conséquences accablantes. En repoussant le jour J, il retarderait celui-ci de deux semaines, pendant lesquelles la sécurité risquerait d'être compromise, et les troupes isolées perdraient de leur allant. Il demande à ses commandants, l'un après l'autre, de lui exposer leur avis. L'amiral Ramsay répond qu'il est d'accord, mais qu'il devra donner les ordres nécessaires dans la demi-heure qui suit. Les officiers supérieurs de l'aviation sont plus que dubitatifs, car ils estiment que les conditions météorologiques risquent de nuire à leur appui aérien. Montgomery dit qu'il faut y aller. Eisenhower soupèse le pour et le contre, puis ordonne calmement : «O.K., allons-y.»

Le 5 juin, il visite les unités aéroportées américaines qui doivent sauter derrière les plages OMAHA et UTAH cette nuit-là. Les soldats du 1er Bataillon de parachutistes canadien, au sein de la 6e Division aéroportée britannique, procèdent aux dernières vérifications de leur équipement. Leur formation d'appartenance, la 6e Division, a plusieurs tâches à remplir : s'emparer, intacts, des ponts de l'Orne et du canal entre Caen et la mer; détruire les pièces de défense côtière allemandes, à l'est de l'Orne, qui menacent la flotte d'invasion; établir une tête de pont solide sur les hauteurs qui séparent l'Orne de la Dives. Les missions précises des Canadiens consistent à s'emparer de la zone de largage de leur propre 3e Brigade, à détruire les ponts de la Dives et plusieurs positions allemandes de leur secteur, puis à occuper une position défensive stratégique dans la tête de pont.

Le 1er Bataillon de parachutistes est une unité d'hommes coriaces, supérieurement entraînés. Compte tenu de la manière particulière dont ils arrivent sur le champ de bataille, il est pratiquement certain qu'ils seront largement dispersés à l'atterrissage. L'initiative personnelle y est donc une valeur très recherchée. Chaque homme doit connaître la tâche et le rôle qui lui sont réservés, et assiste à des briefings extrêmement détaillés. L'un de ces parachutistes rappellera à l'historien de son unité comment des collègues et lui ont calculé la quantité d'explosifs qu'il leur faudrait pour faire sauter un pont, en étudiant des photographies aériennes. Sur l'une de ces photos, on pouvait distinguer un Français en train de traverser le pont, une cigarette à la main. Connaissant la longueur de cette cigarette, ils avaient déterminé la dimension des poutrelles du pont et, par conséquent, la force explosive nécessaire pour les rompre.

Il vaut mieux, en effet, que chaque homme sache ce qu'il a à faire, car des problèmes de navigation et la DCA allemande obligent les pilotes à larguer leurs groupes de saut sur une grande superficie. Un commandant de peloton, le lieutenant R.C. Hanson, racontera ainsi son expérience :

Après avoir erré un certain temps, j'ai retrouvé 3 autres membres de mon groupe de saut. Il nous a fallu 3 heures et l'aide d'un fermier français de l'endroit pour découvrir où nous étions. En fait, j'avais atterri à un mille et demi au nord-ouest de la ZL [zone de largage]. Parce que la campagne était pleine de haies et de vergers, je n'avais pas la moindre idée de l'endroit où se trouvait cette ZL... Il nous a fallu la plus grande partie de la journée pour nous y regrouper.

En dépit de leur dispersion, de petits groupes d'hommes, connaissant les tâches qu'ils doivent effectuer, trouvent leurs objectifs et s'en emparent, assurant ainsi la sécurité du flanc oriental de la tête de pont. De façon plus immédiate, ils détournent l'attention des Allemands de la vaste armada lancée vers les plages normandes, à bord de laquelle, ainsi que l'écrit le père Hickey, *«doucement, tout doucement, un demi-million d'hommes naviguent à la rencontre d'une aube écarlate»*.

CHAPITRE II

LE JOUR J

La traversée de la Manche par les forces d'assaut baignait dans une atmosphère d'irréalité qui, curieusement, n'était pas sans rappeler celle du jour J-1 de l'opération Husky, quand nos forces s'approchaient de la Sicile. Au cours de l'opération Neptune, nous avons toujours espéré, sans toutefois y compter avec certitude, profiter d'un effet de surprise stratégique. Par contre, un effet de surprise tactique nous avait toujours semblé hautement improbable. Lorsque nous nous sommes approchés du littoral français sans entendre un murmure de la part de l'ennemi, ou de leur radio, il nous est lentement apparu que, une fois encore, nous avions obtenu un effet de surprise tactique presque parfait...
(Amiral sir B.H. Ramsay, Compte rendu)

Lorsque la plus grande force navale jamais rassemblée quitte les ports du sud de l'Angleterre plongés dans l'obscurité, les bâtiments les plus vulnérables sont les dragueurs de mines qui doivent lui frayer un chemin. Les planificateurs de l'opération NEPTUNE ont assurément prévu la détection de ces navires et les pertes importantes qui en résulteront. Ils ont même estimé que celles-ci s'élèveront de 30 à 50 pour cent dans les flottilles de tête, une

perspective dont les occupants des dragueurs sont bien informés. Un jeune officier canadien raconte que sa dernière tâche, avant de quitter le port, a consisté à déposer une liste à jour des membres de l'équipage dans une boîte verte placée au bout de la jetée. Ce même officier note que la mission était de «*maintenir notre cap, envers et contre tout — il ne pouvait y avoir la moindre brèche dans notre dragage, car nous serions suivis de navires chargés de troupes qui dépendraient de nous*».

Les commandants de la marine alliée craignent par-dessus tout le danger que représentent les mines. Non seulement ces armes sous-marines destructrices couleront-elles des navires si elles ne sont pas draguées, mais elles perturberont en outre gravement le savant minutage de l'assaut. Selon les services de renseignements, les Allemands ont dressé au large de la Normandie une barrière de mines à orin qui s'étend à peu près du milieu de la Manche jusqu'à 10 ou 15 kilomètres du littoral, et ils ont mouillé d'autres mines encore plus près du rivage. Dans le cadre de la plus grande opération de ce type jamais entreprise, on déploie 247 dragueurs de mines pour ouvrir 10 chenaux jusqu'à la zone d'assaut, déminer les zones d'où on bombarderait la côte et où on mettrait à l'eau les péniches de débarquement, puis draguer les routes d'approche finale menant aux plages elles-mêmes. Cette flotte comprend 16 dragueurs de mines canadiens de la classe Bangor appartenant à la Force de l'Ouest. Étant donné qu'un seul des équipages possède une expérience préalable du dragage de mines, on décide de faire suivre à tous un programme poussé d'entraînement. Au cours de celui-ci, quelques navires jetés à la côte et quelques dragues perdues suscitent une certaine inquiétude. L'officier supérieur de la flottille, le commander A.H.G. Storrs, un membre de la réserve navale qui, avant la guerre, travaillait à bord de navires marchands de la route de la Chine, racontera avoir vu des officiers britanniques qui disaient «en fronçant le nez : "Je me demande si ces foutus Canadiens sont vraiment à la hauteur."» Ils le sont, ainsi que le démontreront leurs 10 navires de la 31e Flottille de dragueurs de mines.

Après un faux départ, lorsque le mauvais temps retarde le jour J, la 31e Flottille lève l'ancre à Portland au petit matin du 5 juin et met le cap vers l'est à destination de la bouée Z — le point de jonction des convois d'assaut, qui deviendra célèbre sous le nom de «Picadilly Circus» — d'où elle entamera le dragage de 130 kilomètres qui le mènera au littoral français. Se rendre à Picadilly Circus occupe la plus grande partie de la journée : ce n'est qu'au soir que la flottille et ses navires d'escorte se regroupent pour déminer et baliser la route des plages.

La formation qu'ils adoptent n'est pas sans rappeler celle des chasse-neige qui nettoient les pistes des aéroports. Deux vedettes Fairmile ouvrent la voie, draguant en avant du Bangor de tête : le NCSM *Caraquet* du commander Storrs. Viennent ensuite, à une distance de 800 mètres les uns des autres, le *Fort William*, le *Wasaga*, le *Cowichan*, le *Minas* et le *Malpeque*, dont les longues dragues coupantes se chevauchent d'une centaine de mètres. Ils sont suivis de deux bâtiments prêts à remplacer ceux qui devraient quitter la formation pour une raison ou une autre, puis de deux autres encore, qui naviguent tout juste à l'intérieur des limites bâbord et tribord de celle-ci et mouillent des bouées lumineuses pour baliser le chenal dragué. D'autres navires de remplacement ferment la marche. Les navires doivent conserver leur cap même s'ils sont attaqués. De crainte d'alerter l'ennemi, il n'est pas question de faire sauter les mines dont l'orin a été tranché, à moins qu'elles ne mettent en péril les autres bâtiments. La formation avance à une vitesse de 7,5 nœuds, draguant un chenal d'un peu plus de 1 000 mètres de large.

Cette opération exige une navigation précise et d'une exceptionnelle qualité manœuvrière. L'équipement de radionavigation dont sont pourvus les navires permet de déterminer leur position exacte, mais des conditions de mer très difficiles créent certains problèmes. Indépendamment du mauvais temps, des courants de marée d'une vitesse pouvant atteindre sept nœuds se déplacent

perpendiculairement à la direction suivie par la formation. Storrs doit calculer avec «*beaucoup d'adresse et une grande connaissance des marées*», ainsi que l'expliquera le capitaine du *Blairmore*, les corrections de cap nécessaires pour compenser la dérive due au courant et décider de la bonne orientation à donner aux dragues. Pour compliquer encore les choses, le chenal de dragage, au lieu d'être parfaitement rectiligne, épouse une série de faibles coudes exigeant de légères modifications du cap. En outre, lorsque le courant de marée se renverse au milieu de la traversée, la formation au complet doit haler ses dragues à bord, faire demi-tour, remonter son chenal de dragage, virer de nouveau pour reprendre son cap initial, remettre ses dragues à la mer et recommencer l'opération à partir de l'endroit où celle-ci a été interrompue. Exception faite de la rupture accidentelle du câble d'une balise, les Canadiens réussissent cette opération longue et ardue sans la moindre anicroche. Il s'agit là d'une remarquable démonstration d'habileté manœuvrière.

Les marins qui ne sont pas de quart effectuent la traversée sur le pont supérieur, car les quartiers clos situés tout à l'avant des navires sont trop vulnérables. Groupés autour des cheminées pour se réchauffer, ils s'attendent à ce que la nuit soit éclairée d'un moment à l'autre par les lueurs de bouches de canons en action et par des obus traçants. Pourtant, il ne se produit rien de tel, et ces marins ne voient pas grand-chose : aucune mine n'explose, et le seul signe extérieur d'activité ennemie est un barrage antiaérien au loin. Il pourrait tout aussi bien s'agir d'une autre séance d'entraînement de routine au large de Plymouth.

Le 6 juin, à minuit vingt, la 31e Flottille atteint l'extrémité du chenal d'assaut, à une quinzaine de kilomètres du littoral français. Elle s'attaque maintenant à la dure tâche consistant à déminer la zone réservée aux navires de transport et le chenal menant à la zone d'appui-feu au large de la plage OMAHA. Pour ce faire, elle doit draguer parallèlement à la côte, juste sous la bouche des pièces ennemies. Alors que la flottille est en train de virer près du rivage, ce qui la rend particulièrement vulnérable, la lune surgit derrière les nuages et inonde les navires de sa pâle lueur. Toutefois, au bout de 30 pénibles secondes, l'astre nocturne se dissimule de nouveau, et les marins respirent plus librement.

Ayant terminé ce travail, les dragueurs de mines se dirigent vers la zone réservée aux transports pour entreprendre leur dernière tâche. Pendant qu'ils remontent lentement vers le nord, racontera le lieutenant J.P. Marston, capitaine du NCSM *Blairmore* :
... les ombres de la nuit font lentement place à l'aube [, et] il devient possible de se rendre compte clairement de l'ampleur colossale de l'opération. À mesure que le jour se lève, un nombre sans cesse croissant d'obscures silhouettes prennent une forme distincte, et, là où l'on ne croyait apercevoir que

«Une remarquable démonstration d'habileté manœuvrière», selon le commander Tony Storrs, à la tête de la 31e Flottille de dragueurs de mines qui ouvrira la route vers la plage OMAHA.
(MDN, PMR 93-396)

Une vue plutôt spectaculaire de l'un des dragueurs de mines de la MRC qui constituent le fer de lance de l'invasion. Son équipement complexe de dragage est arrimé sur la plage arrière.
(ANC, PA 157582)

«Ils s'attendent à ce que la nuit soit éclairée d'un moment à l'autre par le feu des canons et les obus traçants.» Les marins se réchauffent autour de la cheminée du NCSM **Caraquet** pendant les opérations de déminage au large de la Normandie.
(MDN, PMR93-422)

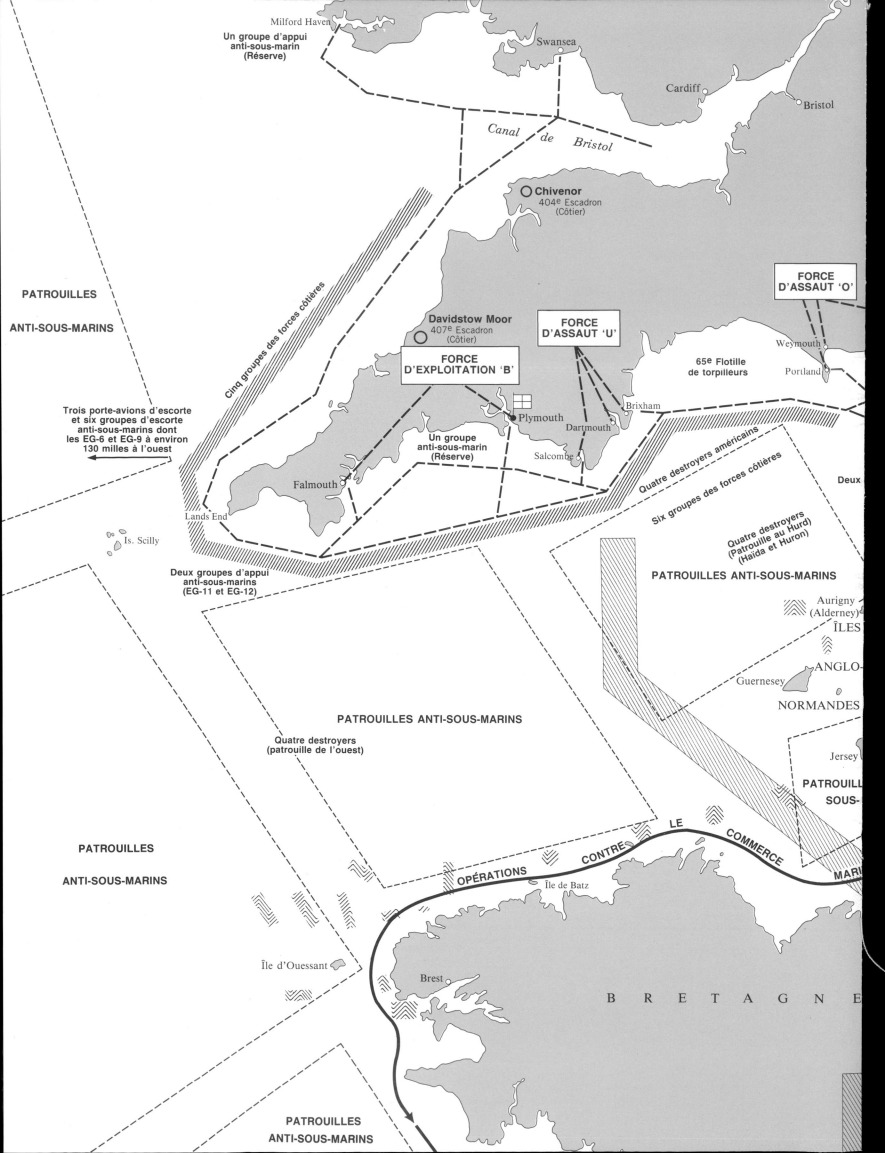

Milford Haven

Swansea

Cardiff

Bristol

**Un groupe d'appui
anti-sous-marin
(Réserve)**

Canal *de* *Bristol*

○ **Chivenor**
404e Escadron
(Côtier)

**FORCE
D'ASSAUT 'O'**

PATROUILLES

ANTI-SOUS-MARINS

Davidstow Moor
407e Escadron
(Côtier)
○

**FORCE
D'ASSAUT 'U'**

Weymouth

**FORCE
D'EXPLOITATION 'B'**

65e Flotille
de torpilleurs

Portland

**Trois porte-avions d'escorte
et six groupes d'escorte
anti-sous-marins dont
les EG-6 et EG-9 à environ
130 milles à l'ouest**

Brixham

Plymouth

Dartmouth

**Un groupe
anti-sous-marin
(Réserve)**

Salcombe

Quatre destroyers américains

Deux

Falmouth

Six groupes des forces côtières

**Quatre destroyers
(Patrouille au Hurd)
(Haïda et Huron)**

Lands End

PATROUILLES ANTI-SOUS-MARINS

Is. Scilly

**Deux groupes d'appui
anti-sous-marins
(EG-11 et EG-12)**

Aurigny
(Alderney)

ÎLES

ANGLO-

Guernesey

NORMANDES

PATROUILLES ANTI-SOUS-MARINS

Jersey

**Quatre destroyers
(patrouille de l'ouest)**

**PATROUILL
SOUS-**

PATROUILLES

ANTI-SOUS-MARINS

LE *COMMERCE*

CONTRE

OPÉRATIONS

Île de Batz

MARI

Île d'Ouessant

Brest

B R E T A G N E

PATROUILLES

ANTI-SOUS-MARINS

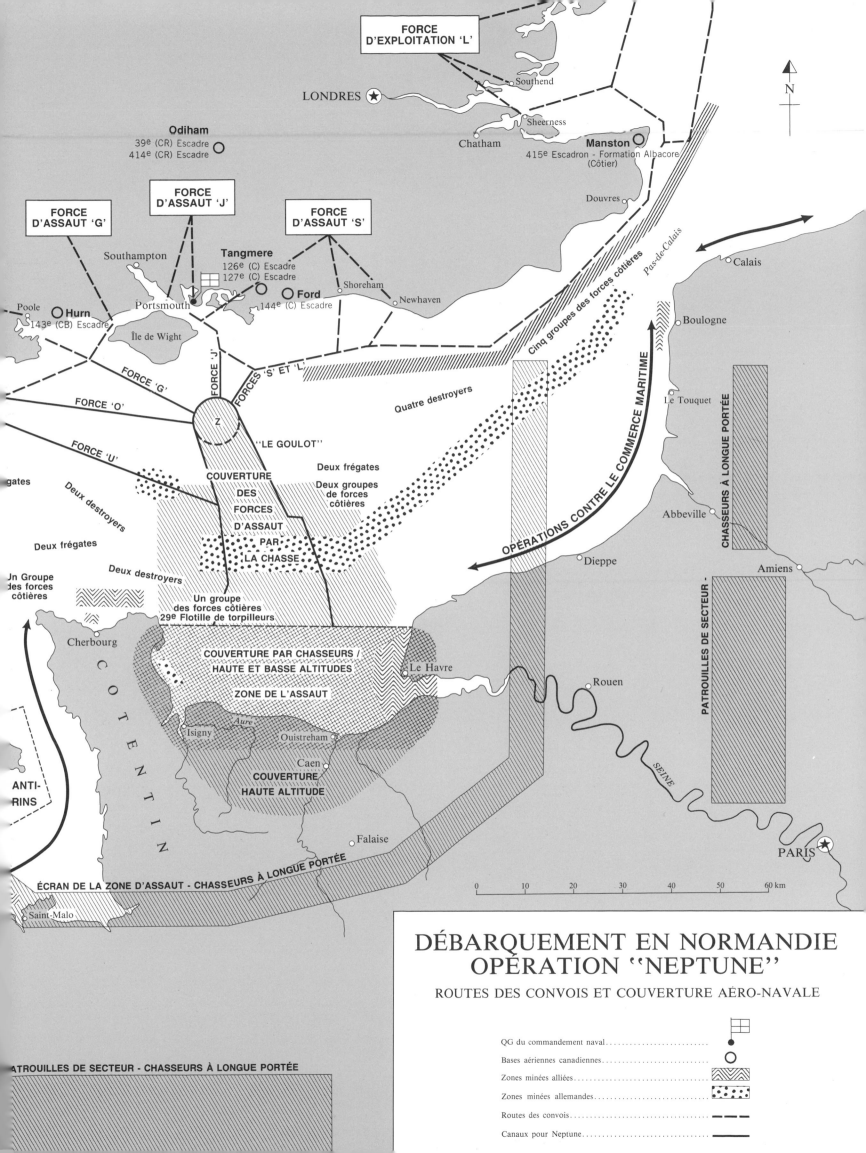

FORCE D'EXPLOITATION 'L'

LONDRES ★

Southend

Sheerness

Chatham

Odiham
39e (CR) Escadre ○
414e (CR) Escadre

Manston
415e Escadron - Formation Albacore (Côtier)

Douvres

FORCE D'ASSAUT 'G'

FORCE D'ASSAUT 'J'

FORCE D'ASSAUT 'S'

Southampton

Tangmere
126e (C) Escadre
127e (C) Escadre

Shoreham

Calais

○ Ford
144e (C) Escadre

Newhaven

Portsmouth

Poole ○ Hurn
143e (CB) Escadre

Île de Wight

Boulogne

Cinq groupes des forces côtières

Pas-de-Calais

FORCE 'G'

FORCE 'J'

FORCES 'S' ET 'L'

FORCE 'O'

Le Touquet

Quatre destroyers

FORCE 'U'

Z

CHASSEURS À LONGUE PORTÉE

"LE GOULOT"

gates

Deux destroyers

COUVERTURE DES FORCES D'ASSAUT PAR LA CHASSE

Deux frégates

Deux groupes de forces côtières

Abbeville

Deux frégates

OPÉRATIONS CONTRE LE COMMERCE MARITIME

Jn Groupe des forces côtières

Deux destroyers

Un groupe des forces côtières
29e Flotille de torpilleurs

Dieppe

Amiens

Cherbourg

COUVERTURE PAR CHASSEURS / HAUTE ET BASSE ALTITUDES

ZONE DE L'ASSAUT

Le Havre

Rouen

PATROUILLES DE SECTEUR -

C O T E N T I N

Aure

Isigny

Ouistreham

COUVERTURE HAUTE ALTITUDE

Caen

SEINE

ANTI-RINS

Falaise

PARIS ★

0   10   20   30   40   50   60 km

ÉCRAN DE LA ZONE D'ASSAUT - CHASSEURS À LONGUE PORTÉE

Saint-Malo

DÉBARQUEMENT EN NORMANDIE OPÉRATION "NEPTUNE"
ROUTES DES CONVOIS ET COUVERTURE AÉRO-NAVALE

TROUILLES DE SECTEUR - CHASSEURS À LONGUE PORTÉE

QG du commandement naval..........................●

Bases aériennes canadiennes.........................○

Zones minées alliées.................................

Zones minées allemandes.............................

Routes des convois...................................

Canaux pour Neptune.................................

quelques navires très proches, on voit maintenant se dessiner le panorama d'une puissance navale qui s'étend vers le large à perte de vue, et jusqu'en Angleterre.

Au sein de ce spectacle grandiose, la 31e adopte une formation en ligne de front et vire vers le sud. Draguant jusqu'à la ligne de 10 brasses devant la plage OMAHA des Américains, elle démine la route des péniches d'assaut qui vont bientôt se diriger vers le rivage. Ce n'est qu'à ce moment que les obus allemands commencent à tomber dans la mer autour d'elle.

Pendant que le *Blairmore* ramène ses dragues à bord — le *Caraquet* et le *Fort William* ont dû larguer les leurs qui se sont empêtrées dans des épaves — il se trouve juste devant les canons de la force navale alliée de bombardement. Marston décrira ainsi la suite des évènements :

Quarante minutes avant l'heure H… les grosses pièces [du cuirassé américain] Arkansas se font entendre pour la première fois, et juste au moment prévu. Nous nous trouvons à quelques centaines de verges de lui, et en plein dans sa ligne de tir. Le souffle, l'ébranlement et l'agitation générale qui s'ensuivent nous secouent passablement la carcasse et stimulent chez l'équipe de dragage, sur la plage arrière, un zèle et une efficacité tels que, très bientôt, nous sommes tous parés à décamper. Nous retournons donc au large pour y musarder, à l'écart des navires en nombre incalculable qui semblent tous attirés comme par un aimant vers les plages d'invasion.

Pendant ce temps, des dizaines de péniches de débarquement défilent auprès des dragueurs. Les occupants de certaines d'entre elles s'enquièrent de la route à suivre : *«Dans quelle direction se trouve Dog Red?»* D'autres s'informent simplement de la situation : *«À quoi ça ressemble, là-bas?»* En dépit de sombres prédictions, les mines n'ont fait perdre qu'un seul navire aux groupes d'assaut pendant la traversée. Les dragueurs ont fait du bon boulot, et leurs équipages peuvent tirer une juste fierté du fait que des centaines de bâtiments les aient suivis sans encombre.

C'est un vaste et étrange assortiment de navires et de péniches spécialisées qui se sont pressés derrière les dragueurs dans les chenaux déminés menant aux zones de transport. Ainsi que le décrit l'historien Corelli Barnett dans son ouvrage *Engage the Enemy More Closely*, ils offrent une étonnante variété de formes, de fonctions et de tailles :

Les bâtiments de haute mer comprennent six navires de commandement de 7 000 à 8 000 tonnes, tous hérissés d'antennes radar; 55 navires de débarquement d'infanterie (des navires de passagers convertis) de 3 000 à 14 000 tonnes; six navires de débarquement spécialisés munis d'un bassin ou d'installations d'entretien; 236 navires de débarquement de chars, bâtiments laids et utilitaires de 400 tonnes pourvus d'une rampe à l'avant et pouvant transporter jusqu'à 60 chars

et 300 soldats; 248 navires de débarquement d'infanterie pouvant atteindre 160 pieds de long et transporter quelque 200 soldats, et dont certains ont été convertis pour servir de PC tactiques flottants au large des plages; 837 péniches de débarquement de chars capables de transporter jusqu'à 11 véhicules et 55 soldats; enfin, d'autres péniches adaptées à des fins particulières, comme les 29 péniches antiaériennes et les 35 péniches lance-roquettes. Ensuite, il y a tous les petits engins transportés à bord des navires, et qu'on met maintenant à la mer au moyen de bossoirs en vue de l'approche finale : 502 péniches d'assaut transportant chacune 30 soldats et leur paquetage, dont certaines sont équipées de façon à pouvoir neutraliser les obstacles de plage; 464 péniches de débarquement de véhicules servant à amener, des navires au rivage, les engins blindés et autres véhicules motorisés; 189 péniches de débarquement de personnel transportant 22 soldats, ou converties, parfois, à des fins particulières, en l'occurrence la production d'écrans de fumée ou l'hydrographie; 121 péniches d'appui, équipées de mitrailleuses et de générateurs de fumée; enfin, l'inestimable camion amphibie à six roues «Duck» (DUKW) de 2,5 tonnes, qui transporte 25 soldats complètement équipés et peut atteindre 6,4 mi/h dans l'eau et 50 mi/h sur terre.

Cette armada comprend deux LSI (navires de débarquement d'infanterie) de la MRC, le *Prince Henry* et le *Prince David*. Ceux-ci ont chacun à leur bord huit petites péniches de débarquement capables de transporter 40 soldats. Onze d'entre elles débarqueront sur la plage GOLD des soldats de la 50e Division de l'armée de terre britannique, et d'autres amèneront des bataillons de réserve de la 3e Division canadienne jusqu'à JUNO. L'un des fantassins, après avoir jeté autour de lui un regard sidéré, s'exclame : *«À part le traversier de l'Île-du-Prince-Édouard et le Maggie Miller, tous les bateaux, tous les navires et tous les bâtiments du monde se sont donné rendez-vous ici, chargés de la proue à la poupe de soldats et de matériel.»*

Dans le ciel, des centaines de chasseurs canadiens, britanniques et américains assurent une couverture de protection serrée. Prévoyant que les sorties quotidiennes de la Luftwaffe pourront atteindre le millier, les planificateurs ont organisé, au-dessus des cinq plages d'invasion, un écran aérien qui s'étend à huit kilomètres du côté des terres, et à 10 du côté de la mer. Les avions se remplacent constamment pour assurer une couverture ininterrompue. Quinze escadrons de chasse protègent les couloirs maritimes traversant la Manche, pendant que des Thunderbolt P-47 et des Spitfire survolent les soldats débarqués sur le rivage, les premiers à haute et les seconds à basse altitude. Des bombardiers légers Mitchell et Mosquito interdisent les routes terrestres menant à la tête de pont, et d'autres appareils prennent des photographies. Dix-huit escadrons de Typhoon — dont 11 sont dotés de roquettes, et les autres de bombes — effectuent des missions d'appui rapproché contre des objectifs présélectionnés ou selon les instructions des navires directeurs. Plus d'une centaine de Mustang et de Seafire de la marine repèrent des objectifs pour les équipes de pièce des navires.

Le général Rod Keller surveille toute cette activité depuis son navire de commandement, le HMS *Hilary*. Lorsque l'aube se lève, il peut voir apparaître la silhouette de ses objectifs immédiats — Courseulles vers la droite, Bernières-sur-Mer au centre, Saint-Aubin-sur-Mer à gauche — signalés par les incendies qu'ont allumés les bombardements. C'est plus ou moins à ce moment, aussi, qu'il se heurte à Murphy, dont la loi omniprésente constitue le premier principe de la guerre. Une mer agitée a retardé la péniche de débarquement transportant les sapeurs de la 7e Brigade en l'obligeant à emprunter le mauvais chenal. L'heure H a donc été repoussée de 10 minutes, et ce retard a entamé le mince délai dont on dispose pour neutraliser les obstacles de plage. Néanmoins, il est impossible de revenir en arrière. À 6 h 34, le centre des opérations de la division rompt le silence radio : les péniches de débarquement mettent le cap vers la plage JUNO, et, dans le ciel, les Typhoon des 438e, 439e et 440e Escadrons de l'ARC plongent en piqué pour lâcher leurs bombes sur les centres de résistance des plages qui font feu sur les troupes d'assaut.

Dans le secteur de la 7e Brigade, sur la plage canadienne occidentale, la principale source d'inquiétude du brigadier-général Harry Foster réside dans les conditions météorologiques, qui, de son avis, *«sont des moins favorables, et bien près d'être désastreuses, pour se livrer à l'assaut»*. Néanmoins, à une dizaine de kilomètres du rivage, les navires de transport de chars se mettent en route, pendant que les compagnies d'infanterie grimpent à bord de leurs péniches d'assaut et descendent vers la mer agitée. Deux unités d'artillerie, les 12e et 13e Régiments d'artillerie de campagne, les suivent de près en préparant leurs obusiers automoteurs à tirer depuis les péniches de débarquement ballottées par les vagues. Sur le plan technique, leur tâche, décrite dans l'histoire de la deuxième de ces unités, s'avère difficile :

À 7 h 5 (H-30), le major Baird, estimant qu'il serait imprudent d'attendre plus longtemps [donne] l'ordre de tirer les premiers coups de réglage avec une hausse de 11 400 verges. On observe la chute des obus, et on vérifie la direction et la hausse auprès de la péniche directrice de l'autre régiment. Après les ordres initiaux, les artilleurs de chaque péniche agissent indépendamment. Ils déterminent la hausse au moyen de leur calculatrice Vickers et, à mesure qu'ils approchent du rivage, diminuent la portée de 200 verges à la fois. À 11 000 verges, les canons du régiment passent au tir d'efficacité.

Lorsque la direction du tir a été corrigée, elle est maintenue par le capitaine de la *LCT* (péniche de débarquement de chars), qui dirige celle-ci au compas vers l'objectif. Les artilleurs règlent la hausse sur l'appareil de pointage des canons et tirent lorsque le roulis de la péniche permet à la bulle du clinomètre de se stabiliser. L'officier de conduite du tir détermine, et modifie de temps à autre, la cadence du tir.

Lorsque les LCT transportant les chars DD du 1st Hussars se trouvent à 7 000 mètres du rivage, leur commandant en mer signale à ses autres bâtiments que la mer est trop mauvaise pour mettre les chars à l'eau et leur ordonne de se diriger directement vers la plage pour débarquer au sec. Les équipages des chars sont donc surpris lorsque, à mi-chemin, la sonnerie d'abaissement des portes résonne et qu'on leur ordonne de prendre la mer. Ils effectuent, à bord de ces bateaux d'un genre tout à fait particulier, un voyage hallucinant. Voici la description qu'en donne l'histoire du 1st Hussars :

Les équipages, étreints par le mal de mer, grimpent à bord des chars, démarrent en première et quittent les LCT secouées par le roulis et le tangage pour s'engager dans la mer hachée, couverte de moutons. Leur élan initial les éloigne des LCT et leur donne le temps nécessaire pour abaisser leur hélice et changer de vitesse; les chars DD se mettent alors en route vers les plages. Le chef de chaque char se tient sur la plate-forme arrière et gouverne en direction des repères terrestres qu'il a mémorisés.

L'Escadron A, qui doit apporter son appui aux Winnipeg Rifles, ne peut mettre que 10 chars à la mer. L'un d'entre eux est accidentellement touché par une roquette d'appui, et les vagues en font sombrer deux autres près des plages. Les équipages restants se tiennent sur la plate-forme de leur char, luttant contre la marée et les hautes vagues. Les sept chars qui naviguent encore, quoiqu'en embarquant de l'eau, *«franchissent les brisants en évitant soigneusement les obstacles immergés et les mines que les Allemands, prévoyants, ont fixées à chaque pieu. Lorsqu'ils se trouvent en eau assez peu profonde, où ils ne risquent pas de se faire submerger par d'énormes vagues, les équipages rabattent rapidement leur écran et commencent à tirer sur les blockhaus.»*

Les trois compagnies d'assaut du Winnipeg Rifles, ou les «petits diables noirs», ainsi qu'ils préfèrent qu'on les appelle, débarquent une vingtaine de minutes avant les chars. Attachée au bataillon pour le débarquement, la Compagnie C du Canadian Scottish a tôt fait de s'emparer d'un centre de résistance qui menaçait le flanc droit de la plage principale. Chez le Winnipeg, la Compagnie D du major Lockie Fulton, au centre, a la chance de débarquer à l'écart d'un poste puissamment défendu. Elle subit des pertes sur la plage, mais ouvre rapidement une brèche dans un champ de mines, derrière les dunes, et s'enfonce vers l'intérieur à travers les champs inondés. Sur la gauche de Fulton, la Compagnie B du capitaine Philip Gower se fait tirer dessus alors qu'elle se trouve encore à 700 mètres du rivage, puis débarque en plein cœur d'un redoutable centre de résistance comportant trois casemates de béton et 12 emplacements de mitrailleuses que le bombardement préliminaire a épargnés. Certains hommes sont touchés en bondissant hors de leur péniche de débarquement, mais les survivants mettent plusieurs postes hors de combat sur la plage et, au prix de pertes terrifiantes, pénètrent derrière la carapace défensive; seuls le commandant et 26 de ses hommes survivent indemnes aux premières heures du combat.

La plus grande confusion règne sur la plage, où s'entassent les nouvelles unités qui cherchent à en sortir, avant de s'engager dans des chemins traversant le terrain inondé et jonché de mines qui s'étend derrière les dunes. Un feu nourri de mortiers et de mitrailleuses balaie encore la plage découverte lorsque les équipes de reconnaissance du 12e Régiment d'artillerie de campagne y débarquent avec les compagnies de réserve des Winnipeg. Peu après, selon l'histoire de ces artilleurs, «le régiment débarque et établit sur la plage une position de pièce, d'où il tire souvent de plein fouet sur l'ennemi. Les tireurs embusqués allemands, leurs mortiers et leurs 75 font des ravages parmi les hommes qui se trouvent sur la plage.»

L'Escadron B du 1st Hussars, qui accompagne les Regina Rifles, sur la gauche, éprouve ses propres problèmes au cours de l'approche. En effet, plusieurs de ses chars ont des ennuis de moteur, tandis que l'écran de certains autres s'affaisse. L'un des chefs de char décrira ainsi son arrivée :

Après avoir pris la mer, nous nous sommes rendu compte qu'il était impossible de maintenir une formation correcte dans la mer agitée... L'entretoise de bâbord arrière s'est rompue, et l'équipage a dû coincer un extincteur entre l'écran et la caisse. Jusque-là, nous avions essuyé des tirs d'armes légères, mais, tout à coup, j'ai aperçu deux colonnes [d'eau] vers la droite, près du char du major Duncan : les premiers obus que nous recevions depuis notre départ. J'ai regardé de nouveau vers l'avant et, lorsque je me suis retourné, le char du major avait disparu; il n'y avait plus que quatre têtes à la surface de l'eau. J'ai jeté un rapide coup d'œil circulaire et j'ai vu les autres DD à environ 200 verges derrière moi. Ensuite, je me suis dirigé vers la plage. Dès que nous avons touché terre, je me suis glissé à l'intérieur du char, car les balles labouraient l'eau tout autour de moi. J'ai refermé une moitié de l'écoutille et gardé la tête au-dehors par la moitié ouverte pour repérer les mines et les obstacles immergés. Lorsque je me suis senti en sécurité, j'ai rabattu mon écran et ouvert le feu sur un blockhaus qui se trouvait immédiatement devant moi. J'ai tiré cinq obus explosifs, puis je me suis

avancé de 50 verges dans l'eau et, à quelque 150 verges de l'objectif, j'ai tiré cinq autres obus, perforants cette fois. Il n'y avait plus que des armes légères qui tiraient. Je me suis mis à canarder les nids de mitrailleuses dont étaient parsemées les dunes bordant la plage, et qui arrosaient allégrement le bord de l'eau. Enfin, j'ai placé mon char en position de caisse abritée près du blockhaus et, des yeux, j'ai cherché l'escadron autour de moi. À ce moment-là, les AVRE s'avançaient en grondant pour commencer à combler les fossés antichars qui se trouvaient juste devant nous.

Il est heureux que les 19 chars de l'Escadron B, sauf cinq, aient réussi à rejoindre le rivage et mis hors de combat plusieurs positions de pièce avant l'arrivée des compagnies d'assaut des Regina. La mission du bataillon consiste à nettoyer le village de Courseulles. Sur la droite, la Compagnie A doit d'abord éliminer, à l'embouchure de la Seulles, une position puissamment fortifiée qui, bien que durement touchée par les bombes et par les canons des navires, est encore très active. Après avoir été clouée au sol durant un certain temps, la compagnie contourne graduellement le flanc de cette position pour la mettre hors de combat. Puissamment épaulée par les chars qui bombardent la plage, la Compagnie B, sur la gauche, a moins de problèmes. D'excellentes photos aériennes lui facilitent le repérage de ses objectifs dans Courseulles, qu'elle nettoie méthodiquement avant de s'enfoncer de plusieurs kilomètres vers l'intérieur, jusqu'à l'endroit où le bataillon se regroupe et réunit ses compagnies de réserve. L'une d'elles, la Compagnie D, a perdu la moitié de ses hommes dans l'explosion de plusieurs péniches de débarquement qui ont heurté des obstacles minés immergés.

Les Winnipeg et les Regina sont également impressionnés en constatant que le formidable bombardement préliminaire n'a pas réussi à détruire complètement les centres de résistance allemands, qu'il en a même laissé certains pratiquement intacts. Une équipe de recherche opérationnelle qui les suit sur le rivage pour évaluer l'efficacité du bombardement confirme leurs observations. Les fortifications allemandes sont égrenées et pratiquement invulnérables à un tir frontal. Les centres de résistance, construits en béton armé d'un à deux mètres d'épaisseur et reliés par de profondes tranchées de communication, sont placés de façon à tirer latéralement, en enfilade; «s'apportant un appui mutuel, ils disposent d'arcs de tir relativement étroits et sont situés de façon à pouvoir battre la plage. Le nombre de pièces capables de tirer directement vers la mer est relativement peu élevé, à cause d'une protection de béton massive contre les tirs frontaux.» L'équipe constate que, par conséquent, «les défenses étaient en grande partie intactes lorsque l'infanterie a touché terre, et l'ennemi était en mesure de lui opposer un tir meurtrier». En outre, «le bombardement aérien a été inefficace... le bombardement naval n'a

Au matin du jour J, des soldats du Régiment de la Chaudière, décontractés – du moins en apparence –, montent à bord de leur péniche de débarquement. (MDN, PMR93-417)

Le soldat J. Roy, de la Chaudière, ployant sous son volumineux équipement de communication, attend son tour de s'embarquer... (MDN, PMR93-418)

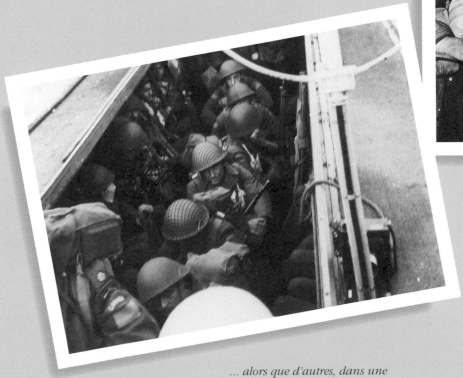

... alors que d'autres, dans une LCA, attendent que celle-ci soit libérée par son navire porteur. (MDN, PMR93-405)

guère eu de succès... les roquettes, de même que les obus des pièces automotrices, sont tombés au-delà de l'objectif». Par ailleurs, il est également manifeste, à en juger par les positions abandonnées et les stocks de munitions inutilisées, que le moral des défenseurs a été sérieusement ébranlé. Bien que les chercheurs soient incapables de dire quelle partie du plan de feux a provoqué le plus de perturbation, sa simple puissance accumulée a probablement persuadé un grand nombre d'ennemis d'abandonner le combat.

Alors que la 8ᵉ Brigade s'approche du rivage, le brigadier-général K.G. Blackader, en déplaçant ses jumelles d'ouest en est, aperçoit ses repères, sur la gauche de la 3ᵉ Division. Il y a d'abord la jetée du port de Courseulles, une étendue plate de marécages, puis le clocher proéminent de l'église de Bernières-sur-Mer, entouré de grands arbres, et, enfin, un groupe de maisons de plage à Saint-Aubin-sur-Mer. À mesure que la brigade se rapproche, le vent augmente, obligeant Blackader et son homologue de la marine à décider s'ils vont ou non mettre tout de suite à l'eau leurs chars DD peu maniables. Estimant que la mer est trop agitée, ils ordonnent aux équipages de ne pas s'y risquer. Blackader, voyant son heure H retardée, modifie le minutage du plan de feux de son approche finale, destiné à couvrir les troupes d'assaut lorsqu'elles toucheront la plage. Tout comme à Courseulles, une grande partie du tir d'appui, trop long, se perd à l'intérieur des terres au lieu de s'abattre sur les défenses de plage immédiates.

À 7 h 20, le lieutenant-colonel J.C. Spragge, commandant du Queen's Own Rifles, sur la droite de la 8ᵉ Brigade, reçoit un message lui indiquant que son heure H est retardée d'une demi-heure, car les chars DD et les AVRE ont pris du retard. Jusque-là, la plage a été paisible mais, maintenant, certaines des péniches de débarquement en train de décrire des cercles se font tirer dessus. «Malheureusement, note le chroniqueur de guerre du bataillon, ce délai a irrémédiablement compromis l'appui feu. Tout ce qui tire, maintenant, c'est une LCF (péniche antiaérienne) qui s'est dirigée droit vers la plage et, rendue tout près, a lâché un torrent d'obus traçants.» À 8 h 5, lorsque les compagnies de tête reçoivent l'ordre de débarquer, «on n'aperçoit toujours pas de char DD ou d'AVRE, ce qui semble plutôt de mauvais augure».

Dans l'un des cinq bâtiments à bord desquels la Compagnie A du major Elliot Dalton effectue son approche finale de huit kilomètres, le sergent-major Charles Martin est tout surpris de découvrir à quel point ils sont isolés au beau milieu de l'immense force d'invasion lorsqu'il se rend compte que «la flotte d'assaut, juste derrière nous, est maintenant complètement hors de vue». Bien des années après, il racontera dans ses mémoires* :

---

*   Martin, Charles M. *Battle Diary: One Sergeant Major's Story from D-Day to VE Day*. Dundurn Press, Toronto, 1994.

Je sais bien que Hollywood et les artistes du temps de guerre prendront l'habitude de représenter le jour J avec des avions dans le ciel, la Manche encombrée de destroyers et de croiseurs, le rivage couvert de bâtiments d'assaut, d'officiers régulateurs de plage, et tout ça. Pourtant, à nos yeux, ce n'est pas du tout ainsi que les choses se présentent. Dans le silence du petit matin, nous n'apercevons plus que dix péniches d'assaut isolées s'avançant face au rivage sur une ligne de front qui s'allonge graduellement. Les bâtiments de notre Compagnie A se trouvent sur la droite, et ceux de la Compagnie B sur la gauche. La lumière du jour pointe, inopportune... Quinze cents verges de plage barrent l'horizon; tout baigne dans un silence de mort. Au lieu de la réalité, on dirait une image de carte postale : la représentation en miniature d'une centaine de plages et de villages français. La seule différence, c'est que nous nous attendons à ce que les bombardements d'artillerie débutent d'un moment à l'autre; or, c'est exactement ce qui se produit.

Les bâtiments se séparent peu à peu. Celui de Martin se dirige vers la droite, et le sentiment d'isolement du sergent-major s'accroît, car, raconte-t-il :

Les péniches commencent à paraître encore plus minuscules lorsque l'écart qui les sépare augmente, dépassant la longueur d'un terrain de football. L'idée initiale que nous nous faisions d'une courageuse attaque commence à sembler plutôt modeste à mesure que nous nous rapprochons de la côte. Nous pouvons distinguer les maisons et les autres édifices du village. Entre celui-ci et le rivage, nous apercevons les obstacles encastrés et les barbelés pourvus de mines auxquels nous nous attendions. Au milieu, un formidable mur de 15 pieds, pourvu de trois grands blockhaus massifs en ciment. La plage est exposée au feu meurtrier des mitrailleuses, disposées de façon à la balayer en son entier.

Les péniches foncent tout droit. Certaines atteignent le rivage, tandis que d'autres larguent leurs hommes dans l'eau, qui leur arrive à la taille. Maintenant, les soldats sont encore plus seuls. «À ce stade, racontera Martin, aucun d'entre nous, dispersés comme nous le sommes sur un très grand front de plage, ne réalise à quel point nos forces sont limitées.» À l'entraînement, il était relativement facile aux chefs de section ou de peloton de diriger leurs hommes mais, au combat, où aucun plan ne survit au premier contact avec l'ennemi, il en va tout autrement. Sur toute la longueur de la plage, le succès dépend maintenant de l'entraînement et de l'initiative personnelle, car «chacun des dix bâtiments s'est transformé en une unité combattante distincte, privée de toute communication avec les autres. Nous sommes livrés à nous-mêmes pour notre baptême du feu, et chacun d'entre nous, des commandants aux simples soldats, n'est plus qu'un fusilier qui fonce de toute la vitesse de ses jambes.»

«Nous n'apercevrons plus que dix péniches d'assaut isolées.» Bien
qu'entourés de dizaines d'autres bâtiments, nombre de soldats
se sentent bien seuls au cours de la longue approche.
(MDN, PMR93-403)

D'autres, entassés à bord des fragiles péniches de débarquement,
conservent l'illusion qu'il s'agit «simplement d'un autre exercice».
(MDN, PMR93-399)

Les fusiliers se fraient un chemin à travers la plage, par-dessus la digue et à travers les dunes qui mènent à la voie ferrée, au-delà de laquelle des barbelés et des champs de mines judicieusement disposés les obligent à emprunter des brèches que les Allemands tiennent sous le feu de leurs mitrailleuses et de leurs mortiers. Ayant pratiqué une ouverture dans les barbelés, Martin, après avoir progressé d'une dizaine de pas à travers le champ de mines, met le pied sur une mine bondissante. Il décrit ainsi son expérience :

Lorsque cet engin bondit en l'air, il éparpille sur une grande surface — peut-être 150 à 200 pieds — de vieux clous, des chevrotines et tout ce qu'on a pu trouver d'autre à mettre dedans. Toutefois, si l'on garde le pied dessus, il ne saute pas. J'ai donc laissé le mien où il était et j'ai ordonné à tout le monde de se rendre à l'autre extrémité, de franchir la clôture et de pénétrer dans les jardins entourant les maisons. Pour éviter l'effet de dispersion de la mine, il faut plonger au sol sans hésiter juste à côté de celle-ci.

La méthode fonctionne. Martin conduit ses hommes jusqu'à leur objectif et, un par un, des soldats des autres péniches viennent les rejoindre. La chance joue un grand rôle dans les débarquements. À gauche de Martin, la plus grande partie de la Compagnie B, commandée par le frère d'Elliot, Charles Dalton, arrive au beau milieu des trois blockhaus, dont le tir d'enfilade sur les deux flancs touche la moitié des hommes avant qu'ils aient pu atteindre la digue. Trois braves musèlent un des blockhaus à coups de grenades et, par chance, deux bâtiments, qui ont dérivé vers la gauche, débarquent en un point relativement paisible un peloton commandé par le lieutenant H.C.F. Elliott. Ces hommes progressent jusqu'à l'arrière des centres de résistance, pendant qu'un opérateur radio entre en communication avec un navire antiaérien qui vient près de s'échouer en s'approchant du rivage pour leur apporter un appui-feu à bout portant. Les Allemands qui occupent le centre de résistance abandonnent alors la partie.

La guerre est pleine d'incongruités. Lorsque le groupe de commandement du bataillon arrive, au milieu de la bataille, son chroniqueur de guerre note qu'«un café, à une centaine de verges à peine de la plage, est ouvert et vend du vin à tout venant». Il ajoute, peut-être avec une pointe d'ironie, qu'«il se produit un retard considérable à cet endroit au cours du rassemblement des compagnies». Plusieurs heures après, Ralph Allen, le correspondant de guerre du *Globe and Mail* de Toronto, arrive sur les lieux, où l'attend une scène de confusion organisée.

Le mur de béton massif à partir duquel l'ennemi a opposé sa résistance initiale est maintenant dégarni d'hommes, mais des dizaines de prisonniers allemands en capote se tiennent devant lui. Derrière le mur, sous des couvertures, gisent nos blessés. La plupart d'entre eux ont été touchés sur les sables dorés que la marée basse découvre maintenant, exposant des centaines de haies métalliques tordues et mettant au sec, sous un soleil ascendant, leur butin de péniches d'invasion avariées. Des blockhaus couronnent le mur de leurs épaules voûtées, et un réseau de barbelés en orne la face bombée qui donne sur la mer. Derrière ce mur, de profondes tranchées; on voit pointer le nez d'un canon antichar allemand à travers une étroite ouverture, et une mitrailleuse lourde gît maintenant démantelée sur la gauche. Le point le plus faible du mur a huit bons pieds de haut, et autant d'épaisseur. L'expérience aurait été de peu d'utilité contre ce bastion gris-noir. Les frères Dalton et leurs troupes inexpérimentées ont employé la seule ressource qui pouvait s'avérer payante : cette bonne vieille bravoure canadienne.

La bravoure n'exclut pas pour autant le chagrin. Le sergent-major Martin dénombre les amis qu'il a perdus, et cet homme fort en a «les larmes aux yeux» :

Je me retire derrière un mur. Il sont si nombreux à avoir disparu. Une pensée idiote me vient à l'esprit : pourquoi s'y être pris ainsi? Quatre ans à s'entraîner et à vivre ensemble : un but commun, des amis qui deviennent des frères, et tout ça pour perdre plus de la moitié d'entre nous. Pourquoi est-ce qu'on n'a pas simplement rassemblé n'importe quelle bande d'hommes en uniforme pour les précipiter dans cette machine à tuer? Pourquoi ceux-ci, alors que n'importe quels hommes — n'importe quels autres, mais pas ceux-ci — auraient pu payer ce prix?

Il répond lui-même : «*Le chagrin et le bon sens ne font pas toujours bon ménage. C'était un de ces moments de l'existence... Quelle attitude adopter? Continuer à faire de notre mieux, voilà tout.*» Accompagnés des chars du Fort Garry, les survivants s'enfoncent vers l'intérieur, éliminant des poches dispersées d'Allemands en cours de route. Ils se dirigent vers leurs objectifs du jour J, à Anguerny et à Anisy, qu'ils atteignent en fin d'après-midi.

Le North Shore Regiment débarque à gauche du Queen's Own sur la plage canadienne la plus à l'est, devant le centre de villégiature de Saint-Aubin-sur-Mer. Sur leur gauche se trouvent des troupes du 48e Commando de Royal Marines, qui doivent nettoyer la zone bâtie séparant les North Shores de la 3e Division britannique. À Saint-Aubin, la laisse est bien plus étroite qu'ailleurs. À marée haute, la plage y a moins de 100 mètres de large; or, à cause de la violence de la houle, on a ordonné aux chars DD de ne pas prendre la mer, mais de se rendre directement jusqu'au rivage à bord de leurs LCT, derrière l'infanterie. La plage est bondée, mais les tankistes du Fort Garry n'ont eu qu'à se «mouiller un peu les pieds» pour s'y rendre, ce dont ils peuvent se louer. En effet, un chef de troupe racontera plus tard que ses équipages souffraient tellement du mal de mer qu'il a dû conduire lui-même tous ses chars jusqu'au rivage.

Pour sa part, un chef de peloton se rappellera que, pendant que les LCA (péniches d'assaut) transportent

*Des Royal Marines, qui débarqueront sur le flanc gauche de JUNO, s'engagent un à un dans leur péniche de débarquement, le long du NCSM **Prince David**. (MDN, PMR93-412)*

Une LCI de la MRC, transportant des soldats du Highland Light Infantry avec leurs vélos, aborde le rivage à Bernières. Au cours de l'opération OVERLORD, les LCI et les LSI canadiennes conduiront plus de 35 000 soldats en Normandie. (MDN, PMR93-404)

les North Shores décrivaient des cercles au large, ses soldats ont d'abord «semblé croire qu'il ne s'agissait que d'un autre exercice. En fait le moral n'avait jamais été aussi élevé, et le peloton chantait allégrement «Roll Me Over, Lay Me Down» pendant que nous approchions du rivage.» Selon le commandant du régiment, le lieutenant-colonel Donald Buell, ses hommes, eux aussi, «continuent d'entretenir l'illusion qu'il s'agit simplement d'un autre exercice. Ce sentiment est également encouragé par l'absence de tout signe visible de résistance de la part de l'ennemi.» La réalité surgit soudain :

> Alors que nous attendons avec impatience, il se produit un incident qui dissipe instantanément toute illusion. La LCT lance-roquettes d'appui de notre vague d'assaut commence à tirer des salves de 25, lorsqu'un chasseur Mustang de la RAF volant d'est en ouest parallèlement à la plage surgit des nuages à basse altitude. Au bout de quelques secondes, il s'enfonce droit dans la volée de roquettes. On entend une énorme explosion. L'avion se désintègre, et son moteur poursuit seul sa course dans un arc flamboyant de débris, pour finalement plonger dans la mer.

Buell, ses hommes et les équipages des LCA doivent également affronter un plant d'«asperges de Rommel». Ce dispositif de défense en profondeur, qui s'étend de la ligne de mi-marée jusqu'au niveau approximatif des trois quarts de flot, consiste en couches de piquets de bois ou de fer, de «hérissons» (des trépieds faits de cornières soudées ensemble) et de «tétrahydres» (des pyramides de cornières soudées). Nombre de ces obstacles ont été minés au moyen de vieux obus ou de Tellerminen, mais même ceux qui sont dépourvus d'explosifs peuvent éventrer les péniches de débarquement. Des équipes de sapeurs accompagnant la première vague sont censées ouvrir un chemin à travers ces obstacles, mais, à de nombreux endroits, elles sont incapables d'y parvenir.

Les aventures survenues aux équipages des LCI (péniches de débarquement d'infanterie) *298* et *121* de la 260e Flottille de LCI de la MRC fournissent un exemple typique d'abordage. Lorsque ces péniches s'approchent de la plage de Saint-Aubin en ligne de front, leurs capitaines peuvent distinguer clairement les rangées d'obstacles qui s'étendent devant eux. Toutefois, au lieu de chercher à manœuvrer entre eux, ils ont reçu l'ordre de pénétrer la barrière à leur vitesse maximum de 16 nœuds. Même si les péniches subissent des avaries, elles devraient conserver un élan suffisant pour débarquer leurs soldats sur la plage étroite et plate. La *LCI 298* y parvient en effet. Elle ricoche sur quelques obstacles, mais, par bonheur, évite les mines. Ses 51 soldats débarquent en 10 minutes sans essuyer la moindre perte. La *LCI 121* n'a pas autant de chance. Une vague expédie par-dessus bord le premier lieutenant, puis la péniche touche un obstacle miné. Six soldats sont tués, et trois autres blessés, mais la vitesse acquise par la

péniche amène celle-ci jusqu'à la terre ferme, et ses autres occupants bondissent dans quatre pieds d'eau. Ces mésaventures se répètent tout le long des plages. Sur les 26 LCI de la MRC qui toucheront terre le jour J, on en abandonnera 12, trop gravement avariées pour retourner en Angleterre. On a toutefois expliqué à leurs capitaines, avant l'opération, que ce n'est pas la survie de leur bâtiment qui importe, mais le débarquement des troupes, et c'est ce qu'ils accomplissent.

Les compagnies d'assaut du North Shore, la B sur la gauche et la A sur la droite, ont reçu un bon briefing, au cours duquel on leur a montré des photographies aériennes des redoutables défenses de Saint-Aubin — blockhaus, barrages routiers, barbelés et mines — qui séparent du village aux rues étroites la digue élevée qui borde la plage. La Compagnie B a pour objectif immédiat un centre de résistance pourvu de nombreux défenseurs, qu'elle contourne et prend à revers. Ensuite, utilisant des charges Bangalore (des bouts de tuyau bourrés d'explosifs) pour pratiquer des brèches dans les barbelés, les pelotons pénètrent dans la ville, mais les Allemands, qui occupent des positions judicieusement situées, les clouent au sol jusqu'à ce que les chars, les AVRE et les canons antichars débarquent pour venir à l'aide des assaillants. Le capitaine J.C. Stewart, un officier observateur avancé (OOA) du 19e Régiment d'artillerie de campagne de l'armée de terre, sera privé de communications avec sa propre batterie lorsque son signaleur, atteint du mal de mer, passe par-dessus bord. En attendant le débarquement des pièces de sa propre compagnie, il dirige brillamment le tir des canons de 95 mm des chars CENTAUR pour réduire plusieurs centres de résistance qui paralysent la progression des North Shore et des commandos. L'une des positions «s'avère bien plus imprenable que quiconque ne l'avait jamais imaginé, et le [bunker] souterrain est un cauchemar de sapeur», racontera un chef de peloton. Il lui a en effet fallu «deux heures rien que pour inspecter à fond les principales positions de pièce et leurs voies de communication souterraines... Nous avons fait prisonniers quatre officiers et 75 hommes de troupes; 50 autres ont été tués ou blessés.»

Le père Hickey débarque avec les compagnies de réserve et donne l'extrême-onction à son premier soldat mort, tué à ses côtés lorsqu'ils quittent la péniche de débarquement :

> ... les mitrailleuses de l'ennemi arrosent [la plage] dans tous les sens et, maintenant, leurs mortiers et leur artillerie lourde commencent à nous pilonner. En rampant dans le sable, je viens d'atteindre un groupe de trois hommes grièvement blessés, lorsqu'un obus atterrit parmi nous, tuant raide mes camarades... Le bruit est assourdissant; on ne peut même pas entendre nos énormes chars, qui ont déjà débarqué et s'avancent sur le sable en broyant tout sur leur passage; certains hommes, incapables de les entendre, se font passer sur le corps et

Cette vue d'une plage balayée par les balles, telle qu'elle s'offrait aux assaillants, illustre également bien les divers types d'«asperges de Rommel». (MDN, PMR93-408)

Le personnel médical soigne les blessés à l'abri de la digue de Courseulles. (MDN, PMR93-388)

meurent écrasés. *Une explosion secoue le sol comme un tremblement de terre; ce sont les sapeurs qui font sauter le mur. Pendant tout ce temps-là, les obus de l'ennemi tombent en sifflant, de plus en plus nombreux. Tout en rampant, nous pouvons entendre les balles et les éclats d'obus s'enfoncer dans le sable autour de nous. Lorsqu'un obus arrive en sifflant, on s'enfonce dans le sable et on retient son souffle. On attend l'explosion et l'averse de pierres et de débris qui la suit. Enfin, lorsque celle-ci s'éclaircit un peu, quelqu'un, juste à côté de soi, à qui on a peut-être parlé il y a une demi-heure, gît mort. D'autres qui sont à l'agonie peuvent ouvrir les yeux lorsqu'on s'approche d'eux.*

À la limite ouest de Saint-Aubin, la Compagnie A se faufile adroitement à travers les obstacles de plage et les champs de mines pour opérer sa jonction avec le Queen's Own. Les compagnies de réserve la suivent rapidement à travers la ville en direction de leur objectif, le village de Tailleville, où le bataillon se regroupe. Après avoir établi son PC dans un jardin, derrière une maison en feu proche de Tailleville, le lieutenant-colonel Buell se rend compte qu'«*il y a une vingtaine de clapiers empilés à l'arrière [de celle-ci]*» :

Certains d'entre eux sont en train de brûler, et les lapins poussent des cris perçants. J'envoie mon ordonnance et quelques signaleurs démolir les clapiers et libérer les animaux. Ayant assez bien organisé mon PC, je confie à l'officier de bombardement avancé la tâche de faire bombarder le château de Tailleville. Il dispose pour ce faire des pièces de quatre pouces de deux destroyers de la Royal Navy, qui évoluent lentement au large.

En cours de route, Buell et sa suite ont rencontré des civils français qui ont eu le malheur de se faire prendre dans la tourmente : on les libère, soit, mais à coups de canons, et à quel prix exorbitant. Buell contera à l'historien de son unité l'anecdote suivante :

En me rendant à l'endroit où je devais installer mon PC, j'ai remarqué trois fillettes qui se tenaient sur la véranda de leur maison. Celle-ci se trouvait sur la route qui longe la côte, face au nord et à peu près vis-à-vis de notre plage. Ces fillettes portaient toutes trois le même sarrau gris d'écolière, avec des manchettes et un col blancs, et de longs bas noirs. Elles se tenaient là, presque immobiles, observant les combats qui faisaient rage autour d'elles comme s'il s'agissait d'un extraordinaire spectacle monté à leur intention. Je ne comprendrai jamais comment elles ont pu échapper aux explosions d'obus, ni pourquoi celles-ci ne les effrayaient même pas. Me souvenant de ces enfants, j'envoie mon ordonnance, qui est bilingue, les conduire sur la plage, près de l'esplanade de la ville... Plus tard, Louis Ross, mon ordonnance, revient me rendre compte. Il a remis les trois fillettes saines et sauves entre les mains des civils, sur la plage, au grand soulagement de parents à elles qui se trouvaient déjà là.

Avant même que les bataillons d'assaut n'atteignent le rivage, le *Prince Henry* et le *Prince David*, qui transportent Le Régiment de la Chaudière, bataillon de réserve de la 8e Brigade, ont jeté l'ancre dans la zone de transport de JUNO. À cause du grand nombre de navires qui encombrent chaque mouillage, même cette manœuvre de routine a été soigneusement répétée, et elle s'effectue à la perfection, les deux bâtiments s'éloignant de 300 mètres l'un de l'autre. Les LSI (navires de débarquement d'infanterie) préparent immédiatement leurs péniches de débarquement. La première, une LCS(M) (péniche moyenne d'appui) remplie de Royal Marines, se coince pendant qu'on la descend du *Prince David*, et une brèche s'ouvre dans sa coque. Néanmoins, une fois libérée, elle décrit quelques cercles, et, bien qu'elle s'enfonce par l'avant, on estime qu'elle tient assez bien la mer pour se diriger vers la plage. Au cours des 25 prochaines minutes, sept des LCA de la 529e Flottille, à bord desquelles s'entasse la Compagnie A du Chaudière, sont mises à la mer sans incident. Un peu avant 7 h, elles se mettent en route vers le rivage à une vitesse de cinq nœuds derrière la canonnière qui doit les guider.

Pendant le trajet vers la plage, les soldats blottis au fond des péniches de débarquement vivent 100 pénibles minutes. Selon le matelot Fred Turnbull, un marin d'expérience à bord de la *LCA 1151*, la mer est «*extrêmement mauvaise*», et, ce qui n'a rien d'étonnant, «*les soldats sont très malades*». D'après le lieutenant R.G. Buckingham, commandant de la flottille, qui s'approche de la plage :

La marée est bien plus haute que prévu, et les obstacles de plage sont partiellement recouverts d'eau. Il y a six rangées d'obstacles, mais nous arrivons à manœuvrer entre eux. À 8 h 40, toutes les péniches de la 529e Flottille ont abordé. La houle est extrêmement forte, et il y a un puissant courant sur notre hanche de tribord... les plages sont balayées par des tirs ennemis considérables, surtout de mortiers.

Selon Turnbull, la houle pousse constamment l'arrière de sa péniche près des obstacles minés, et il devient bientôt évident qu'il n'est pas le seul à éprouver ce problème. Buckingham, dans son compte rendu, décrira le spectacle de son groupe en train de se désintégrer :

Environ les trois quarts des troupes ont débarqué de la LCA 1150, lorsqu'une explosion provoquée par une mine ou par un obus de mortier défonce la muraille de tribord, blessant un soldat. Un des obstacles minés fait également explosion, enfonçant le côté tribord de la LCA 1059, alors qu'un tiers, environ, des soldats en ont débarqué. Dans cette péniche, les pertes s'élèvent à deux soldats tués. Une autre explosion ouvre une brèche dans l'arrière de la LCA 1137 et défonce son avant sur bâbord. Tous les soldats ont quitté cette péniche sans subir de pertes. Quant à la LCA 1138, elle a débarqué tous ses soldats et elle est sur le point de quitter la plage, lorsqu'une vague la soulève et la projette sur un obstacle. L'explosion qui s'ensuit éventre cette péniche. Le lieutenant J.C. Beveridge de la RVMRC, officier de marine à bord de cette péniche, a subi plusieurs blessures aux jambes provoquées par des éclats, en plus d'une fracture du péroné droit et de légères lésions à la tête.

Toute sa flottille détruite à l'exception d'une seule péniche, Buckingham ne dispose plus que d'un seul moyen pour faire quitter cette plage meurtrière à ses hommes et les ramener à bord du *Prince David* : ils doivent s'embarquer à bord de la *1151* survivante. Selon Turnbull, après avoir poussé la *LCA* pour lui faire quitter la plage :

... nous nous entassons dans notre seule et unique péniche, mais un autre obstacle se dresse devant nous : les LCT arrivent en grondant sur la plage et nous nous trouvons directement sur leur route. Nous ne devons qu'à la chance d'éviter la collision, mais, alors que nous virons sur tribord et que nous semblons sur le point de nous tirer d'affaire, nous heurtons un piquet d'acier, une défense secondaire de l'ennemi, qui ouvre une énorme brèche dans le fond de notre bâtiment. C'est en vain que nous tentons d'obturer la voie d'eau; il nous faut abandonner la péniche, et nous n'avons que le temps de nous emparer de nos armes et de quelques vivres. Heureusement, nous nous trouvons à côté d'une LCT, à bord de laquelle nous arrivons à grimper sans encombre.

Après un autre périlleux passage entre les mines et les obstacles, les survivants se retrouvent sains et saufs à bord du *Prince David*. Turnbull et ses camarades sont ébranlés par leur éprouvantes aventures, ainsi qu'il le racontera : *«Jamais encore je n'ai lu tant de tension sur des visages. Mes meilleurs copains sont prêts à engueuler comme du poisson pourri quiconque leur fera la moindre remarque. Je suis d'ailleurs exactement dans le même état d'esprit.»* Le lendemain, lorsque le *Prince David* est ancré en toute sécurité devant l'île de Wight après une traversée sans encombre, *«les gars de la flottille refusent de parler de l'invasion. Nous souhaitons oublier pour un temps.»*

La flottille a rempli sa mission, mais celle du Chaudière ne fait que commencer. Elle consiste à s'emparer de Beny-sur-Mer, à quelques kilomètres à l'intérieur des terres, où la brigade de réserve de la 3e Division doit se rassembler avant de se mettre en marche vers le sud pour atteindre ses objectifs du jour J, près de Caen. Toutefois, sortir de Bernières n'est pas facile. Lorsque les obusiers automoteurs de 105 mm du 14e Régiment d'artillerie de campagne atteignent un champ découvert, à la limite sud de la ville, un artilleur allemand met hors de combat les trois premiers et fait sauter leurs munitions. Les explosions durent une heure, rendant tout mouvement extrêmement risqué, et les fantassins du Chaudière se font clouer au sol dès qu'ils se montrent.

Le Chaudière fait appel au capitaine Michael Kroyer, un officier de bombardement avancé qui dispose d'une liaison radio avec l'artillerie des destroyers d'appui. Aux petites heures du matin, Kroyer a déjà établi la communication avec le NCSM *Algonquin*, mouillé à quelque quatre kilomètres du rivage, et il fournit maintenant aux Canadiens les éléments de l'objectif. Sur la passerelle de l'*Algonquin*, son capitaine, le lieutenant-commander D.W. Piers, est accompagné d'un autre officier de la Royal Artillery, le capitaine G. Blunt, officier de liaison de bombardement du navire. Celui-ci se trouve à bord de l'*Algonquin* depuis le début de mai, et il a suivi un entraînement à l'artillerie avec les équipes de pièce du navire, à Scapa Flow, de sorte qu'ils se connaissent bien, ce qui est de toute première importance lorsqu'il faut travailler en collaboration aussi étroite. Quand Blunt reçoit la demande de tir de Kroyer, il vérifie la distance et la direction initiales sur une carte quadrillée standard, puis les transmet à l'officier d'artillerie, le lieutenant V.M. Knight.

Knight met en action son équipe bien rodée, introduisant les éléments de l'objectif dans une calculatrice spéciale, une sorte d'ordinateur primitif, qui transmet des portées aux systèmes de conduite du tir. Ceux-ci règlent des indicateurs auxquels se réfèrent les équipes de pièce de chaque tourelle et, une minute après la demande de Kroyer, l'*Algonquin* tire sa première salve de réglage. Comme il s'agit d'un coup indirect, Kroyer signale le point de chute des obus et transmet des corrections par radio : «plus 200, gauche 300.» Lorsque la troisième salve atteint l'objectif, Knight donne l'ordre de passer au tir d'efficacité, et les équipes répondent par des tirs groupés de quatre pièces. Après le troisième, Kroyer signale que l'objectif est détruit. Les Chaudière se remettent en marche, et l'*Algonquin* continue ses évolutions en attendant d'autres demandes d'appui-feu. Quelques mois plus tard, le lieutenant-commander Piers recevra une lettre du capitaine Blunt où celui-ci explique ce qui s'est passé sur la terre ferme.

J'ai été en rapport avec Michael Kroyer, notre officier de bombardement avancé du 6 juin, et laissez-moi vous dire que le tir que vous avez effectué ce jour-là était un exemple de parfait appui naval. Pour ce qui est de la rapidité et de la précision, aucun autre tir dont j'aie entendu parler ne lui vient à la cheville, et Mike et son bataillon vous en étaient extrêmement reconnaissants. Ce qui s'est passé, c'est que des 88 automoteurs ont ouvert le feu à une distance d'environ 400 [mètres] sur un flanc du groupe de commandement du bataillon, sur Mike et sur tous leurs camions qui se trouvaient sur la route. Les 88 n'ont pas eu le temps de faire beaucoup de dégâts, et on a constaté par la suite qu'ils avaient été détruits. Mike a décidé de faire peindre les mots «NCSM Algonquin» sur le devant de sa jeep, qu'on a pu voir par la suite dans

OPÉRATION 'NEPTUNE' - ZONES
6 JUI

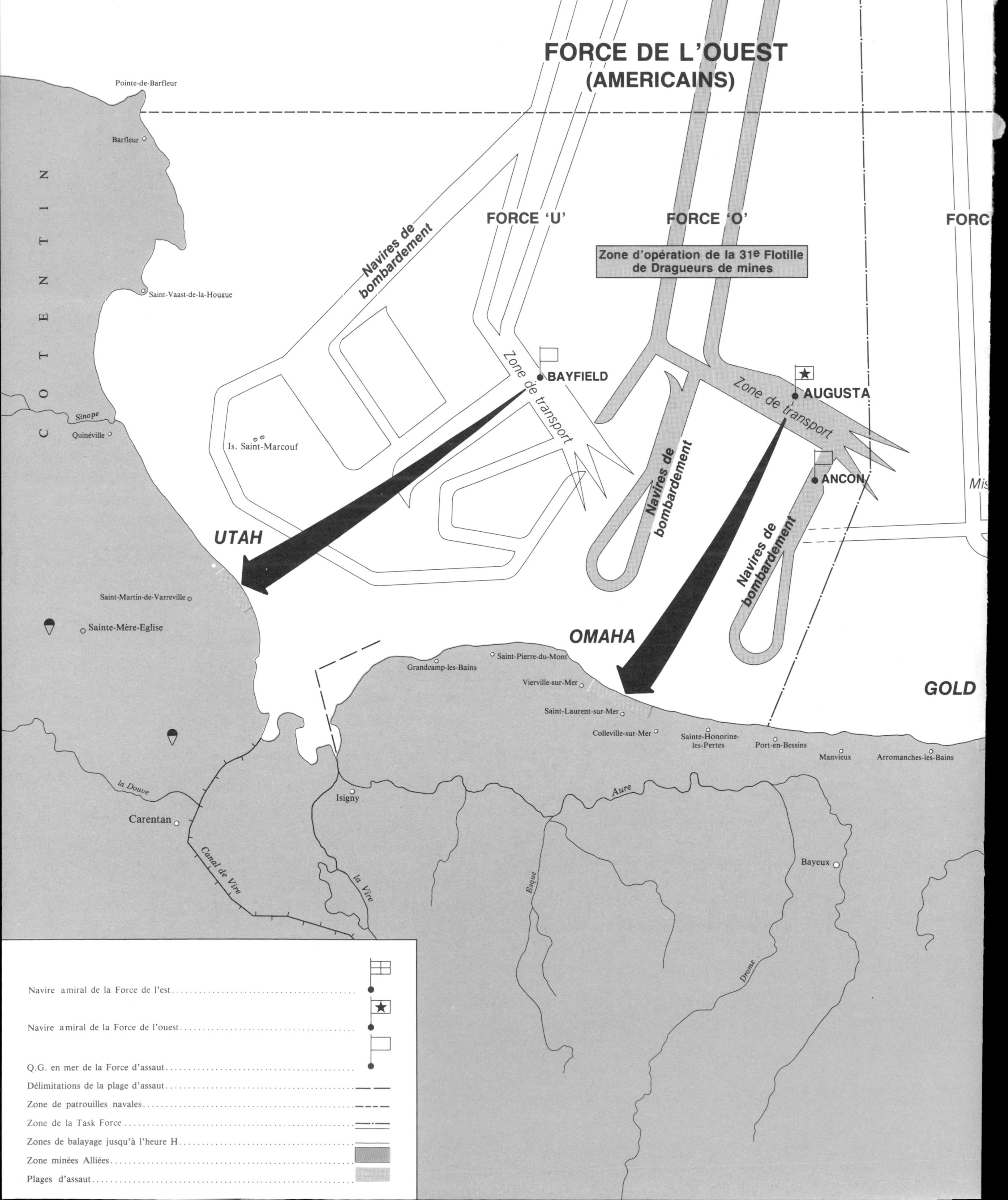

FORCE DE L'OUEST
(AMERICAINS)

Pointe-de-Barfleur

Barfleur

COTENTIN

Saint-Vaast-de-la-Hougue

FORCE 'U'

FORCE 'O'

FORC

Navires de bombardement

Zone d'opération de la 31e Flotille de Dragueurs de mines

FORC

Zone de transport

● BAYFIELD

Sinope

Quinéville

Is. Saint-Marcouf

Navires de bombardement

Zone de transport

★ ● AUGUSTA

□ ● ANCON

Mis

UTAH

Navires de bombardement

Saint-Martin-de-Varreville

Sainte-Mère-Eglise

OMAHA

Saint-Pierre-du-Mont

Grandcamp-les-Bains

Vierville-sur-Mer

GOLD

Saint-Laurent-sur-Mer

Colleville-sur-Mer

Sainte-Honorine-les-Pertes

Port-en-Bessins

Manvieux

Arromanches-les-Bains

la Douve

Aure

Isigny

Carentan

Canal de Vire

la Vire

Esque

Drome

Bayeux

Navire amiral de la Force de l'est..........................	●
Navire amiral de la Force de l'ouest........................	★ ●
Q.G. en mer de la Force d'assaut...........................	●
Délimitations de la plage d'assaut..........................	—
Zone de patrouilles navales................................	— - —
Zone de la Task Force.....................................	═══
Zones de balayage jusqu'à l'heure H........................	═══
Zone minées Alliées.......................................	▓▓▓
Plages d'assaut...	░░░

**FORCE DE L'EST
(BRITANNIQUES)**

Limite nord de la zone d'assaut Cap d'Antifer

TUNNY NORD
ZONE DE PATROUILLE

E 'G' FORCE 'J' FORCE 'S'

PIKE
ZONE DE PATROUILLE

LE HAVRE

Navires de bombardement

à la mer

Mise à la mer

BULOLO

● HILARY ● SCYLLA

Mise à la mer

LARGS ●

SEINE

TUNNY SUD
ZONE DE PATROUILLE

Trouville-sur-Mer

JUNO *SWORD*

nelles-sur-Mer Saint-Aubin-sur-Mer

Courseulles-sur-Mer Bernières-sur-Mer

Villers-sur-Mer

○ Crépon

Sainte-Croix-sur-Mer Luc-sur-Mer

○ Reviers Taillleville Lion-sur-Mer

Seulles Beny-sur-Mer

Creully Ouistrehem

Cabourg

Franceville-Plage

Merville

**Zone de réception du
3e Bataillon**

○ Basly

○ Villons-les-Buissons

○ Les Buissons

Mue

○ Buron

Putot-en-Bessin Bretteville-
l'Orgueilleuse Gruchy ○ Saint-Contest

Norrey-
en-Bessin Authie ○ Cussy

Canal de Caen à la Mer

Orne

Dives

Franqueville Abbaye
Ardenne Colombelles

e Mesnil-Patry Carpiquet

CAEN

Venoix **FAUBOURG DE VAUCELLES**

○ Cheux

Fleury-sur-Orne Cagny ○

Cote 67 ● Ifs

Bras ○

Ferme Hubert-Folie ○
Beauvoir

Saint-André-sur-Orne Ferme Bourguébus ○
Troteval

Saint-Martin- Verrières Tilly-la-Campagne ○
de-Fontenay

N

0 2 4 6 8 10 km

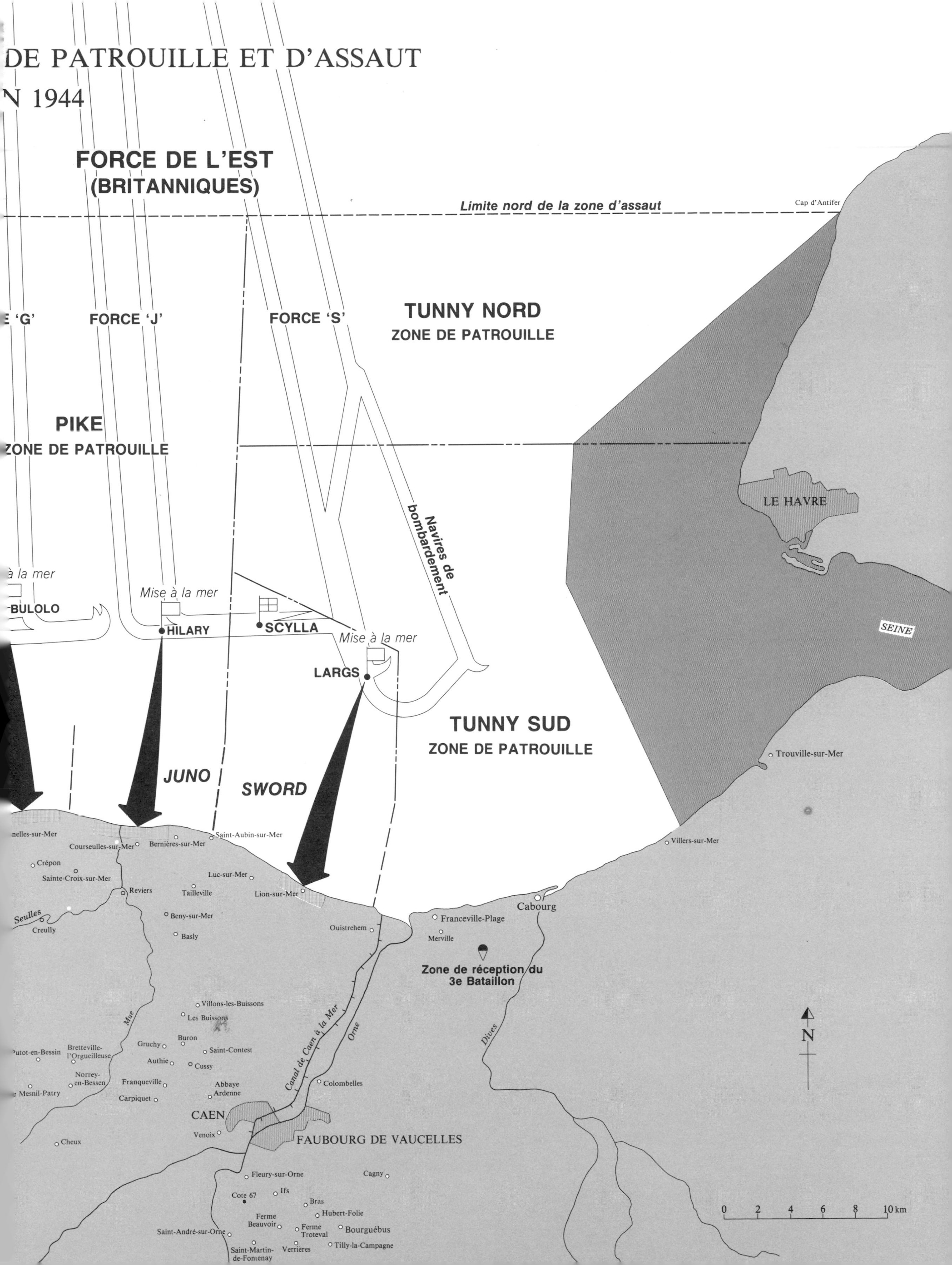

la plus grande partie du nord de la France, de la Belgique et de la Hollande.

Avant de débarquer, vers midi, Keller a ordonné à sa 9e Brigade de réserve — les Highlanders — d'aborder sur la plage de Bernières, où les voies de sortie semblent meilleures qu'à Courseulles. La mission de cette brigade consiste à élargir et à exploiter le point d'appui conquis par les bataillons d'assaut. Son objectif, à une quinzaine de kilomètres au sud, est une crête peu élevée, à l'ouest de Caen, qui domine l'aéroport de la ville, situé à Carpiquet. Ayant débarqué juste avant midi, les unités avancées tentent de traverser rapidement Bernières, mais l'encombrement qui règne dans la ville interrompt tout mouvement pour un certain temps. Les navires de débarquement continuent à vomir des flots d'hommes, de véhicules et de matériel de tout genre sur une plage qui, telle une peau de chagrin, rétrécit inexorablement devant la marée montante. Au-delà du rivage, les champs de mines canalisent les mouvements vers des passages restreints : la base de l'entonnoir ne peut suffire au passage du flot continu qui est déversé dans sa partie la plus large. Par conséquent, ce n'est qu'en fin d'après-midi que les bataillons de la 9e Brigade peuvent opérer leur jonction avec leurs chars d'appui à Beny-sur-Mer, à quelques kilomètres vers l'intérieur des terres, s'organiser en vue de la bataille et se diriger vers le sud, à destination de Carpiquet.

À la pointe extrême de l'avance de la 9e Brigade se trouve un groupement tactique de North Nova Scotia Highlanders et de chars du Sherbrooke Fusilier Regiment. Il a à sa tête une avant-garde mobile conduite par la troupe de reconnaissance des Sherbrooke. Il est suivi, en échelon, de la Compagnie C des North Nova, qui se déplace à bord de chenillettes porte-Bren avec les mortiers et les pionniers du bataillon, d'un peloton de mitrailleuses moyennes du Cameron Highlanders of Ottawa, d'une troupe de canons antichars M-10 du 3e Régiment antichar, et de deux chars Flail destinés à neutraliser les champs de mines. Formant une large pointe de flèche derrière l'avant-garde, les trois autres compagnies de fusiliers du North Nova s'avancent à bord de chars des Sherbrooke. Encore plus loin derrière viennent le Highland Light Infantry et le Stormont, Dundas and Glengarry Highlanders. Trois compagnies de chacun des bataillons de réserve se sont mises en route à bicyclette.

Les North Nova et les Sherbrooke se sont entraînés de façon intensive ensemble, apprenant à se connaître sur le plan personnel et à travailler en équipe. Ils avancent de plusieurs kilomètres avant la tombée de la nuit, éliminant des détachements allemands au passage, avant d'atteindre Villons-les-Buissons où, dans l'obscurité qui tombe, ils reçoivent l'ordre de faire halte et de creuser des tranchées pour y passer la nuit. Les Canadiens s'attendent à ce que les Allemands réagissent rapidement à leur intrusion — la contre-attaque immédiate forme en effet le cœur

de la doctrine tactique allemande — et ils se sont exercés à les arrêter en constituant des «forteresses» de brigade et de bataillon, c'est-à-dire des positions de défense tous azimuts à partir desquelles leurs canons antichars peuvent affronter les blindés sur un pied d'égalité relative.

Pour les survivants de cette extraordinaire journée, la nuit n'est guère reposante. La Luftwaffe, si discrète à la lumière du jour, se met à bombarder les plages, tuant ou blessant, faisant sauter des munitions et détruisant de l'équipement. Les North Nova repoussent des troupes mécanisées allemandes venues tâter leurs défenses. Les Chaudière en font autant, perdant tout de même un peloton complet qui est fait prisonnier. Une autre patrouille allemande prend en embuscade un véhicule de reconnaissance des Sherbrooke à bord duquel se trouvent leur capitaine-adjudant et leur officier des communications, qui transportent avec eux un jeu de codes et de procédures radio.

Cette perte s'avérera coûteuse. En effet, les Allemands peuvent maintenant faire concorder les instructions transmises par radio avec les indications figurant sur une série de cartes opérationnelles canadiennes trouvées peu après dans un autre véhicule avarié. Ces cartes portent des surnoms : par exemple, l'Orne y devient Orinoco. *«En les combinant avec les codes de TSF,* écrira un officier allemand, *nous étions en mesure de comprendre une grande partie des communications radio de l'ennemi... il ne nous restait plus qu'à constituer des unités de reconnaissance spéciales qui se livreraient à l'écoute radio, et ainsi de suite; de la sorte, nous avons remporté victoire sur victoire. C'était en fait de l'espionnage par radio.»* Le brigadier-général D.G. Cunningham, commandant de la 9e Brigade, partage ce point de vue :

On peut citer, comme exemple intéressant de l'ingéniosité de l'ennemi, l'habileté d'un opérateur de TSF allemand, qui s'est immiscé dans les communications entre la brigade et le 27e Régiment blindé [les Sherbrooke], et qui a rapidement assimilé tous les détails de notre procédure radio, y compris des expressions telles que «accusez réception de mes signaux» ou «répétez à partir de...» Son habileté était tout au plus irritante, car il devenait difficile de savoir si les messages radio atteignaient leur destinataire, mais son talent d'imitateur était tel que, à la fin [du jour J], il arrivait à reproduire la voix du lt-col. Gordon, commandant le 27e Régiment blindé.

Le père Hickey, ayant survécu au débarquement, passe la plus grande partie de la journée avec le médecin et les brancardiers de l'unité. Il écrira : *«Les premiers Français que je vois ce jour-là sont des hommes, des femmes et des enfants accroupis dans une petite cave près de la plage.»* Un civil français de Saint-Aubin demande de l'aide, et Hickey, accompagné du Dr Patterson, le médecin, le suit dans sa maison, où repose sa femme, grièvement blessée.

« ... un exemple de parfait appui naval. » Sur la passerelle du NCSM
Algonquin, le lieutenant-commander D.W. Piers et son officier de
liaison de l'armée de terre, le capitaine G. Blunt, repèrent, sur la terre
ferme, des objectifs pour l'artillerie navale. (MDN, PMR92-447)

Sur cette autre vue prise depuis
l'**Algonquin**, une ligne de
destroyers pilonne des positions
sur le front de plage.
(MDN, PMR92-448)

Leurs enfants, trois fillettes d'environ quatre, six et huit ans, observent la scène d'un air terrifié, peut-être autant à cause de nous que de l'état de santé de leur mère. Je leur adresse la parole, mais, apparemment, je n'arrive qu'à les terrifier davantage. Puis je me rappelle que j'ai dans ma poche trois tablettes de chocolat qui font partie de ma ration quotidienne. Je les distribue aux fillettes. Oh, le pouvoir d'une tablette de chocolat! La terreur disparaît des six yeux marron, et même en ce lieu où elle règne, trois fillettes esquissent un sourire pendant que je caresse leurs têtes bouclées.

À en juger par la jambe mutilée et les autres blessures de cette femme, on peut présumer sans crainte de se tromper qu'elle aura bientôt besoin des derniers sacrements de sa religion, mais son moral demeure solide. Lorsqu'elle voit passer le capitaine Jamie Stewart, en route pour apporter son aide à la Compagnie D et aux Royal Marines, elle lui fait le «V de la victoire».

Hickey se trouve avec le colonel Buell lorsque la rumeur réconfortante des tirs d'obus leur apprend que leur artillerie a débarqué. Pourtant, au même moment, *«le croirez-vous? juste sous nos yeux, une vieille Française nous ridiculise complètement, nous et notre artillerie : après avoir lentement traversé le champ un seau à la main, elle s'asseoit sur un tabouret et entreprend calmement de traire sa vache».* À ce stade, Hickey a bien compris que, tout comme un fantassin, l'aumônier d'une unité *«a besoin d'une paire d'épaules vigoureuses, de deux jambes robustes, d'un estomac capable de digérer des semelles de bottes, et de deux pieds à l'épreuve des ampoules»* et, lorsque le bataillon fait halte pour la nuit, il creuse comme tout le monde, jusqu'à ce que quelques hommes l'invitent à partager leur tranchée : *«alors, je m'y glisse à leurs côtés; mais, ce que je n'oublierai jamais, c'est le moment où Fred Druet me tend une boîte de soupe autochauffante qu'il vient d'ouvrir. C'est la première nourriture que j'avale de la journée. Non, monsieur, vous n'en avez jamais goûté d'aussi bonne au Savoy de Londres!»*

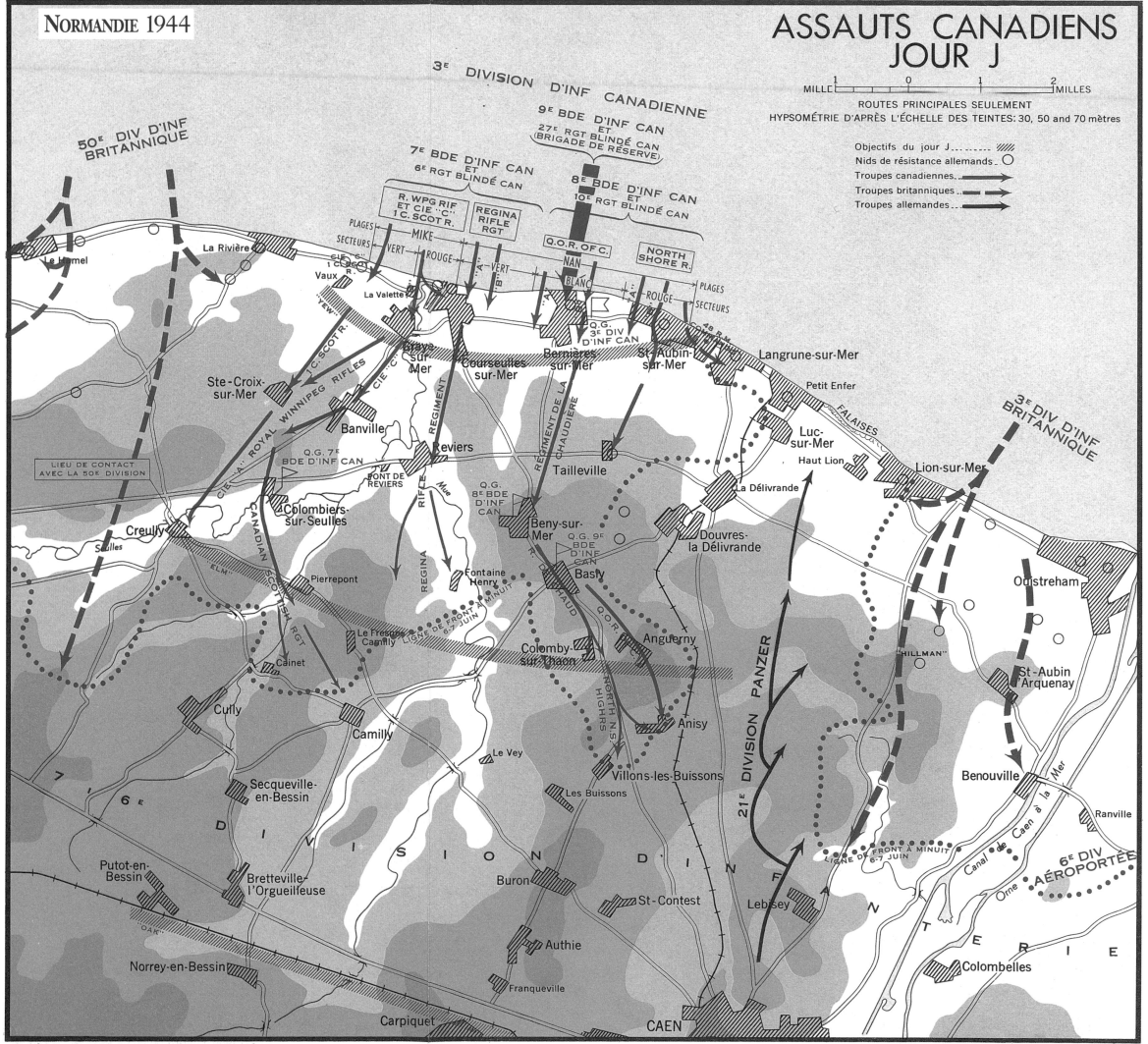

NORMANDIE 1944

ASSAUTS CANADIENS
JOUR J

MILLE 1 0 1 2 MILLES

ROUTES PRINCIPALES SEULEMENT
HYPSOMÉTRIE D'APRÈS L'ÉCHELLE DES TEINTES: 30, 50 and 70 mètres

Objectifs du jour J ....
Nids de résistance allemands ... ○
Troupes canadiennes ...
Troupes britanniques ...
Troupes allemandes ...

3ᴱ DIVISION D'INF CANADIENNE

9ᴱ BDE D'INF CAN
ET
27ᴱ RGT BLINDÉ CAN
(BRIGADE DE RÉSERVE)

7ᴱ BDE D'INF CAN
ET
6ᴱ RGT BLINDÉ CAN

8ᴱ BDE D'INF CAN
ET
10ᴱ RGT BLINDÉ CAN

50ᴱ DIV D'INF BRITANNIQUE

R. WPG RIF ET CIE "C" 1 C. SCOT R.

REGINA RIFLE RGT

Q.O.R. OF C.

NORTH SHORE R.

PLAGES
SECTEURS
MIKE
VERT
ROUGE
NAN
BLANC
ROUGE
PLAGES
SECTEURS

Le Hamel

La Rivière

Vaux

La Valette

Le Hamel

3ᴱ DIV D'INF BRITANNIQUE

Ste-Croix-sur-Mer

Banville

Reviers

Graye-sur-Mer

Courseulles-sur-Mer

Bernières-sur-Mer

St-Aubin-sur-Mer

Langrune-sur-Mer

Petit Enfer

FALAISES

Luc-sur-Mer

Lion-sur-Mer

Q.G. 3ᴱ DIV D'INF CAN

LIEU DE CONTACT AVEC LA 50ᴱ DIVISION

Q.G. 7ᴱ BDE D'INF CAN

PONT DE REVIERS

Colombiers-sur-Seulles

Taileville

La Délivrande

Haut Lion

Creully

Seulles

Pierrepont

Fontaine Henry

Q.G. 8ᴱ BDE D'INF CAN

Beny-sur-Mer

Q.G. 9ᴱ BDE D'INF CAN

Douvres-la Délivrande

Ouistreham

"HILLMAN"

St-Aubin d'Arquenay

Le Fresne Camilly

LIGNE DE FRONT À MINUIT 6-7 JUIN

Cainet

Basly

Colomby-sur-Thaon

Anguerny

21ᴱ DIVISION PANZER

Cully

Camilly

Le Vey

Anisy

Villons-les-Buissons

Benouville

Ranville

Secqueville-en-Bessin

Les Buissons

LIGNE DE FRONT À MINUIT 6-7 JUIN

Canal de Caen à la Mer

6ᴱ DIV AÉROPORTÉE

Putot-en-Bessin

Bretteville-l'Orgueilleuse

Buron

St-Contest

Lebisey

Orne

Colombelles

Norrey-en-Bessin

Authie

Franqueville

Carpiquet

CAEN

Reproduite par le Service topographique de l'Armée

Compilée et dressée par la Section historique de l'É-M.

CHAPITRE III

DE JEUNES GENS AU COMBAT

Il avait toujours été impossible d'imaginer le jour J+1. Si fort qu'on s'y employât pendant la période des préparatifs, nul n'avait jamais pu projeter son esprit au-delà du grand assaut.
(Norman Scarfe, Assault Division)

Bien que la 3e Division canadienne se trouve encore à quelques kilomètres de ses objectifs finaux du jour J, elle a fissuré la carapace des défenses côtières du Mur de l'Atlantique. À ce stade, le lecteur ferait bien d'observer une pause en même temps que les jeunes gens dont se compose cette division et qui, au petit matin du 7 juin, jettent un œil plein d'appréhension sur les environs de leurs maigres tranchées. Ils ont passé les derniers jours à voyager, sans avoir pu prendre beaucoup de repos avant de s'embarquer à bord des navires. Ils ont attendu tout au long de la journée de retard, puis passé une autre nuit blanche durant la traversée de la Manche. Ceux qui n'ont pas éprouvé le mal de mer pendant ce trajet en ont certainement subi les atteintes au cours de l'approche finale, alors que leur péniche dansait sur la mer agitée. L'attaque de la plage a été un autre choc, suivi de l'intense soulagement d'avoir survécu. Grâce à l'adrénaline, au rhum et à la Benzédrine, les soldats peuvent tenir le coup un certain temps mais, tôt ou tard, ils doivent en payer le prix. Le simple fait de se mettre en route le jour J+1 est déjà un exploit en soi. Pourtant, ces jeunes gens s'avancent bel et bien, en attendant de se heurter à d'autre jeunes hommes venus entraver leur marche.

Une avant-garde composée de North Nova et de Sherbrooke progresse avec circonspection. C'est qu'une brèche est en train de s'ouvrir sur leur gauche, entre eux et la 3e Division britannique, dont ils devaient protéger le flanc, dans le cadre du jour J, pendant qu'elle s'emparait de Caen. Toutefois, c'était faire preuve d'un optimisme débridé, que de compter prendre cette ville si facilement, particulièrement après avoir appris, par les services de renseignements, le déploiement de la 21e Division de Panzer dans les environs immédiats de Caen. La 3e Division britannique a débarqué sur un front d'une brigade : la 8e Brigade devait s'emparer d'un point d'appui, la 185e se rendre rapidement à Caen, et la 9e colmater la brèche du flanc droit et opérer la jonction avec les Canadiens. Comme partout ailleurs, la résistance des Allemands et l'encombrement de la plage ont ralenti l'avance et, au moment où la 185e Brigade s'est approchée de Caen, la 21e Panzer s'y trouvait déjà. Lorsque le commandant de la 9e Brigade britannique débarque, le commandant de sa division et celui de son corps d'armée lui disent d'oublier son plan initial, qui consistait à protéger le flanc canadien : plutôt, il ira dans la direction contraire, renforcer les positions que la 6e Division aéroportée britannique s'est taillées sur les ponts de l'Orne. Dès les premières heures ayant suivi le débarquement, une large brèche s'est donc ouverte et a grandi, entre les divisions britannique et canadienne, que les Allemands sont impatients d'exploiter.

Le colmatage de cette brèche aurait été une tâche idéale pour le régiment de reconnaissance de la division du général Rod Keller, le 17th Duke of York's Royal Canadian Hussars qui, malheureusement, se trouve encore en Angleterre. Keller a décidé de ne déployer qu'un seul des escadrons de ce régiment au cours du débarquement, non pas pour lui faire remplir des missions de reconnaissance, mais pour disposer d'un réseau radio auxiliaire. Divisé en détachements montés sur jeeps et déployés auprès des brigades, des bataillons et des groupes de plage, celui-ci agit comme une deuxième paire d'yeux et d'oreilles pour fournir à l'état-major de la division des informations tactiques. Si l'on peut se fier aux rares messages de cet escadron consignés dans le journal de la division, ce plan n'a pas eu autant de succès que prévu, à cause de radios en panne ou mises hors d'usage. On a inexplicablement assigné une priorité plus faible d'embarquement aux deux autres escadrons de l'unité, qui n'atteindront pas la tête de pont avant plusieurs semaines, de sorte qu'il manque à la division son premier maillon de la trinité tactique, qui consiste «à trouver l'ennemi, à l'immobiliser et à le combattre».

C'est donc un peu à l'aveuglette que les North Nova et les Sherbrooke progressent dans la matinée du 7, éliminant des poches éparses d'Allemands en cours de route, comme ils l'ont fait le jour précédent. En fin d'avant-midi, lorsque la Compagnie C du bataillon commence à nettoyer Buron, la Compagnie B, à l'arrière gauche de la pointe de flèche, se faisant tirer dessus par des Allemands postés aux environs du village de Saint-Contest, met pied à terre. Le commandant de l'avant-garde, le major J.D. Learment, décide de faire halte à Buron jusqu'à ce que la situation de la Compagnie B s'éclaircisse. Pendant ce temps, les chars légers Stuart de la troupe de reconnaissance continuent d'avancer, pour finir par atteindre la route de Caen à Bayeux. S'étant porté à l'avant pour juger personnellement de la situation, le lieutenant-colonel C. Petch, commandant des North Nova, fait appel à l'artillerie navale pour pilonner les villes qui se trouvent sur ses flancs découverts et ordonne à l'avant-garde de se mettre en marche. Cependant, des bombardements nourris d'artillerie obligent toutes les compagnies à s'établir dans des tranchées à l'endroit même où elles se trouvent, autour d'Authie et de Buron et entre ces deux localités. Les réserves allemandes viennent de se joindre au combat.

La déception à laquelle se sont livrés les Alliés, leur supériorité aérienne, la médiocrité des communications des Allemands et l'indécision entravent leurs premières tentatives de vaincre les forces de débarquement. La nuit même de l'invasion, leur réserve blindée la plus immédiatement disponible, la 21e Division de Panzer, postée sur les deux rives de l'Orne, se livrait à un exercice. S'étant rapidement déployée, elle approche tout juste de la tête de pont précaire formée par les troupes aéroportées, à l'est de l'Orne, lorsqu'elle reçoit l'ordre d'attaquer plutôt les forces d'invasion venues de la mer, à l'ouest du fleuve. Elle se voit donc obligée de revenir sur ses pas à travers Caen, tout en subissant constamment de violentes attaques aériennes. Lorsque, l'après-midi du jour J, les Allemands attaquent les Britanniques sur le flanc gauche canadien, les pièces antichars sont en mesure de les

arrêter. Les rares blindés qui réussissent à atteindre le littoral et à séparer les Canadiens des Britanniques doivent se replier lorsque, au grand dépit de leurs occupants, une puissante force de planeurs transportant des renforts aéroportés se glisse derrière eux. Craignant d'être isolé, et pris sous le feu des pièces des navires, le commandant allemand de l'endroit se replie sur une position située juste au nord de Caen.

La 12e Panzer SS est la prochaine division de chars allemande disponible. Il s'agit d'une formation tout à fait unique, car le gros de ses forces est constitué d'adolescents fortement endoctrinés selon les mœurs des Jeunesses hitlériennes. Des officiers expérimentés leur ont donné une instruction aussi solide que rigoureuse. «À l'entraînement, il ne saurait être question d'exercice de terrain de parade, lit-on dans un texte allemand. On ne s'exerce pas aux défilés ou à ce genre de choses. Tout l'entraînement est orienté en fonction du combat, et il a lieu dans des conditions aussi proches que possible du combat réel.» Au mois de mai, lorsque la division, dont l'effectif s'élève à plus de 20 000 hommes et 214 chars, se déploie aux environs de Dreux et d'Évreux, à l'ouest de Paris, elle est apte au combat.

Réserve blindée d'importance vitale, la 12e SS, qui est responsable de la contre-attaque partout entre Dieppe et l'embouchure de la Loire, a préparé à cette fin quatre plans, chacun ayant en vue une situation particulière. Le Plan de déploiement C vise à contrecarrer un assaut à l'ouest de l'Orne, précisément à l'endroit où a débarqué la 3e Division d'infanterie canadienne. Après avoir été alerté par des rapports faisant état de l'atterrissage de parachutistes au début du jour J, l'état-major de la division a été stupéfait de recevoir l'ordre de ne tenir aucun compte de ses plans, et de s'avancer dans une direction tout à fait imprévue et sous le contrôle d'un Poste de commandement (PC) avec lequel il ne dispose pas de communications. En cours de route, la division reçoit de nouveaux ordres lui enjoignant de revenir à son Plan C initial. Hélas, son unité la plus proche du lieu d'intervention prévu s'en trouve éloignée de plus de 70 kilomètres et, pour s'y rendre, elle doit traverser les voies de communications de la 21e Division de Panzer, pendant que des essaims d'avions alliés la harcèlent. Le résultat de toutes ces allées et venues, pour le plus grand bonheur des Canadiens, c'est que la 12e Division SS est incapable d'intervenir le jour J.

Les éléments de tête du 25e Régiment de Panzergrenadiere (infanterie mécanisée) SS du colonel Kurt Meyer atteignent Caen le 7 juin, en début de journée, alors que les Canadiens s'en approchent depuis Les Buissons, où ils ont passé dans l'inconfort leur première nuit en France. Caen est en train de brûler, ses rues obstruées par les débris. Parmi les Allemands qui roulent à travers la ville, des soldats expérimentés remarquent le calme apparent des jeunes, qui «est d'autant plus étonnant que même les vétérans aguerris de la campagne de

En traversant un village libéré, un bataillon en formation serrée passe devant un bulldozer blindé. (ANC, PA 131436)

Juste avant le jour J, les régiments blindés reçoivent quelques chars Sherman Firefly, pourvus de canons de 17 qui pourront rivaliser avec ceux des chars allemands. Au début, il y a des pannes fréquentes – dont celle du Firefly de tête des Sherbrooke, à Buron – jusqu'à ce que les équipages découvrent qu'ils doivent vidanger l'huile du mécanisme de recul pour éjecter les douilles vides. (ANC, PA 131391)

Les soldats se dispersent rapidement en rencontrant des Allemands. De nombreux auteurs ont mentionné le «vide du champ de bataille», et les artistes ont eu de la difficulté à dépeindre avec réalisme la vie des fantassins qui passent le plus clair de leur temps sous la surface du sol. Ces soldats sont probablement en train de se rendre d'un trou à un autre. (ANC, PA 131375)

Russie que compte la division sont fortement impressionnés par les puissantes attaques aériennes et le bombardement nourri des canons des navires». Au milieu de la matinée, le 3e Bataillon de Meyer, appuyé par les chars du régiment de Panzer de la division, se rassemble à la limite occidentale de la ville. Meyer lui-même se trouve un poste d'observation dans une tour de l'abbaye d'Ardenne, juste au nord. De là, il peut apercevoir, à 15 kilomètres, la baie de la Seine remplie de navires et, tout près, à deux kilomètres vers la gauche de son front, les chars et l'infanterie canadiens qui s'agitent autour de Buron et que son artillerie et ses mortiers sont en train de clouer au sol. Meyer attend car, selon son officier des opérations, il souhaite *«s'offrir un profond flanc».*

Les Sherbrooke sont maintenant en train de contourner Buron, l'Escadron A par la droite, et le B par la gauche, pendant que l'Escadron C suit le groupe de commandement de Petch dans la ville elle-même. Il est 13 h lorqu'un chef de char, qui appartient probablement à l'Escadron C, signale avoir aperçu des blindés allemands à 800 mètres à l'est d'Authie, près de l'abbaye d'Ardenne. Il s'agit d'un des deux groupes de chars d'appui de Meyer. L'autre est dissimulé en terrain mort, environ deux kilomètres à l'ouest, près du hameau de Franqueville, à quelques centaines de mètres à peine des chars de tête de l'Escadron A. Sur l'ordre de Meyer, les deux groupes attaquent.

Le lieutenant Jack Veness, dont le peloton de North Nova se trouve aux abords d'Authie, aperçoit une file de soldats qui traversent le champ voisin. Ravi de voir apparaître ce qu'il prend pour des renforts, il s'avance à découvert afin de les guider lorsque, à sa grande surprise, ces hommes aux étranges uniformes se mettent à lui tirer dessus. Il s'en va rapidement rejoindre ses soldats, mais il a déjà compris, à ce stade, que le peloton qui s'approche n'est qu'un petit élément d'une force bien supérieure en nombre qui s'infiltre entre les positions dispersées des North Nova.

Les Sherbrooke livrent maintenant aux deux compagnies de Panzer une bataille rangée. Voici ce qu'on lit dans leur journal de guerre :

À ce stade de l'avance, à 14 h 10, les chars allemands font leur première apparition sur la gauche. Peu après, l'escadron «A» les rencontre aussi en contrebas sur la droite... Plusieurs chars se portent en avant d'Authie, jusqu'aux abords de Franqueville... L'escadron «C» reçoit l'ordre d'avancer vers la gauche pour prendre l'ennemi de flanc. La troupe du lt Fitzpatrick dépose l'infanterie juste au nord d'Authie, et perd deux de ses trois chars en 60 secondes. Avec son char restant, Fitzpatrick prend position dans le verger qui se trouve juste au sud d'Authie, et découvre alors que son canon de 17 refuse de fonctionner, à cause d'une défaillance du mécanisme de culasse. Il observe l'avance des Allemands, qu'il affronte à la

mitrailleuse. Cette attaque comporte deux vagues d'infanterie, suivies de chars qui s'avancent avec lenteur et détermination. Les fantassins du NTNS Highlanders se replient sur des positions situées juste au sud des Buissons, où ils découvrent qu'à peine cinq hommes de la Compagnie «C» et une poignée d'autres de la Compagnie «A» sont revenus.

En fin d'après-midi, les chars des Sherbrooke lancent une contre-attaque sur Buron pour évacuer les quelques North Nova qui y sont cloués, puis se replient sur Les Buissons, où le Highland Light Infantry et le Stormont, Dundas and Glengarry Highlanders sont en train de s'établir dans des tranchées. Les Allemands s'arrêtent également lorsque, ainsi qu'ils l'indiqueront dans leur compte rendu, *«les canons des navires ennemis font pleuvoir sur la ligne de front un déluge d'obus d'une ampleur sans précédent. En l'espace de quelques minutes, les villages de Saint-Contest et de Buron sont transformés en tas de ruines.»* Décidant qu'*«une poursuite de l'attaque à travers ce violent barrage des pièces ennemies semble vouée à l'échec»,* Meyer ordonne à ses soldats de ne pas quitter leurs positions.

La journée a été sanglante et coûteuse. Huit officiers des compagnies de fusiliers des North Nova et plus de 200 de leurs hommes de troupe sont morts, blessés ou portés disparus. Les Sherbrooke ont perdu 60 hommes, et plus d'un tiers de leurs 50 chars ont été détruits. Toutefois, Meyer, qui a également perdu des hommes et plus de 30 de ses propres chars, n'a pas réussi à rejeter les Canadiens à la mer.

Par ailleurs, les attaques des Allemands ont servi de sérieuse mise en garde à la 7e Brigade, sur la droite, qui sait maintenant qu'elle doit se préparer à en essuyer encore davantage. Le jour J, les Winnipeg, les Regina, les Canadian Scottish et les chars du 1st Hussars se sont rapidement dirigés vers le sud après avoir quitté les plages. À l'instar de la 9e Brigade, ils ont fait halte au début de la soirée et adopté une position défensive à quelques kilomètres de leurs objectifs finaux, sur la route de Caen à Bayeux. Le lendemain, ils atteignent ceux-ci, s'établissent dans des tranchées et se préparent à riposter aux inévitables contre-attaques. Préoccupé par la large brèche qui le sépare de la 9e Brigade, le brigadier-général Harry Foster envoie une compagnie du Canadian Scottish et un escadron de chars la défendre en attendant de pouvoir la colmater convenablement.

Dans l'autre camp, la 12e Division SS a deux objectifs immédiats : tenir Caen et Carpiquet, et tâter les positions canadiennes sur un large front pour découvrir d'éventuels points faibles qu'elle pourrait exploiter. La compagnie de reconnaissance de la division se dirige vers l'ouest à la recherche d'un flanc découvert. En même temps, elle sert d'écran retardateur jusqu'à ce que le 26e Régiment de Panzergrenadiere SS arrive sur la gauche de Meyer. Son 3e Bataillon atteint le front à la fin de l'après-midi

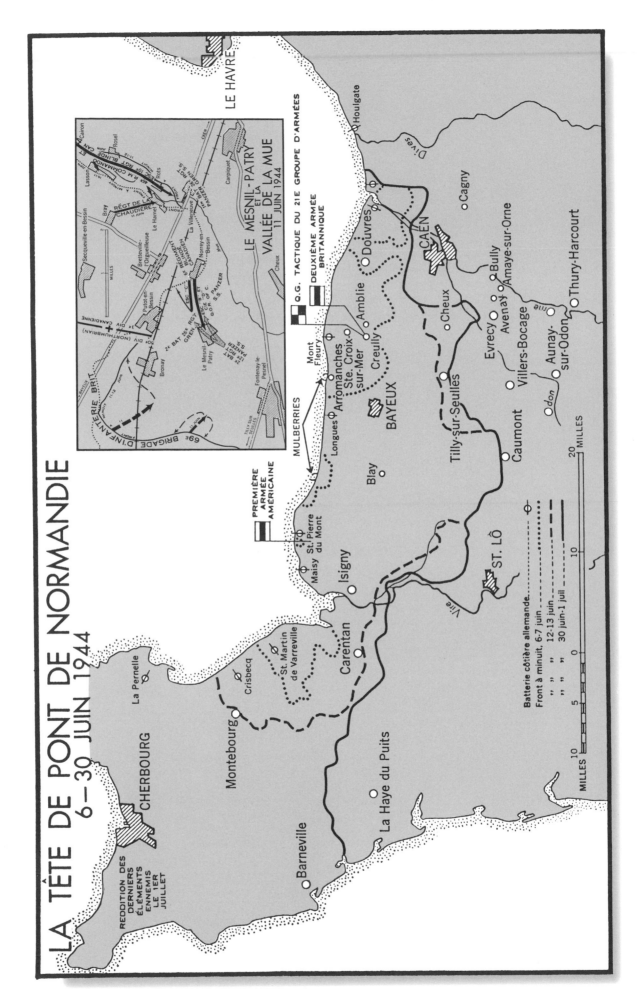

LA TÊTE DE PONT DE NORMANDIE
6–30 JUIN 1944

CHERBOURG

REDDITION DES
DERNIERS
ÉLÉMENTS
ENNEMIS
LE 1ER JUILLET

La Pernelle
Crisbecq
St. Martin
de Varreville

Montebourg

Barneville

La Haye du Puits

Carentan

Isigny

Maisy

St. Pierre
du Mont

ST. LÔ

Vire

Longues
Arromanches
Ste. Croix-
sur-Mer

Mont
Fleury

MULBERRIES

Blay

BAYEUX

Creully
Amblie

Douvres

CAEN

Caumont

Tilly-sur-Seulles

Cheux

don

Aunay-
sur-Odon

Thury-Harcourt

Villers-Bocage

Evrecy
Avenay

Bully
Amaye-sur-Orne

Cagny

Houlgate

LE HAVRE

Dives

PREMIÈRE
ARMÉE
AMÉRICAINE

Q.G. TACTIQUE DU 21E GROUPE D'ARMÉES

DEUXIÈME ARMÉE
BRITANNIQUE

Batterie côtière allemande.........
Front à minuit, 6-7 juin ....
"   "   12-13 juin ....
"   "   30 juin-1 juill ....

0   5   10   20 MILLES

MILLES   5

MILLES   10

Carton (encart)

LE MESNIL - PATRY
ET LA
VALLÉE DE LA MUE
11 JUIN 1944

ORNE
CAEN
Cairon
Rosel

RÉGT. DE LA
CHAUDIÈRE
11 JUIN

Secqueville-en-Bessin

Bretteville-
l'Orgueilleuse

Bray

Le Hamel

Putot-en-
Bessin

Norrey-en-
Bessin

Rots

Carpiquet

Cheux

La Villeneuve

INFANTERIE BRIT.

69e BRIGADE D'INFANTERIE

Brouay

Le Mesnil
Patry

Bronay

Fontenay-le-
Pesnel

Lasson
Villiers

RÉGIMENT
DE LA
CHAUDIÈRE

RÉGIMENT
RÉGIENT CANADIEN

2E BAT. 26E
GREN. RGT.

12E BAT. PANZER
GREN. RGT.
G.O.R. "C"
26E PANZER
S.S.

12E DIV. PANZER
S.S.

50E DIV. (NORTHUMBRIAN)

3E DIV.
CANADIENNE

TILLY-SUR-SEULLES

FRONT À MONT
11-12 JUIN

MILLES

du 7 juin, et il est suivi du 2e au bout de quelques heures. Tous deux se dirigent alors directement vers les Winnipeg Rifles, qui occupent une position précaire le long de la voie ferrée bordant la limite méridionale de Putot-en-Bessin. Le matin du 8 juin, les Allemands attaquent la Compagnie A par la droite, puis s'infiltrent à travers les autres, les prennent à revers et les malmènent sérieusement. La seule à tenir bon est la Compagnie D du major Lockie Fulton, échelonnée en profondeur. Le bataillon essuie de lourdes pertes, qui se montent à l'équivalent de deux compagnies de fusiliers.

Le brigadier-général Foster ordonne au Canadian Scottish de contre-attaquer et de reprendre Putot. Les Scottish comprennent qu'ils vont avoir des ennuis lorsqu'un commandant de compagnie voit «plusieurs hommes des Winnipeg revenir à travers le secteur de notre compagnie. Ils semblent complètement désorganisés.» Le lieutenant-colonel F.N. Cabeldu explique à ses commandants de compagnie qu'ils doivent réagir immédiatement, avant que les Allemands puissent se creuser dans Putot. Il faut donc, selon une pratique qui se généralisera, comprimer une procédure de bataille minutieusement répétée et abréger les briefings. Le bataillon, accompagné d'un escadron de chars, s'élance à l'attaque sur un front d'une compagnie, derrière un barrage dressé par deux régiments d'artillerie de campagne. La Compagnie D vient en tête, un peloton de chaque côté de la route qu'elle emprunte, et son troisième peloton ainsi que son élément de commandement immédiatement derrière. Le major G.T. MacEwan, qui commande la compagnie, décrira ainsi sa progression :

Les commandants de peloton réussissent à atteindre la ligne de départ dans les délais impartis, ce qui est un véritable miracle. La plus grande partie du briefing des pelotons a lieu pendant qu'ils se rendent vers leurs positions. Nous réussissons à franchir la ligne de départ à l'heure fixée, ou très peu de temps après. Les pelotons de tête se dispersent de chaque côté de la route, dans les champs de céréales. Après avoir franchi la ligne de départ, nous essuyons le feu de l'ennemi — feu d'armes automatiques, de mortiers ou d'artillerie. Impossible de déterminer si la canonnade dans laquelle nous nous enfonçons est celle de notre propre artillerie ou celle de l'ennemi. L'élément de commandement de la compagnie, bien qu'il puisse apercevoir les deux pelotons de tête qui le précèdent, a de la difficulté à demeurer en communication avec eux. Lorsque celui de droite semble s'écarter de l'axe de progression, je me porte en avant sur la route pour me placer derrière eux, et je continue d'avancer en les accompagnant. Le feu de l'ennemi est intense et, à mesure que la soirée s'avance, les obus traçants paraissent de plus en plus lumineux. La compagnie franchit des champs de céréales et des vergers, se frayant un chemin à travers chaque haie clairsemée. Nous

essuyons des pertes tout au long du trajet. Nous traversons une partie de la position des Winnipeg, dont les armes et l'équipement gisent sur le sol à côté de leurs tranchées simples. Plus loin, un véhicule blindé allemand, derrière une haie, ouvre le feu sur le peloton de gauche. Après plusieurs rafales nourries, il s'éloigne. Par la suite, il sera touché et prendra feu à l'emplacement de notre objectif. Juste avant d'atteindre celui-ci, j'ai été touché pour la deuxième fois, et mis hors de combat.

MacEwan est évacué avant d'apprendre que l'attaque a chassé les Allemands et permis de récupérer intégralement la position.

Le reste du 26e Régiment de Panzergrenadiere, arrivé par petits détachements, s'en prend maintenant aux Regina Rifles, à quelques kilomètres à l'est de Putot. Le Regina a trois compagnies autour du village de Bretteville-L'Orgueilleuse, et sa quatrième se trouve juste au sud, de l'autre côté de la grand-route et de la voie ferrée, à Norrey-en-Bessin. Tout le long de la journée, l'infanterie et les chars allemands viennent tâter leurs défenses, sans plus jusqu'à la tombée de la nuit. Les Panzergrenadiere attaquent alors la Compagnie C à Norrey, mais ils sont refoulés. Peu après, les chars, empruntant la route de Caen à Bayeux, s'avancent dans la position principale des Regina, autour de Bretteville. Il s'agit des redoutables Panther du 12e Régiment de Panzer SS, qui ont atteint Caen quelques heures plus tôt, conduits par la compagnie de reconnaissance de Kurt Meyer. Selon un récit allemand des événements, «le colonel (des Waffen SS) Meyer accompagne l'attaque sur sa motocyclette, car il a promis à la compagnie, au cours de sa période d'entraînement, qu'il l'accompagnerait lors de son baptême du feu». Elle a tôt fait de recevoir celui-ci. Meyer se trouve dans le side-car lorsque sa motocyclette est touchée; il se fait arroser d'essence enflammée, et son pilote est tué.

Leurs Panther au centre de Bretteville, les Allemands ont l'impression d'avoir mis les défenseurs en déroute, alors qu'en fait les Regina y sont toujours. L'obscurité égalise les chances de l'homme et de la machine en aveuglant les équipages des chars. Deux des Panther qui se trouvent dans la ville attaquent le PC du bataillon. Un fantassin touche le premier avec un PIAT (une arme antichar portative) à une distance de 15 mètres :

Il s'arrête un moment, redémarre et, après avoir parcouru 30 verges, est touché de nouveau par un deuxième PIAT. Il s'arrête, fait demi-tour et se dirige vers la sortie de la ville. Lorsqu'un troisième coup de PIAT l'achève, il se met à zigzaguer follement, hors de contrôle, et passe sur un chapelet de grenades no 75 [antichars], qui font sauter une de ses chenilles. L'équipage débarque et tente de déguerpir, mais il est abattu à coups d'armes légères. Au cours de cet incident, le deuxième Panther est demeuré plus loin sur la route. Voyant le sort réservé à ses camarades, son équipage se met

Une position de section des *Regina Rifles*, à Bretteville, dont les Allemands se rendent maîtres temporairement à la faveur de leur contre-attaque du 8 juin. (ANC, PA 129042)

Le lance-bombes antichar d'infanterie (PIAT) est une arme difficile à manier, mais raisonnablement efficace, que les fantassins peuvent employer à courte portée contre les chars, comme ils l'ont fait à Bretteville. Toutefois, ce n'est pas un lance-roquettes, et son utilisateur, en tirant, est durement secoué par le recul. (ANC, PA 177100)

à tirer furieusement dans la rue à la fois de son 75 mm et de sa mitrailleuse, «comme un enfant qui pique une colère», sans pourtant faire d'autre dégât que de mettre le feu au premier Panther.

En tout, les Regina estiment que 22 Panther se sont enfoncés dans leur position, ou l'ont contournée, au cours de la nuit, mais ils ont tenu bon et en ont détruit six. Dans l'obscurité, les chars sont vulnérables, à moins d'être escortés de fantassins pour les protéger des armes antichars à courte portée. Par la suite, Foster notera les observations suivantes :

Les Allemands ont livré leurs attaques sans une once de sens tactique. Les flancs du bataillon étaient exposés, et la position presque isolée. Dans cette situation où une attaque de flanc soigneusement conçue aurait pu s'avérer meurtrière, l'ennemi s'est jeté droit sur les points les mieux défendus et a complètement négligé d'exploiter la faiblesse indubitable de la position de son adversaire. Toutes ses attaques ont été repoussées.

Bien que Foster fasse allusion à son flanc gauche découvert, sa critique s'applique également, de façon plus générale, aux contre-attaques allemandes du 7 et du 8 juin. Même si leurs assauts sans coordination ont stoppé l'avance des Canadiens devant Carpiquet, ils n'ont pas été pleinement efficaces. Pressés en partie par la nécessité, mais aussi par leur doctrine tactique, qui repose sur une contre-attaque immédiate à tous les niveaux de commandement, les Allemands ont prématurément engagé leurs unités, directement à partir de l'axe de progression, à mesure qu'elles atteignaient le front. On ne peut nier les graves difficultés que l'interdiction aérienne et les tirs d'artillerie navale posent à tout déploiement allemand mais, si Meyer avait seulement attendu quelques heures de plus, la 9e Brigade lui aurait présenté un flanc encore plus vulnérable. Une attaque plus étroitement concentrée, coordonnée avec la 21e Division de Panzer et empruntant le corridor grand ouvert entre les 3e Divisions britannique et canadienne, ou entre les 7e et 9e Brigades canadiennes, aurait très bien pu frapper les PC de brigade et de division, à quelques kilomètres de là, et scinder la tête de pont encore précaire. La division de Meyer a abruptement stoppé la progression mais, contrairement à ce que celui-ci s'était engagé à faire, elle a été incapable d'anéantir les Canadiens.

Les pertes essuyées au cours du débarquement d'assaut et des premiers combats n'ont pas été aussi élevées qu'on l'avait prédit, mais, ainsi que l'observe avec une certaine amertume l'historien officiel de l'armée de terre canadienne, le colonel Charles Stacey : *«Il est absurde de prétendre que plus de mille tués et blessés au cours des premiers combats constituent des pertes légères.»* Fait extraordinaire, certains soldats blessés, évacués par une organisation sanitaire de campagne remarquablement souple et diligente, se trouvaient à bord de navires en partance pour l'Angleterre quelques heures à peine après avoir été touchés.

Les premiers médecins, ceux des bataillons, ont établi leurs postes de secours juste derrière les compagnies de tête pour trier et ranimer les patients amenés par les brancardiers, dont un grand nombre sont des musiciens de leur unité. Des ambulances jeeps conduisent ensuite ces patients jusqu'à des unités de traitement ou des unités chirurgicales avancées, d'où ils sont transférés dans des postes de secours de plage. Les blessés attendent ici d'être évacués de l'autre côté de la Manche, à moins qu'on ne les envoie dans un hôpital chirurgical de campagne où, dès le milieu de l'après-midi du jour J, des chirurgiens opèrent des blessés dans une péniche de débarquement naufragée qu'on a convertie en salle d'opération improvisée. Quelques heures plus tard, deux hôpitaux chirurgicaux avancés s'ouvrent juste derrière les plages, à Graye-sur-Mer et à Bernières, et une LST (péniche de débarquement de chars) avariée se transforme en salle d'attente d'hôpital pour 90 patients qui seront ensuite transférés dans des navires hôpitaux à bord de DUKWS (des camions amphibies). Un rapport médical signale que, «au cours des quatre premiers jours, les équipes chirurgicales ont réalisé environ 220 grandes opérations et traité en tout quelque 1 800 blessés».

Dans ses mémoires, *Eleven Men and a Scalpel*, un chirurgien canadien, le Dr J.B. Hillsman, décrira de façon pittoresque le cas, peut-être typique, d'un patient qui a abouti dans sa tente chirurgicale. Ce soldat souffre d'une vilaine blessure à la jambe, mais celle-ci n'explique pas son pouls *«très faible et filant»*. En le retournant, Hillsman découvre dans son dos un petit trou sec :

Il est évident qu'il souffre d'une hémorragie interne d'un gros vaisseau, profondément enfoui... Presque en murmurant, nous décidons de sauver ce garçon. Vite, lui infuser du sang, puis tenter immédiatement d'arrêter le saignement... J'échange un regard avec l'anesthésiste, qui hoche la tête. Une rapide incision... violente hémorragie... Je ne peux rien voir! Il saigne trop rapidement... Aspiration, vite!... Je ne peux toujours rien voir... Compresse! Appuyez fort!... Ça coule toujours... Grande pince, vite! Je vais devoir clamper à l'aveuglette... Oh, mon Dieu, j'espère que je vais l'avoir... Rien à faire. Ça va rater... Au vaisseau principal, vite... une autre incision... Découpage rapide... Le vaisseau est ligaturé... De retour à la première incision. L'hémorragie s'est ralentie, mais je ne suis pas arrivé à l'arrêter... Aspiration! Compresse! Tampon! Vite... Je me redresse... Un soupir de soulagement. Je l'ai eue. Une voix paisible dans le lointain : «Il a lâché la rampe, on dirait...» Je me sens mal fichu, tout à coup. «Désolé, mon vieux. Je suis un bien piètre chirurgien.» Une tape sur l'épaule. «L'officier de réanimation veut vous voir. Un autre "ventre".»

«Il est absurde de prétendre que plus de mille tués et blessés au cours des premiers combats constituent des pertes légères.» (MDN, PMR93-384)

Au cours de l'assaut, les équipages des péniches de débarquement à bord desquelles se trouvent des blessés cherchent à obtenir des soins médicaux où ils le peuvent. Certains des blessés sont évacués vers la Grande-Bretagne... (ANC, PMR92-448)

... pendant que d'autres sont traités à bord des grands navires de guerre dotés de personnel médical, qui ne se contente pas de soigner son propre équipage, mais aussi quiconque arrive à se rendre auprès de lui. (MDN, PMR93-411)

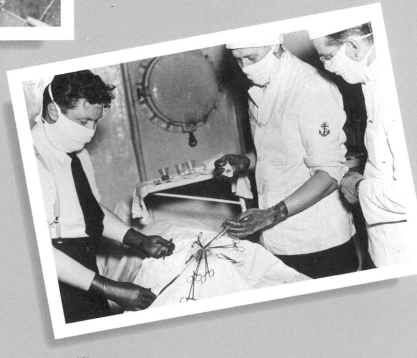

La remarquable organisation d'évacuation sanitaire et de soins médicaux n'est qu'une partie de l'extraordinaire réalisation que représentent, en matière de gestion, la planification et le soutien de l'invasion. Il n'est peut-être pas inutile de noter qu'il y a bien plus de planificateurs et d'administrateurs dans l'armée de terre, car la portion combattante d'une division d'infanterie canadienne de la Seconde Guerre mondiale est relativement réduite. Par exemple, sur un effectif d'environ 18 000 hommes, il n'y a guère que quelque 3 000 fantassins combattants. Les autres appartiennent aux armes d'appui, à l'état-major, et aux services qui assurent l'appui-feu, construisent des ponts et des chaussées, fournissent le ravitaillement, l'eau et le matériel, et administrent tout, des dossiers de la solde à l'enregistrement des tombes. L'opération OVERLORD constitue un tour de force sans précédent pour les gestionnaires. Ceux-ci planifient méticuleusement, selon des manifestes calculés avec précision, le chargement des navires de ravitaillement, en espérant que ceux-ci atteindront la bonne plage au bon moment. La plupart y arriveront en effet.

Les munitions sont manifestement une marchandise vitale, dont s'occupent avec beaucoup d'habileté le Corps royal de l'intendance de l'Armée canadienne et le Corps royal canadien des magasins militaires. Pour l'assaut, les unités emportent avec elles une provision limitée de munitions, et la plupart des véhicules qui débarquent tirent derrière eux une remorque ou un traîneau chargé de munitions, qu'ils larguent sur la plage. D'autres traîneaux contiennent de l'eau, ou du carburant pour les véhicules. Un peloton de jeeps spécialement organisé, qui suit ces véhicules, récupère les remorques et les emporte jusqu'à un dépôt avancé. Ce peloton stupéfiera une brigade en établissant pour elle un dépôt avancé de munitions dans les 15 minutes suivant une demande urgente de munitions de sa part.

D'autres troupes de l'intendance de la 3e Division ont franchi la Manche à bord de quatre LCT, chargées chacune de 165 tonnes de munitions. La traversée a été plutôt hasardeuse. Un chroniqueur la décrira ainsi à l'intention de l'historien de son corps : *«On drague la route devant nous pour éliminer les mines, et, s'il y en a une qui s'éloigne en flottant, nous ne sommes pas censés la couler en tirant dessus, afin de ne pas compromettre la sécurité de l'opération. L'une d'elles vient de passer à une quinzaine de verges de nous, et le Vieux a failli en sauter à bas de la passerelle.»* Signalons au passage que ce «Vieux» est âgé de 20 ans*, et qu'il a deux ans de service; son homologue du navire voisin a deux ans de moins. Le chroniqueur poursuit ainsi :

> *[Le capitaine] Brennan vient juste d'apprendre qu'il a failli être touché par une mine, alors il s'est immédiatement endormi. Quant [au capitaine]*

---

* Le «Vieux» désigne ici le commandant du bâtiment, en anglais *«Old Man»*. (N.D.T.)

Ledingham, qui déteste la mer et tombe malade rien qu'en la regardant, on l'a bourré de nourriture et de pilules contre le mal de mer, et il se porte très bien. [Le soldat] Webb ne semble pas avoir un souci au monde. Moi, je mâche de la gomme, et il me reste encore un whisky, alors je m'en vais le prendre.

Les LCT abordent le rivage au début de l'après-midi du jour J, et les équipes de travail installent deux dépôts de munitions avancés derrière les brigades de tête. *«Tout est RUSH-URGENT»*, écrira un autre chroniqueur pour le même historien, car les unités, qui font face à des contre-attaques, exigent un réapprovisionnement immédiat. Tout se fait *«à 40 milles à l'heure, droit dans leurs lignes, et sous le feu. Les gars font leur boulot sans broncher, et je suis d'avis qu'il faut posséder un cran d'un genre très spécial pour conduire dans les lignes de bataillons un camion de trois tonnes dépourvu de blindage.»* Particulièrement, aurait-il pu ajouter, lorsqu'il est chargé de munitions.

Le ravitaillement en nourriture et en eau a également été minutieusement organisé. Lorsque les soldats ont débarqué, ils transportaient une ration d'urgence et une autre ration d'un jour emballées dans leurs deux gamelles — des récipients rectangulaires en aluminium pourvus d'un manche pliant, qui se rangent dans un sac de toile fixé à des bretelles ou à un ceinturon de toile. La ration quotidienne normale contient des paquets de corned-beef, de biscuits, de fromage, de chocolat, de bonbons, de soupe et de thé. Pour des raisons évidentes, elle est encore plus réduite que les approvisionnements en rations mixtes qui suivront. Celles-ci consistent en caisses de vivres destinées à nourrir cinq, 10 ou 14 hommes durant une journée. Composés essentiellement d'aliments en boîte, les divers types de rations mixtes comprennent des articles de base communs — cigarettes, biscuits, confiture, margarine, poisson, thé, soupe, confiseries, papier hygiénique — et différents repas. Le plus mémorable, à défaut d'être le plus apprécié, est probablement le «V et L», c'est-à-dire le plat de viande et de légumes : un ragoût peu appétissant, qui le devient encore moins lorsqu'on le mélange dans une gamelle avec le pudding à la mélasse dont il est généralement accompagné. Un soldat racontera que *«nous avions l'habitude de nous emparer de ceux qui contenaient des fruits en boîte, de préférence aux autres».* Lorsque les cuisines de campagne des unités débarquent, les rations mixtes sont complétées ou remplacées par des vivres frais, que les cuisiniers des unités font cuire et transportent jusqu'aux lignes de front dans de grands récipients thermos appelés «boîtes de foin». Au bout d'un certain temps, poursuit le même soldat, *«des "sentinelles excitables" abattront quantité de vaches, et les bouchers des compagnies feront preuve de leur savoir-faire».*

Les sapeurs, obscurs héros de cette guerre, qui jouent également des rôles essentiels, essuient des

«Les équipages des destroyers canadiens sont aux premières loges pour constater le pouvoir destructeur aveugle des mines.» Le HMS **Swift**, l'arrière démoli par une mine huître, s'enfonce devant la plage SWORD. (MDN, PMR92-484)

Des torpilleurs de la 29ᵉ Flottille évoluent à grande vitesse dans la Manche. Ces petits navires inconfortables patrouillent au large de la tête de pont durant trois mois éprouvants. (ANC, PA 144580)

pertes très élevées sur les plages et, par la suite, dans l'accomplissement d'une myriade de tâches spécialisées. Ils doivent, entre autres, neutraliser les mines et les pièges, construire des routes — sur lesquelles des policiers militaires dirigent la circulation —, poser des champs de mines et établir des points d'eau. Leurs tâches ne sont jamais spectaculaires, mais elles sont toutes importantes. Un chroniqueur de guerre écrit que, *«le 9 juin, les activités semblaient s'être installées dans la routine. On a envoyé une section débarrasser de ses poux le nouveau PC de la division. Deux bulldozers ont creusé le centre des opérations du PC de la division. L'autre a déblayé les décombres et les débris, et creusé des tombes. On a effectué des reconnaissances de routes et détruit un canon de 88 mm.»*

Certains militaires aux tâches plus inusitées abordent le rivage immédiatement après le débarquement d'assaut. Le capitaine Jack Martin, par exemple, est l'officier historien de la 3e Division. Son travail consiste à recueillir les informations, lesquelles inspireront le présent ouvrage et d'autres récits historiques. Quant au capitaine Orville Fisher, peintre de guerre de la division, il a pour tâche de fixer l'essence intemporelle de cette mémorable entreprise humaine sous une forme que seul peut lui donner un artiste de talent. Les historiens et les artistes de la marine et de l'aviation feront de même. Le psychiatre de la 3e Division, le major Robert Gregory, débarque pendant que les fusiliers du Winnipeg et du Regina subissent une contre-attaque des Allemands, et entame le processus complexe consistant à tenter de remettre à neuf les esprits ébranlés par la peur et par la confusion des combats.

Si, rétrospectivement, le succès de l'opération OVERLORD pourra sembler avoir été certain, la victoire ou l'échec dépendent en fait du degré d'efficacité de la réaction allemande. En l'occurrence, le triomphe des opérations combinées alliées témoigne d'un désastre tout aussi impressionnant du côté des opérations combinées des Allemands. Dans leur camp, l'indécision du commandement de l'armée de terre n'a d'égale que celle des commandements de la marine et de l'aviation. D'autre part, les trois armées allemandes n'entretiennent guère que des relations de pure courtoisie; elles ne sont donc pas parvenues à coordonner une intervention efficace. Notamment, sur les 300 avions dont disposaient les Allemands à portée des plages, rares sont ceux qui, le jour J, ont pris l'air à destination de celles-ci. Les navires de guerre allemands ne sont pas non plus intervenus de façon décisive. Bien entendu, il était impossible de prévoir tous ces facteurs, et les planificateurs ont pris des mesures exceptionnelles pour protéger d'attaques aériennes ou navales les soldats combattant sur le rivage. Les jours suivant le débarquement, et plus particulièrement la nuit, les avions ennemis se feront plus nombreux, mais il n'y en aura jamais assez pour mettre en danger la supériorité aérienne écrasante des Alliés, qui les

balaiera purement et simplement. Les escadrons de l'ARC participent à toutes les phases des opérations aériennes : ses chasseurs de jour et de nuit conquièrent la suprématie aérienne, ses Typhoon assurent un appui tactique rapproché, ses Mustang effectuent des reconnaissances armées constantes, ses Lancaster et ses Halifax bombardent des objectifs directs et indirects, et ses avions maritimes patrouillent les mers.

Pendant que l'aviation déploie son bouclier protecteur, l'armée de mer garde les routes maritimes reliant la Grande-Bretagne à la Normandie. L'un des plus graves dangers qu'elle doit affronter réside dans les centaines de mines que les Allemands ont mouillées dans la Manche et aux environs de la tête de pont. Au cours de la semaine suivant le jour J, celles-ci couleront ou endommageront 33 bâtiments. Les dragueurs de mines sont extrêmement occupés — à elle seule, la 31e Flottille du commander Storr en draguera 93 en une seule journée — mais elles ne peuvent pas grand-chose contre les nouvelles mines «huîtres». Ces funestes engins explosent sous l'effet de la pression engendrée par le passage des navires au-dessus d'eux. Étant donné qu'ils sont pratiquement impossibles à draguer, les Alliés se rendront compte que la seule manière d'y échapper consiste à ne naviguer qu'à vitesse extrêmement réduite.

Le matin du 24 juin, l'équipage des destroyers canadiens est aux premières loges pour constater le pouvoir destructeur aveugle des mines. L'*Algonquin* est en train de conduire le *Sioux* et le HMS *Swift* à leur mouillage, lorsque son premier lieutenant, L.B. Jenson, repère une mine à la surface. Alors que l'*Algonquin* modifie son cap pour la détruire à la mitrailleuse, une mine huître explose sous le *Swift*, envoyant celui-ci par le fond en l'espace de quelques minutes. Cinquante-cinq hommes trouvent ainsi la mort.

À ce stade des opérations, l'*Algonquin* et le *Sioux* ont plusieurs tâches : offrir un appui d'artillerie, poursuivre les sous-marins et défendre le mouillage. Peu de navires ennemis sont disposés à livrer bataille, et la plupart d'entre eux regagnent leur port lorsqu'ils sont provoqués. Pourtant, les destroyers sont constamment occupés, particulièrement après le coucher du soleil. On peut citer comme exemple typique la nuit du 7 au 8 juin. Pour commencer, l'*Algonquin*, alors ancré dans le secteur de patrouille, est prévenu de la présence de sous-marins de poche allemands dans les environs. Le branle-bas de combat se déclenche aussitôt, et l'équipage s'assure qu'aucune mine n'a été fixée à la coque. Cette alerte est à peine passée qu'on signale l'approche de vedettes lance-torpilles allemandes, ce qui a pour effet de précipiter de nouveau tous les marins à leurs postes de combat. Encore une fois, aucun navire ennemi n'apparaît, mais des visites sporadiques de la Luftwaffe maintiennent tout le monde sur le qui-vive et donnent naissance à des tirs antiaériens presque ininterrompus.

Les torpilleurs de la 29ᵉ Flottille de la MRC, qui patrouillent aux limites de la tête de pont pour intercepter les navires allemands cherchant à contrecarrer l'invasion, ont plus de contacts avec l'ennemi. Tout au long du mois de juin, la flottille respecte un cycle de patrouille selon lequel la moitié des navires demeure au large de la tête de pont, pendant que le reste se ravitaille à Portsmouth. L'après-midi du jour J, le lieutenant-commander Tony Law, qui commande la flottille, conduit quatre bâtiments à travers la Manche. Cette nuit-là, alors qu'il patrouille à une vingtaine de kilomètres à l'ouest du Havre, Law obtient un contact radar stable avec six engins côtiers allemands, qui se dirigent vers la tête de pont dans le cadre d'une sortie de mouillage de mines. Un engagement nocturne typique, au rythme rapide, se déclenche aussitôt. Attaquant à une vitesse de 25 nœuds, les torpilleurs se rapprochent à moins de 150 mètres des navires ennemis, leurs pièces de deux et leurs Oerlikon de 20 mm crachant un feu roulant. Les Allemands ripostent mais, en dépit du torrent d'obus traçants colorés qui traverse le ciel nocturne, l'affrontement ne provoque que de légers dégâts de part et d'autre — en effet, lors d'engagements entre petits bâtiments, les canonniers tirent généralement trop haut. Toutefois, ce qui importe vraiment, c'est que les navires de Law obligent les Allemands à regagner Le Havre.

La nuit suivante, une décision prise plusieurs semaines auparavant fait perdre à Law une occasion en or. En avril, l'état-major de la marine a eu vent de l'existence d'un nouveau sous-marin de poche allemand capable de naviguer à la vitesse incroyable de 30 nœuds, tant en surface qu'en plongée. Pour parer à cette menace, on a dépouillé de leurs torpilles trois flottilles de torpilleurs, dont la 29ᵉ, et on les a armées de petites grenades sous-marines. L'information s'avérera sans fondement, mais la 29ᵉ ne récupérera pas pour autant ses torpilles. La nuit du 7 juin, leur absence se fait cruellement sentir lorsque la flottille rencontre trois destroyers allemands qui se sont faufilés hors du Havre dans le cadre d'une opération offensive de minage et d'attaque. Avertis de l'approche des Canadiens par leur radar et leurs hydrophones, les Allemands sont sur le qui-vive, lorsqu'ils aperçoivent des signaux de reconnaissance par bâbord avant, ils ouvrent le feu avec leur grosse artillerie. Ces signaux proviennent des bâtiments de Law, dont l'équipage croit avoir affaire à des destroyers amis, mais les doutes que peuvent conserver les Canadiens s'évaporent immédiatement sous une grêle d'obus traçants ennemis. Privé de torpilles, Law, avec amertume, n'a d'autre choix que de se replier à l'abri d'un écran de fumée.

Le lieutenant C.A. Burk, l'officier qui commande l'autre division, connaît une mésaventure semblable la nuit suivante, mais la situation tournera à son avantage. Ses bâtiments découvrent deux destroyers en train d'effectuer une sortie de minage dans le même secteur. Ceux-ci, le *Jaguar* et le *T-28*, repèrent des ombres qui, en se précisant, se révèlent être les torpilleurs de Burk. Les Allemands, d'après ce que nous apprennent leurs journaux de bord, croyant que ces bâtiments ont tiré des torpilles, regagnent alors Le Havre. Bien que Burk l'ignore à ce moment, il vient de remporter une importante victoire avec une arme fantôme. Après cette sortie ratée, les commandants de la marine allemande concluent que les opérations de destroyers contre la tête de pont sont trop dangereuses : ils se contentent donc d'employer ceux-ci comme leurres.

À bord des petits torpilleurs, exigus et bondés, qui ne peuvent guère transporter autre chose que leur équipement de combat, l'existence prend des allures spartiates. La minuscule cuisine produit des sandwiches qui, à cause de l'état agité de la mer, sont inévitablement imbibés d'eau, et les marins perpétuellement trempés dorment où ils peuvent sur le pont. Les équipages découvrent que le meilleur moyen d'obtenir un répit contre le cognement incessant des vagues consiste à mouiller à l'abri d'*«un gros navire marchand bien pansu»* ou dans *«un beau petit coin tranquille derrière un croiseur»*. Les blessés présentent des problèmes particuliers, car les torpilleurs ne transportent guère que des trousses de premiers soins. Quatre des marins de Law sont blessés au cours de leur premier et rapide engagement, et il doit faire appel aux installations médicales des gros navires. Il se dirige d'abord vers le *Scylla*, mais l'infirmerie y est remplie. Il se rabat donc sur un navire-hôpital, non loin de là, mais celui-ci est également débordé, et il faut une heure à Law pour repérer une *LST* où des médecins pourront s'occuper de ses hommes. Les conditions qui règnent à bord des torpilleurs offrent un contraste frappant avec le luxe relatif des destroyers canadiens qui croisent devant la tête de pont. Les officiers du *Sioux* en font la preuve en donnant un dîner militaire du dernier chic, auquel ne manquent ni les cols durs, ni le sherry, ni les toasts protocolaires.

Sur la terre ferme, les soldats canadiens sont en train de consolider lentement leurs positions, et les circonstances leur interdisent une telle élégance. À ce stade, leur principal souci consiste à fermer et à protéger l'intervalle entre les brigades et à colmater les brèches sur leurs flancs. Par conséquent, la 8ᵉ Brigade manœuvre latéralement vers l'ouest pour occuper des positions situées entre les deux brigades avancées et derrière celles-ci. Le général Montgomery installe son PC au sein de ces brigades, sur les terres du vénérable château de Creully. N'ayant pas réussi à enlever la ville de Caen dès le jour J, il dresse maintenant des plans pour s'en emparer par une manœuvre en tenailles de ses premières divisions de renfort. La 51ᵉ Division de Highlanders doit attaquer à travers la tête de pont des troupes aéroportées, à l'est de l'Orne, pendant que la 7ᵉ Blindée attaquera sur la droite des positions canadiennes, à travers Villers-Bocage, et contournera Caen par l'ouest. Au début, Montgomery veut parachuter une division aéroportée derrière Caen pour qu'elle fasse jonction avec les autres, mais il abandonne son projet lorsque les commandants de l'armée de l'air s'y opposent.

Le 10 juin, la 2e Brigade blindée canadienne reçoit l'ordre de monter une attaque sur le flanc gauche des Britanniques, dans deux jours, afin d'assister la manœuvre en tenailles de la 7e Division blindée. Puis, au milieu de la matinée du 11, elle reçoit des ordres différents : elle doit maintenant attaquer le plus tôt possible. À son tour, elle ordonne au 1st Hussars de coordonner son action offensive avec le Queen's Own Rifles et de se mettre en route juste après midi. Ces deux unités apprennent bientôt avec amertume combien le terrain, les Allemands, des renseignements erronés et une hâte inopportune peuvent s'allier pour contrarier toute tentative prématurée visant à percer les défenses de plus en plus puissantes.

Les deux régiments ont pour objectif les hauteurs proches du village de Cheux, à quelques kilomètres au sud de Putot-en-Bessin, où les Winnipeg Rifles se sont fait malmener quelques jours plus tôt. À la fin de la matinée, à quelques heures de l'heure H, la nouvelle circule que les Allemands sont en fuite. Par conséquent, le plan — «conçu dans le péché et né dans l'iniquité», ainsi que l'exprime sarcastiquement le commandant de l'une des compagnies du Queen's Own, — va souffrir d'une préparation insuffisante et trop hâtive. Voici ce qu'en dit le sergent-major Charles Martin :

Nous ne possédions aucun renseignement sur l'ennemi; on demandait aux QOR de s'avancer de sept milles sans savoir à quelle résistance s'attendre. Les photographies aériennes habituelles brillaient par leur absence, et il n'y avait pas moyen d'envoyer de patrouilles en reconnaissance. Toute cette histoire ne tenait pas debout, et l'opportunité d'une telle offensive semblait vaguement suspecte... Il régnait une confusion considérable qui ne contribuait en rien à nous rassurer.

C'est par une chaude journée de juin que l'escadron B se met en branle. Le sergent Léo Gariépy, commandant du char de tête, décrira la scène à Alexander McKee, qui l'insérera dans son livre extrêmement instructif : Caen: Anvil of Victory. Installés sur la plate-forme des chars, les fantassins de la Compagnie D «ne se sont jamais aussi bien amusés; cigarette au bec, ils profitent de la balade en bavardant». Gariépy est penché hors de l'écoutille ouverte de la tourelle de son char, cherchant à repérer d'éventuelles mines. Soudain, son regard plonge dans des yeux fixés sur lui sous des casques d'acier allemands. L'artillerie ennemie se met alors à vomir sa mitraille, et l'enfer se déchaîne. Les fantassins bondissent sur le sol pour se colleter avec l'adversaire, tandis que les chars s'élancent en rugissant vers une faible élévation au milieu des champs, près du village du Mesnil-Patry. En moins d'une minute, six d'entre eux ont sauté.

Les Allemands appartiennent à la 12e Division SS, qui possède un détachement d'écoute radio des plus efficaces. Lorsque le 1st Hussars s'est rassemblé, ce matin-là, l'ennemi, qui était à l'écoute, a pu le repérer et fournir à son artillerie de fructueux objectifs. Prévenus, les Panzergrenadiere ont reçu l'ordre de laisser les chars s'approcher afin de les isoler des fantassins dont on prévoyait qu'ils seraient suivis. Lorsqu'ils ont vu que ceux-ci étaient montés sur les chars, ils ont immédiatement ouvert le feu, pendant que certains d'entre eux s'en prenaient aux blindés avec des roquettes antichars et des grenades ventouses.

Sur le flanc gauche des Hussars, le capitaine Hans Siegel, à quelques kilomètres au sud du Mesnil, se dirigeait vers son PC pour décerner des décorations à quelques-uns de ses hommes. Entendant des détonations au loin, le commandant de son bataillon lui a ordonné d'«éclaircir la situation et de la régler au besoin». Prenant trois chars avec lui, Siegel est allé aux renseignements et, «au cours d'un arrêt d'observation, je me suis rendu compte, d'après les gestes de plusieurs grenadiers qui, saisis d'une grande agitation, désignaient l'ennemi de leurs bêches, que la situation était extrêmement dangereuse». Siegel tire d'abord sur un flanc, mettant hors de combat les six Sherman puis, avec ses autres chars, remonte la colonne. Ensemble, ils détruisent plusieurs autres blindés avant d'être eux-mêmes touchés et mis hors de combat.

Cette attaque est une véritable boucherie. La Compagnie D a perdu la plus grande partie des 135 hommes qui se sont mis en route, et le 1st Hussars en a perdu 80 autres, tués ou blessés, de même que 37 chars : plus d'un tiers du total des pertes du régiment au cours de la guerre. Siegel racontera également l'anecdote suivante :

Alors que je retournais vers mes propres lignes avec un caporal canadien qui s'était rendu, j'ai pu assister à un spectacle extraordinairement impressionnant. Des ambulances canadiennes arrivaient sur le champ de bataille. Des deux côtés de chacune d'entre elles se tenait un homme agitant un grand drapeau de la Croix-Rouge. Des infirmiers transportant des civières ont jailli des véhicules pendant que les porteurs de drapeaux continuaient d'agiter ceux-ci et, durant environ une demi-heure, ils ont cherché et rassemblé les blessés et les morts comme s'il s'agissait d'un exercice en temps de paix. Pas un seul coup de feu n'a troublé cette scène.

Durant les premiers jours de l'invasion, la lutte entre la 3e Division canadienne et la 12e Division de Panzer SS demeure indécise. La plupart des combattants de ces deux divisions sont de nouveaux venus au combat, mais les Allemands ont un avantage marqué, car leurs cadres d'officiers et de sous-officiers sont riches d'une expérience des opérations acquise en Pologne, en France, en Grèce et en Russie. Si l'instinct du combattant ne peut

Prisonniers de guerre allemands.
(ANC, PA 116509)

Prisonniers de guerre appartenant
au 12ᵉ SS : «Des enfants qui n'ont
jamais eu la chance d'être les
enfants qu'ils auraient pu être.»
(ANC, PA 129130)

s'acquérir que dans le feu de l'action, ils possèdent décidément cette supériorité, et l'on ne saurait nier l'adresse et l'endurance de leurs jeunes soldats. On décrit souvent ceux-ci comme des fanatiques, mais il serait plus juste de dire qu'ils sont déterminés et puissamment motivés, ainsi que les Canadiens qui ont eu affaire à eux pourront aisément en témoigner. Selon le capitaine Jack Martin, qui a assisté à l'interrogatoire de certains d'entre eux après leur capture, ce sont *«des jeunes gens imberbes, dont la plupart n'ont que 16 ou 17 ans. Ils se tiennent fixement au garde-à-vous en présence d'un officier et répondent sans mentir et sans hésiter à toutes les questions, mais demeurent inébranlables dans leur conviction manifeste que l'Allemagne ne sera jamais vaincue.»* Le correspondant de guerre Ralph Allen estime que ce sont *«des enfants qui n'ont jamais eu la chance d'être les enfants qu'ils auraient pu être»*, alors que leur motivation était corrompue de façon abominable par les valeurs d'un régime abject.

Parmi les Canadiens qui ont livré contre eux une bataille indécise, un grand nombre n'étaient guère plus vieux; les pierres tombales de jeunes Canadiens abondent en effet dans les cimetières militaires de Normandie. Ce n'étaient pas des soldats professionnels, mais des Canadiens ordinaires, qui ont dû se demander à maintes reprises dans quelle galère ils s'étaient embarqués. Un chef de peloton des North Shore racontera à l'historien de son régiment comment il a appris à bien connaître ses hommes au cours des nuits de veille dans les tranchées. Voici ce qu'il a découvert :

Les soldats du North Shore n'étaient pas tenaillés d'un désir brûlant de tuer des Allemands. Je ne veux pas donner par là l'impression qu'ils hésitaient à s'acquitter de leurs tâches au combat, mais plutôt que leurs pensées gravitaient alors autour d'aspects plus personnels de leur existence. À deux heures du matin, quand on monte la garde dans une tranchée simple, les yeux posés sur une zone de bataille, et qu'on ignore si on aura encore l'occasion de parler à un être humain, les confidences sur la vie familiale, les finances, le comportement personnel, jaillissent sans effort. Les problèmes de sa femme et de ses enfants, à Jacquet River, préoccupent davantage un soldat que la question de savoir s'il sera encore en vie demain midi; les possibilités qui s'offriront à lui à la fin de la guerre sont plus tangibles pour lui que ce qu'il fera dans une semaine. À deux heures du matin, la guerre prend des allures irréelles... On peut aisément se transporter en esprit sur la colline dominant sa ville natale. La nuit dissimule aux regards et aux pensées les chars et les carcasses d'animaux consumés ainsi que les granges et les maisons détruites par les bombes.

Ils sont là pour faire leur travail avant de rentrer à la maison, et les survivants apprennent la dure profession des armes à la plus rude école de toutes : le combat rapproché. Leur intelligence et leur courage aigus sont manifestes et, à la longue, ils en apprendront autant sur l'art du combat que leurs pères qui ont enlevé la crête de Vimy.

Pris au piège entre ces deux ennemis mortels, d'innocents campagnards s'efforcent, parfois en vain, de demeurer en vie. Le brigadier-général James Hargest, un Néo-Zélandais qui observe les opérations dans la tête de pont, décèle chez les Alliés une attitude ambivalente envers les Français. Celle-ci peut expliquer une répugnance initiale à utiliser pleinement les renseignements fournis par les gens de l'endroit, car *«la méfiance devient plus prononcée à mesure que le grade s'élève»*. Voici ce qu'écrit Hargest sur le triste sort des gens ordinaires :

Depuis que nous sommes arrivés ici, les gens se montrent nettement amicaux. Ils nous font bon accueil, ils nous servent de guides, et ils sont nos meilleurs informateurs. Bien sûr, ils ne sont pas très démonstratifs mais, après les dures expériences qu'ils ont vécues, on ne peut guère s'attendre à les voir bondir de joie. Ils nous ont vus arriver sous les obus qui ont anéanti leur village, leur maison, leur grange. Nous avons détruit leur bétail et leurs récoltes. Très souvent, leurs meubles et leurs possessions sont une «perte totale». Ils doivent être abasourdis par le malheur qui a choisi pour cible leur village et dispersé leurs économies de toute une vie. Néanmoins, ils persistent à se montrer amicaux et heureux d'être libres... En voyageant sur les routes, on découvre de nombreuses tombes de... soldats portant de petites couronnes ou de simples bouquets de fleurs — ce sont le plus souvent des Françaises qui les ont déposés là en signe d'affection, malgré leur propre détresse, qui doit être accablante.

Harold Beament, 1898-1984
Le transfert de troupes dans une,
péniche pour blindés, s.d.
Huile sur toile
Musée de la Guerre, 10023

Orville Fisher, 1911-
Le jour J, l'assaut, 1945
Huile sur toile
Musée de la Guerre, 12469

Jack Nichols, 1921-
Scène de Normandie, une plage
dans le secteur Gold, s.d.
Huile sur toile
Musée de la guerre, 10523

Orville Fisher, 1911-
Le régiment Stormont, Dundas
et Glengarry Highlanders, 1946
Huile sur toile
Musée de la Guerre, 12618

CHAPITRE IV

JUIN : L'IMPASSE

Une source de cauchemars pour ceux qui y ont participé.
(Soldat allemand)

Après avoir repoussé les contre-attaques allemandes des 7 et 8 juin, les Canadiens occupent, au nord-ouest de Caen, une position en forme d'arc où il demeureront un mois. Les bataillons d'infanterie s'établissent dans de profondes tranchées et tendent des barbelés autour d'eux. Les batteries d'artillerie améliorent leurs positions de pièces et relèvent les objectifs afin de pouvoir répondre rapidement aux demandes qui leur sont adressées. Les régiments blindés absorbent de nouveaux équipages et canardent les positions allemandes. Les unités de service et de soutien reçoivent, entreposent et livrent les approvisionnements déversés sur les plages par un défilé ininterrompu de navires. Les sapeurs posent ou enlèvent des mines, entretiennent des routes, construisent des ponts, déblaient les décombres, établissent des points d'eau et fabriquent des croix de bois. Les médecins soignent les malades et les blessés. Les aumôniers enterrent les morts.

Peu d'hommes, dans la tête de pont, sont à l'abri du danger; les Allemands sont trop près. La Luftwaffe rend même des visites nocturnes aux zones de l'arrière, normalement sûres. Pendant des semaines, les troupes des deux côtés, qui occupent la ligne de front et qui habitent des trous creusés dans le sol, comme leurs pères et leurs oncles en 14-18, se tirent dessus, délibérément ou par routine. Les échanges constants de coups de canon ou de mortier donnent à cette situation, où chaque camp tente d'épuiser l'autre, le même caractère d'attrition que durant la Grande Guerre. Un tel milieu paraît particulièrement

éprouvant aux soldats venus remplacer ceux qui sont morts ou blessés, car ils sont nombreux à ne pas avoir grand temps pour s'intégrer aux pelotons, avant de compter eux-mêmes au nombre des pertes.

La transition des exercices du temps de paix aux opérations réelles est également traumatisante, et les unités trouvent difficile de maintenir la cohésion sur laquelle repose l'efficacité au combat. Prenons, par exemple, l'expérience des Winnipeg Rifles, qui ont perdu une compagnie le jour J, deux autres le 8 juin, et un nombre d'hommes à peu près égal un mois plus tard à Carpiquet. Ce n'est plus le même bataillon parfaitement rodé qui a débarqué en Normandie : il fait plutôt songer à cette vieille hache qui appartient à la famille depuis trois générations, et dont il a seulement fallu remplacer quatre fois le manche et deux fois le fer. Il y a également la compagnie des Queen's Own Rifles du sergent-major Charles Martin. Chacun de ses trois pelotons a son propre caractère : le 7e est celui des «Mineurs» de Geraldton, le 8e celui des «Cabbagetowners*» du centre de Toronto, et le 9e celui des «Fermiers» du West End. Rien que le jour J, la cohésion soigneusement cultivée de la compagnie subit un cruel revers lorsque la moitié de ses soldats se font tuer ou blesser. Après moins d'un mois, ses membres ne seront plus qu'un sur quatre à avoir appartenu à son effectif initial. Heureusement, quelques individus au caractère solidement trempé, comme Martin, survivent pour diriger les remplaçants.

Les fantassins apprennent à connaître les affres de la patrouille. Il en existe plusieurs types, et chacune exige une touche particulière, qu'il s'agisse de

---

*   Les habitants de Cabbagetown, célèbre quartier de Toronto. *(N.D.T.)*

chercher à obtenir des informations, de faire des prisonniers, de provoquer des escarmouches, d'éliminer des tireurs embusqués ou de protéger des spécialistes, comme, par exemple, les sapeurs qui posent des champs de mines. Par contre, les soldats ont enfin l'occasion de rattraper leur arriéré de sommeil, de remplacer l'équipement qu'ils ont perdu, de manger plus ou moins régulièrement, de soigner leur dysenterie, qui atteint des proportions épidémiques, et de lire le courrier du pays. Un officier subalterne des North Shore, le lieutenant Bernard McElwaine, apportera sa contribution à l'histoire de son unité par le tableau saisissant qu'il a peint de sa vie quotidienne :

Je veux me laver, me raser, me brosser les dents, retirer mes bottes et ne pas avoir à creuser une tranchée pour y vivre. Étonnant, comme la terre peut être votre amie. Même à deux pieds sous la surface, on se sent déjà mieux. J'ai pris des œufs et du champagne au petit déjeuner — la fête dans les tranchées... Si jamais quelqu'un prétend devant moi que la vie dans l'armée est bonne pour la santé, je vais éclater de rire... Les mouvements diurnes, eux, ne valent pas grand-chose pour la santé, alors le sommeil est de règle. Debout tous les jours avant l'aube pour être prêt à recevoir les visiteurs. Il y a ici des gens à la loyauté incertaine, qui attendent de voir de quel côté souffle le vent. J'ai échangé du «singe» contre des œufs. L'un des gars avait du lait, un vrai régal... Je suis allé m'acquitter d'une bien triste commission dans un petit cimetière. Aujourd'hui, pour 280 francs, j'ai acheté du bifteck et des rognons, assez pour 20 hommes. Les gens ont des œufs et de la viande, mais ils voient rarement du café, du savon, des cigarettes ou de l'alcool. Les Allemands les ont complètement dépouillés. Nous avons fouillé la maison d'un maire. Son armoire était bourrée à ras bord de denrées rares et somptueuses... Tout est poussiéreux. Les nuages attirent l'attention. D'après le sergent, le bifteck dont je parlais est un bifteck de cheval, mais je l'ai bien aimé. Les gens sont dans une situation vraiment déplorable. Ils dorment en groupes dans des granges ou de vieux châteaux. Ils ont des hordes d'enfants avec eux... Notre oreille commence à se faire aux bruits sans importance. On s'épargne pas mal de plongeons au sol lorsqu'on peut distinguer un Boche de l'un des nôtres. La tranchée simple est généralement une humble demeure, mais au bout d'un jour ou deux, on y trouve des compartiments pour l'équipement, des banquettes pour faire la cuisine, un toit coulissant, des lits garnis de paille. Pourtant, à 25 verges, on dirait un champ de céréales. L'un des gars a adopté une vache. Il la trait deux fois par jour, lui donne du sel, de l'eau; la change régulièrement de pâturage... Récemment, au cours d'une séance particulièrement animée, nous avons été surpris par un spectacle hors du commun. Un véritable lieutenant-général, en chair et en os, avec son képi à bandeau rouge et tout, qui se faisait secouer sur un char. Il s'est avancé encore plus loin, assis à l'arrière d'une motocyclette. Les gars l'ont acclamé.

Il y a loin de la Normandie à Berlin; or, McElwaine et ses camarades n'ont sans doute pas une idée très précise de la manière dont ce général a l'intention de s'y rendre. Pourtant, avant le jour J, le général Montgomery a décrit la bataille qu'il avait l'intention de livrer dans la tête de pont. Son objectif immédiat consistait à établir une base d'opérations plus rapidement que les Allemands ne pourraient concentrer leurs réserves blindées pour l'en empêcher. Il voulait que la 2e Armée britannique s'avance hardiment dans son secteur oriental pour s'emparer de Caen et, derrière cette ville, du terrain découvert qui s'étend vers le sud jusqu'à Falaise. C'est là que se trouve le sol plat dont l'aviation a besoin pour ses bases aériennes avancées. Le plateau qui sépare Caen de Falaise constitue en outre la région la plus favorable aux chars de toute la Normandie, et les divisions blindées allemandes devront la traverser pour atteindre la tête de pont. Montgomery voulait arriver là le premier, en force, afin de pouvoir combattre les divisions de Panzer sur un terrain avantageux de son propre choix.

Il prévoyait étendre ensuite la tête de pont par une série d'attaques successives afin de prendre et de conserver l'initiative. Lorsque tout serait prêt, la 1re et la 3e Armées américaines du général Bradley devraient percer les défenses allemandes à la base du Cotentin et pénétrer en Bretagne pour s'emparer des ports en eau profonde. Pivotant ensuite autour de la charnière Caen-Falaise du général Dempsey, les Américains fonceraient en direction du sud vers la Loire, vireraient vers l'est et se rendraient jusqu'à la Seine aux côtés des Britanniques et des Canadiens. Montgomery prévoyait atteindre la Seine vers D+90, c'est-à-dire au début de septembre.

Quant aux Allemands, leur objectif consiste à boucler la tête de pont, à la fragmenter, puis à en détruire les parties l'une après l'autre. La première partie de ce plan est couronnée de succès, mais les autres échouent pour diverses raisons. Par exemple, ainsi que l'a observé Charles Stacey, leur structure de commandement défectueuse a créé «une apoplexie au centre, ce qui a entraîné une paralysie inévitable à la périphérie». D'autre part, ils ont cru sur parole le premier ministre Churchill lorsque celui-ci a expliqué à la Chambre des communes, en annonçant l'opération OVERLORD, qu'il s'agissait seulement du premier de toute une série de débarquements. Durant des semaines, l'opération FORTITUDE continue à faire croire aux Allemands que les Alliés vont attaquer le Pas-de-Calais; or cette invasion n'existe que dans leur imagination. Enfin, la puissance dévastatrice des bombardements de l'aviation, de la marine et de l'artillerie alliées ont tellement anéanti, retardé ou démoralisé d'Allemands qu'ils sont bientôt incapables de monter une contre-attaque décisive.

Le sergent-major de compagnie Charles Martin, à gauche, préfère patrouiller avec deux ou trois hommes seulement, car il peut ainsi s'approcher silencieusement de positions allemandes dangereuses. (Collection Martin)

Le courrier a un effet énorme sur le moral : positif si les nouvelles du pays sont bonnes, négatif dans le cas contraire. (ANC, PA 177596)

Sur le plan matériel, la tâche des Alliés est facilitée par leur remarquable aptitude à décrypter les communications radio chiffrées des Allemands. En effet, ULTRA leur permet de suivre systématiquement les déploiements opérationnels de l'ennemi. Un exemple de message intercepté, aussi inoffensif, en apparence, qu'une liste d'invités à un cocktail, donnera un aperçu de l'univers éthéré que constitue le renseignement sur les transmissions. En avril, le colonel-général Heinz Guderian, inspecteur général des troupes de Panzer, prévoit effectuer une tournée d'inspection de ses divisions de chars dispersées dans toute la France occupée. Son itinéraire, régulièrement diffusé sur les ondes, révèle l'emplacement de toutes les formations vitales de ses troupes et trace une carte éminemment utile, bien qu'involontaire, de l'ordre de bataille allemand. Un flot ininterrompu de messages ULTRA interceptés permet ensuite de suivre de près les mouvements des troupes à l'intention des yeux vigilants des pilotes d'avions de reconnaissance et de chasseurs-bombardiers, qui prennent pour cible tous les objectifs valables qu'ils peuvent trouver et dont les plus fructueux sont précisément ces fameuses divisions blindées.

À l'origine, les chasseurs de chars alliés décollent des bases britanniques, mais leur rayon d'action limité incite la 2e Force aérienne tactique à transférer des unités en Normandie quelques jours après le jour J. Du coup, le rayon d'action des missions fait plus que doubler, ce qui permet à l'aviation d'étendre son ombrelle protectrice vers l'intérieur des terres. Elle a besoin d'une grande superficie de terrain pour y installer des pistes d'urgence, qu'on pourra améliorer afin d'y ravitailler les avions en carburant et en munitions, puis convertir en terrains d'atterrissage avancés pourvus de services d'opérations et d'entretien d'escadre plus ou moins permanents.

Les escadrons de l'ARC sont parmi les premiers à arriver. Le 8 juin, des commandos mobiles d'entretien spécialement entraînés commencent à défricher le terrain près de Sainte-Croix-sur-Mer, derrière Courseulles, pour y construire une piste d'atterrissage. Deux jours après, le commandant d'aviation Dal Russel, commandant le 442e Escadron de Spitfire, et un de ses pilotes y atterrissent pour vérifier les installations. Quelques heures plus tard, avec le 441e et le 443e Escadrons de la 144e Escadre de l'ARC, commandée par le colonel d'aviation John E. Johnson, il vient s'y ravitailler en carburant au retour d'une opération offensive à l'intérieur des terres. La formation s'y installe définitivement quelques jours après et, à la fin de juin, la 126e et la 127e Escadres de l'ARC viennent l'y rejoindre. La tâche principale des trois escadres consiste à combattre la Luftwaffe et à maintenir la supériorité aérienne au-dessus de la tête de pont et des navires qui croisent au large. Au cours du mois, elles peuvent se targuer de 100 avions ennemis abattus et de 37 autres probablement détruits, ou endommagés, dont 26 le 28 juin, jour où elles effectuent plus de 300 sorties.

Les escadrons de chasseurs-bombardiers Typhoon de l'ARC, à savoir le 438e, le 439e et le 440e de sa 143e Escadre, viennent également s'installer dans la tête de pont. Le 14 juin, ils répondent à une demande d'appui tactique de l'armée de terre en larguant 30 bombes sur l'infanterie et les canons ennemis. Ils sont suivis des escadrons de reconnaissance, c'est-à-dire le 400e, le 414e et le 430e de la 39e Escadre de l'ARC. Même si la Luftwaffe devient graduellement plus active, le principal danger qui guette les pilotes est l'artillerie antiaérienne à basse altitude de l'ennemi, pour ne rien dire de son homologue alliée, dont les servants ont manifestement profité de leurs cours d'identification d'aéronefs pour faire un petit somme. Citons par exemple cet incident, dont l'aspect inédit tient uniquement à la manière laconique dont il a été relaté par un Canadien : *«Un avion ennemi nous a survolés à 19 h, et six Spitfire l'ont pris à partie; notre AAA [artillerie antiaérienne] a alors ouvert le feu et réussi à briser l'attaque des Spitfire.»*

À la fin de juin, la 2e Force aérienne tactique possède dans la tête de pont 11 bases hébergeant 35 escadrons de chasseurs, de chasseurs-bombardiers et d'avions de reconnaissance. Elle prévoyait toutefois disposer, à cette date, de 27 bases pouvant recevoir 81 escadrons. Le manque d'espace, dans la tête de pont encombrée, commence à poser de graves problèmes. Un chasseur-bombardier en pleine charge a besoin d'un kilomètre de piste pour décoller et atterrir, et il lui faut encore du terrain découvert à chaque bout. Les pistes d'atterrissage de fortune, qu'on construit d'est en ouest pour éviter l'artillerie antiaérienne, tant allemande qu'alliée, mais aussi à cause des vents dominants, doivent disputer l'espace limité de la tête de pont à plus de 20 divisions de l'armée de terre et à d'innombrables postes de commandement. L'espace aérien est également encombré et devient dangereux, car les contrôleurs aériens s'efforcent d'y accueillir un défilé constant d'avions de chasse, de transport, d'observation et de liaison. Tant que la 2e Armée britannique ne se sera pas emparée du plateau qui s'étend entre Caen et Falaise, où l'on pourra installer d'autres terrains d'aviation, les forces aériennes tactiques seront incapables de donner leur pleine mesure.

En dépit de ces inconvénients, l'aviation, grâce à ses chasseurs qui tirent à vue au cours de leurs missions de reconnaissance armée indépendantes, règne en maîtresse incontestée sur le secteur. À cet égard, l'expérience de la Division Lehr de Panzer est typique. Le général Fritz Bayerlein, qui commande cette division, peut-être la mieux équipée de toutes les formations de Panzer, reçoit l'ordre de conduire celle-ci sur le front au début de l'après-midi du jour J. Bayerlein demande l'autorisation de retarder son déplacement jusqu'à la tombée de la nuit, mais on lui ordonne quand même de partir de jour. Il obéit, et *«les avions qui pullulent dans un ciel presque clair repèrent les colonnes, se lancent à l'assaut, redressent*

Le 412e Escadron de l'ARC dans la tête de pont. Le 24 juillet, quatre de ses Spitfire prennent à partie plus de quarante appareils ennemis et en abattent sept sans essuyer une seule perte. (ANC, PL 30268)

En campagne, le personnel au sol de l'ARC maintient à un remarquable quatre-vingt pour cent le taux de fonctionnement des appareils. (ANC, PL 30262)

De puissants Typhoon porteurs de roquettes, posés sur le revêtement d'acier servant à construire rapidement des terrains d'aviation dans la tête de pont. (ANC, PL 42759)

et regagnent leur base, ou appellent des renforts. *Bientôt, les champignons de fumée noire des véhicules en train de brûler balisent la route pour les nouvelles vagues d'avions. Même aujourd'hui, bien des années après, le souvenir de cette marche demeure une source de cauchemars pour ceux qui y ont participé.»*

La voiture du général Bayerlein est au nombre des véhicules touchés, ce qui l'immobilise pour plusieurs heures vitales. Une autre victime importante est le général Geyr von Schweppenburg, blessé le 11 juin lorsque ULTRA permet de déterminer l'emplacement de son quartier général du Groupe de Panzer Ouest, et que les avions s'empressent de rayer celui-ci de la carte. Les attaques aériennes paralysent les hommes qui y sont exposés. Voici ce qu'en pense un soldat en levant les yeux vers le défilé ininterrompu de ces terrifiantes machines qui sont venues tenter de le tuer :

À moins d'avoir vécu ces attaques de chasseurs-bombardiers, il est impossible de comprendre ce que signifie l'invasion. Vous êtes étendu, impuissant, dans le fossé bordant une route, dans le sillon qui traverse un champ, ou sous une haie, pressé contre le sol, le visage dans la poussière — et ils foncent vers vous en rugissant... L'oiseau passe, mais il revient : deux fois, trois fois. Ils ne s'en vont pas tant qu'ils n'ont pas tout rasé, tant qu'ils ne vous ont pas totalement réduit à l'impuissance. Comme un homme devant un peloton d'exécution. Même si vous survivez, ce n'est qu'un sursis. Dix attaques de ce genre à la suite sont un véritable avant-goût de l'enfer.

D'autres auraient peut-être réservé les profondeurs les plus reculées de l'enfer à l'artillerie navale, dont la puissance et la précision dévastatrices ont fait admettre à l'officier des opérations de la 12ᵉ Division SS que sa *«contre-attaque [à Buron, le 7 juin]... a essentiellement été brisée par l'artillerie de la flotte d'invasion. À cause de ces tirs convergents comme je n'en ai jamais vus auparavant sur un champ de bataille, officiers et hommes de troupe perdaient le moral et n'avaient d'autre recours que de creuser des tranchées pour s'y abriter.»* Une semaine plus tard, les pièces de marine touchent le poste de commandement de sa division avec leurs obus à trajectoire rasante, dont rien ne permet de déceler l'arrivée, et tuent son commandant, le général Fritz Witt. Le colonel Kurt Meyer assume alors les fonctions de ce dernier.

C'est à cause de ce déluge incessant d'obus explosifs meurtriers protégeant la tête de pont que les commandants allemands proposent de se replier vers la Seine, hors de portée de ces canons. On ne s'étonnera pas d'apprendre que Hitler s'oppose catégoriquement à ce repli, critique amèrement ceux qui l'ont proposé et ordonne à ses soldats assiégés de tenir à tout prix. Cette décision condamne les Allemands mais, du même coup, elle contraint les Alliés à trois mois de rudes combats dans les champs et les basses-cours de Normandie.

Deux facteurs compensent en partie la puissance aérienne et navale écrasante des Alliés : les talents de combattants des Allemands et l'excellent terrain défensif. À quelques kilomètres au sud de Caen, une crête imposante orientée d'est en ouest domine le secteur canado-britannique. Au centre, juste au-delà de l'aéroport de Carpiquet, se trouve la cote 112 (c'est-à-dire un point situé à l'altitude de 112 mètres), commandant le terrain qui s'étend au nord. Les Allemands se rendent très bien compte de l'importance vitale de cette crête et emploient leur remarquable souplesse sur le champ de bataille pour s'en rendre maîtres. Tout le long de l'arête, des observateurs dominent le terrain en contrebas occupé par les Canadiens et dirigent le tir de leurs canons et de leurs mortiers sur quiconque se montre la tête. Détail curieux, les planificateurs alliés ne semblent guère avoir attaché d'intérêt à l'importance tactique de cette éminence, peut-être à cause de leur tendance malheureuse à se préoccuper davantage de débarquer en Normandie plutôt que des façons de sortir de cette province française. Pourtant, ils doivent bel et bien franchir cette hauteur et, durant les prochaines semaines, le sort des combats de Normandie, la «mêlée générale» chère à Montgomery, se jouera sur l'identité du camp qui arrivera à masser des forces suffisantes pour dénouer l'impasse.

N'ayant pas réussi à s'emparer de Caen et des hauteurs vitales par un assaut frontal immédiat le jour J, ou en les encerclant quelques jours après, Montgomery doit observer une pause et attendre l'arrivée de nouvelles troupes combattantes avant d'attaquer en force. En un peu plus d'une semaine, l'organisation de transport des renforts alliés fait des miracles, débarquant sur la terre ferme un demi-million d'hommes accompagnés de plus de 75 000 véhicules et de tonnes de fournitures. Dix-neuf corvettes de la MRC se trouvent au nombre des 200 navires qui escortent à travers la Manche ce défilé ininterrompu de convois, qui témoigne d'un magistral exploit d'organisation. Les ports anglais situés à l'ouest de Southampton approvisionnent la partie américaine de la tête de pont, ceux qui se trouvent à l'est en font autant pour la canado-britannique, les deux secteurs se partageant Southampton même. Les navires sont soumis à des programmes serrés d'appareillage, et des contrôleurs du trafic, au large du littoral normand, leur indique leur mouillage et les bonnes routes de retour. La marine domine tellement les flancs maritimes que les équipages des corvettes n'ont guère l'occasion de rencontrer d'Allemands. Aussi, le 8 juin, histoire de se donner un peu de mouvement, les marins du NCSM *Mayflower* — qu'ils appellent entre eux «Daisy Mae» — se rapprochent de la côte et offrent effrontément d'aider de leur unique bouche à feu de quatre pouces les 12 canons de 12 pouces et les 16 pièces de cinq pouces de l'USS *Arkansas* à bombarder l'arrière de la plage OMAHA. Les occupants du croiseur ne mettent pas de gants pour les «informer froidement qu'il n'y a

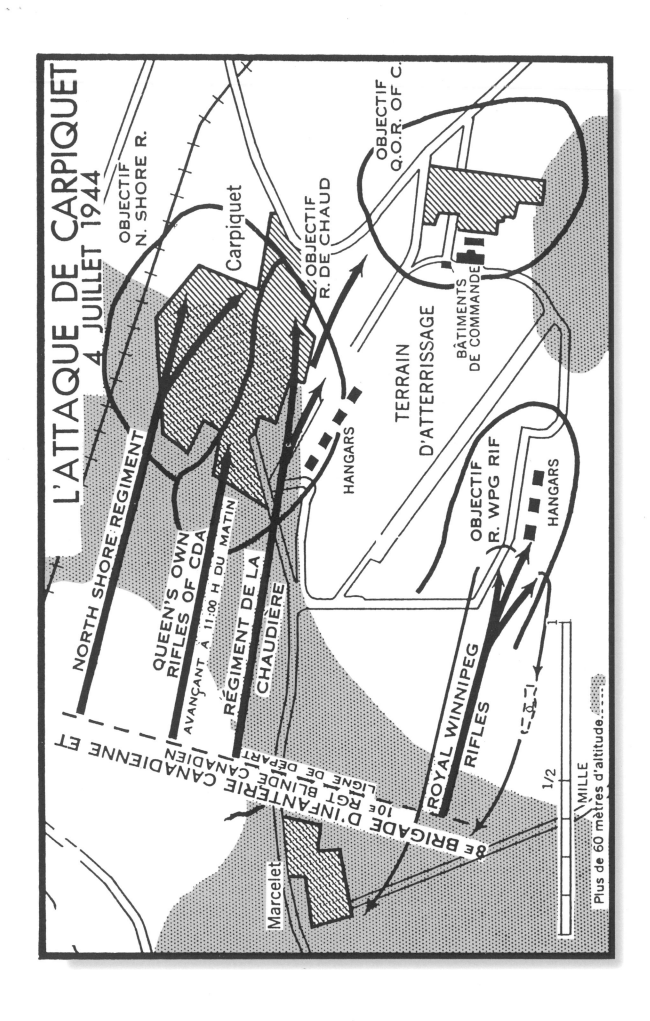

L'ATTAQUE DE CARPIQUET
4 JUILLET 1944

OBJECTIF N. SHORE R.

OBJECTIF R. DE CHAUD

OBJECTIF Q.O.R. OF C.

Carpiquet

TERRAIN D'ATTERRISSAGE

BÂTIMENTS DE COMMANDE

HANGARS

OBJECTIF R. WPG RIF

HANGARS

NORTH SHORE: REGIMENT

QUEEN'S OWN RIFLES OF CDA

AVANÇANT À 11:00 H DU MATIN

RÉGIMENT DE LA CHAUDIÈRE

8E BRIGADE D'INFANTERIE CANADIENNE ET 10E RGT BLINDE CANADIEN

LIGNE DE DÉPART

ROYAL WINNIPEG RIFLES

Marcelet

1/2

MILLE

Plus de 60 mètres d'altitude

pas d'objectifs à sa portée». La portée des canons du *Mayflower* n'est peut-être pas à la hauteur de la hardiesse de son équipage, mais c'est l'intention qui compte, après tout. Quelques jours plus tard, le NCSM *Alberni* apportera une contribution directe à l'œuvre commune en abattant un bombardier allemand.

Le général Montgomery a besoin d'un flot continu de divisions fraîches, de chars et de munitions pour réaliser ses plans offensifs, mais ceux-ci sont sérieusement compromis lorsqu'une tempête inattendue frappe la Manche le 19 juin, perturbant gravement le programme de renforcement. Durant 36 heures, un vent violent du nord-est soulève des vagues destructrices de trois mètres de haut qui viennent s'écraser sur les plages d'assaut. Le déchargement s'interrompt, et les navires qui se trouvent en mer sont durement touchés : plus de 800 péniches de débarquement sont drossées à la côte. Les deux MULBERRY protègent certains navires, mais ils subissent eux-mêmes des avaries tellement importantes qu'il faut en abandonner un et le cannibaliser pour réparer l'autre. L'interruption de cinq jours retarde le déchargement d'un nombre de véhicules estimé à 20 000, et de plus de 100 000 tonnes d'approvisionnements, notamment de munitions dont l'artillerie a un besoin pressant.

Les choses auraient pu être pires. Le lecteur se rappellera peut-être que le 19 juin occupait le milieu de la dernière période de débarquement favorable. Si, le 5 juin, Eisenhower avait repoussé le jour J, les Alliés auraient été surpris par l'orage; or, il est heureux que les troupes n'aient pas été en train de se diriger vers le littoral lorsque la «grande tempête» a frappé.

Le même mauvais temps interdit aux aéronefs de décoller, ce qui donne le temps aux Allemands de renforcer leurs défenses de Normandie avec le 2e Corps d'armée de Panzer SS (les 9e et 10e Divisions de Panzer SS), venu du front oriental, la 1re Division de Panzer SS, qui arrive de sa base, près de Paris, et la 2e SS, partie du midi de la France. Les Allemands ont l'intention de masser leurs chars en vue d'une contre-attaque décisive dans le secteur de Caen, en même temps que Montgomery se prépare à sa prochaine tentative pour briser l'encerclement ennemi. Par conséquent, ainsi que l'écrira Carlo D'Este dans son récit d'un extraordinaire intérêt, *Decision in Normandy* : «À la fin juin, la lutte pour la domination de la tête de pont de Caen ressemble beaucoup à celle de deux lutteurs se disputant l'avantage, mais sans qu'aucun des deux soit encore en mesure de vaincre son adversaire.»

Montgomery devance la contre-offensive allemande en lançant la sienne, c'est-à-dire l'opération EPSOM, qui débute le 26 juin. Dans l'intention de prendre Caen à revers par l'ouest et de s'emparer du plateau qui la sépare de Falaise, le 8e Corps d'armée britannique réussit à prendre de vive force une tête de pont sur l'autre rive de l'Odon, mais ne peut dépasser la base de la cote 112, où son

avance se brise dans un effroyable bain de sang. Sur le flanc gauche immédiat d'EPSOM, la 3e Division canadienne, qui assiste à cet assaut avorté, demeure dans l'expectative jusqu'à ce que le général Dempsey lui ordonne d'attaquer pour s'emparer de la ville et de l'aéroport de Carpiquet.

Carpiquet, à la fois si proche et si inaccessible, a attiré les Canadiens dès le jour J. Il suffira d'un coup d'œil sur la carte pour se rendre compte que le front a peu changé depuis le 7 juin. Caen, Authie, Buron et l'abbaye d'Ardenne forment les lignes de front allemandes au nord et à l'est. La seule voie d'accès du côté ouest passe donc par l'aéroport complètement découvert. Ce secteur est parsemé de bunkers de béton et d'acier. Ceux des hangars et des bâtiments de contrôle de l'aéroport sont occupés par un bataillon de Panzergrenadier, et ceux du village de Carpiquet par une autre compagnie. Les défenseurs disposent de plusieurs canons de 88 mm et de plus de 20 chars retranchés ou disposés en vue d'une contre-attaque immédiate. D'autre part, la cote 112 et l'abbaye d'Ardenne dominent le terrain plat où se trouve l'aéroport. À partir de ces deux points, des observateurs peuvent aisément diriger des tirs dévastateurs d'artillerie et de mortiers sur les champs découverts, et les servants des 88 mm disposent d'un terrain d'abattage parfaitement dégagé.

Vers la fin juin, le PC de la 12e SS, situé dans la banlieue caennaise de Venoix, non loin de là, signale un intérêt croissant des Canadiens envers la limite ouest de l'aéroport, où *«des patrouilles de reconnaissance viennent à plusieurs reprises tâter les défenses du front»*. Le lieutenant Lorenzo Bergeron, du Regina Rifles, effectue l'une de ces patrouilles le 30 juin, et la description détaillée qu'il en donnera à l'officier historien de la 3e Division dépeint de façon frappante cette activité des plus dangereuses. La mission de Bergeron n'a rien d'une sinécure : *«déterminer l'effectif des troupes qui occupent [l'aéroport de Carpiquet], la nature des défenses de ce dernier et l'état de son terrain d'atterrissage.»* Au cours de l'après-midi, il se porte à l'avant pour se renseigner sur les défenses auprès d'un bataillon britannique qui défend le front. À la tombée de la nuit, accompagné de son sergent et de trois autres hommes, il se rend jusqu'à un poste d'observation d'où il peut apercevoir l'aérodrome. La patrouille repère des troupes et des bunkers allemands à plusieurs endroits, mais ce qui l'inquiète particulièrement, c'est l'absence totale d'abri. En apercevant les pistes découvertes et le gazon ras, Bergeron ne se sent *«guère convaincu de la réussite de son entreprise, mais décide quand même d'entamer sa progression entre les hangars occupés par l'ennemi sur sa gauche et devant lui»*.

Juste avant minuit, les cinq patrouilleurs, le visage noirci, quittent leur abri en rampant. La lumière nocturne estivale est suffisante pour leur permettre de distinguer les aiguilles de leur montre. Ils restent

«L'opération OVERLORD a
constitué un tour de force sans
précédent pour les planificateurs,
qui ont méticuleusement organisé
le débarquement» des hommes...
(MDN, PMR 93-402)

... des véhicules...
(ANC, PA 138182)

... et de plus encore.
(MDN, PMR 93-406)

fréquemment figés sur place en voyant monter dans le ciel des fusées éclairantes, et ils peuvent entendre, de part et d'autre, des sons trahissant, tout près d'eux, la présence d'êtres humains. Lorsqu'ils atteignent la piste, «deux hommes se tapissent à côté de celle-ci pour assurer un tir de protection, pendant qu'un autre la traverse; ce dernier se retourne ensuite pour assurer un tir de protection à partir de son côté pendant que les autres traversent à leur tour». La piste est intacte, et les membres de la patrouille ne repèrent pas de mines, contrairement aux indications fournies par des civils français. En observant les tirs désordonnés de l'ennemi, Bergeron conclut «que l'ennemi semble souvent lancer des fusées éclairantes et tirer presque au hasard, dans l'espoir de surprendre une éventuelle patrouille, ou de l'effrayer pour qu'elle révèle sa position».

Toujours sur le ventre, s'arrêtant souvent pour relever, sur les lueurs de départ des mortiers, un angle de marche à la boussole leur permettant de déterminer leur position, les cinq hommes atteignent l'autre côté de l'aérodrome, où un canon qu'on croyait installé là a apparemment été déplacé. Ils ont maintenant rampé deux kilomètres et, à peine un peu plus d'une heure avant l'aube, ils reviennent, par une manœuvre risquée, en empruntant le même chemin qu'ils ont suivi à l'aller, «facilement reconnaissable au gazon qu'ils ont foulé en rampant». Au moment précis où ils atteignent leur point de départ, une fusée éclairante lancée par un mortier britannique les inonde de lumière. Heureusement, personne ne tire, et cinq heures de tension éprouvante prennent fin. Il en faudrait toutefois davantage pour émouvoir Bergeron, qui se porte volontaire pour constituer et commander un peloton d'éclaireurs.

Les patrouilles répétées des Canadiens amènent l'état-major de la 12e SS à conclure que «l'ennemi prépare une attaque pour s'emparer de l'aérodrome de Carpiquet». Selon l'officier des opérations de la division, «si une telle attaque réussissait, le front nord de Caen serait menacé sur l'arrière et deviendrait impossible à tenir». Il s'empresse donc d'envoyer trois autres chars défendre les hangars du côté sud du terrain et un canon de 88 mm pour couvrir la route de Caen à Bayeux.

Le général Keller confie à la 8e Brigade la mission de prendre Carpiquet. Le brigadier-général Blackader, outre les trois bataillons qu'il commande en propre, dispose, pour s'emparer de trois hangars situés sur les hauteurs qui s'élèvent du côté sud de l'aéroport, des chars du Fort Garry Horse, d'escadrons de chars à Flail et à lance-flammes ainsi que des Winnipeg Rifles. En outre, un escadron de chars des Sherbrooke doit opérer une diversion du côté nord pour distraire les artilleurs allemands.

L'attaque délibérée de la 8e Brigade illustre bien la doctrine tactique canado-britannique classique de la Seconde Guerre mondiale. Sur le front de près de deux kilomètres, Blackader déploie à l'avant les North Shore à gauche et les Chaudière à droite,

et conserve le Queen's Own en réserve à l'arrière (sans compter les Winnipeg, qui joueront un rôle sur le flanc). Chacun des bataillons d'assaut étale ses compagnies en formation dispersée, deux en avant, et deux en arrière. À leur tour, celles-ci se déploient sous la forme d'un triangle inversé comportant deux pelotons en avant, et un en arrière. Les pelotons dispersent de la même façon leurs trois sections de huit hommes. Compte tenu des intervalles qui séparent les hommes, et des intervalles encore plus importants séparant les pelotons et les compagnies, un bataillon peut couvrir un front d'environ un kilomètre.

De leur ligne de départ jusqu'à leurs objectifs, les fantassins doivent parcourir deux kilomètres sur un terrain parfaitement plat et totalement dépourvu d'abri. Ils bénéficient de l'appui-feu le plus massif auquel les Canadiens aient eu droit depuis le jour J. Celui-ci fait appel aux pièces de 12 régiments d'artillerie de campagne, huit d'artillerie moyenne et un d'artillerie lourde, à une compagnie de mortiers lourds et à une autre de mitrailleuses moyennes, aux neuf canons de 16 pouces du HMS *Rodney* et à un appui aérien assuré, entre autres, par deux escadrons de Typhoon porteurs de roquettes. Le plan de feux consiste à faire produire aux canons, sur toute la longueur du front de deux kilomètres, un tapis roulant d'explosifs brisants de 400 mètres de profondeur qui, toutes les trois minutes, s'avancera de 100 mètres devant l'infanterie en marche.

L'attaque débute mal. Le détachement d'écoute radio de la 12e SS observe que «le nombre des communications radiophoniques des chars ennemis commence à augmenter. Le type de message transmis indique un rassemblement en vue d'une attaque.» «D'après notre expérience antérieure, conclut l'état-major de la division, nous prévoyons que cette attaque débutera à 7 h.» Les Allemands croient, avec raison, que la zone de rassemblement se trouve dans le bois proche de la ville de Marcelet, qu'ils s'empressent de bombarder. Les récits allemands et canadiens diffèrent sur l'heure où s'est produit ce bombardement, mais c'est probablement ce tir convergent qui provoquera chez le chroniqueur du Fort Garry le commentaire suivant :

Le régiment n'avait probablement jamais encaissé auparavant une telle dose de roquettes et d'obus de mortiers ou d'artillerie ennemis. En plus de ces armes meurtrières, les Allemands emploient des canons de 88 mm qui tirent des obus fusants. Ce type d'arme est particulièrement détesté, car, à cause de sa vitesse initiale élevée, il ne produit aucun son avertisseur.

L'heure H ayant été fixée à 5 h, l'infanterie franchit alors sa ligne de départ. L'un des problèmes posés par le barrage programmé qui la précède de son avance inexorable réside dans son rythme révélateur. À ce stade de la guerre, les Allemands savent bien qu'un tel barrage précède des fantassins. Par conséquent, chaque fois que l'artillerie allonge le tir,

*Certains des blockships coulés pour former le brise-lames du port artificiel Mulberry, vus du NCSM **Prince David**. Des pilotes allemands induisent en erreur leurs services de renseignements en signalant des navires alliés en train de sombrer. Il s'agit en fait de ceux qu'on coule délibérément pour constituer le brise-lames. (MDN, PMR 93-410)*

*La corvette canadienne NCSM **Baddeck** au milieu de la Manche. Ces petits navires, vétérans de la bataille de l'Atlantique, ont escorté à travers le Goulot quantité de convois de renfort-soutien à destination de la Normandie. (ANC, PA 108159)*

ils dirigent leur propre tir défensif immédiatement derrière le barrage, afin de surprendre les fantassins en terrain découvert. C'est ce que décrit l'histoire du Régiment de la Chaudière :

> L'avance progressa tel que prévu jusqu'au moment où les Allemands établirent un contre-barrage à 100 mètres en arrière de l'autre, donnant ainsi aux Canadiens l'impression d'être bombardés par leurs propres obus. Le stratagème réussit à clouer les attaquants sur place, pendant que le barrage de l'artillerie canadienne continuait d'avancer tel que prévu.

Le major Clint Gammon, commandant la Compagnie D des North Shore, connaît une expérience semblable, qu'il racontera à l'historien de son régiment :

> À l'heure zéro, lorsque l'artillerie a ouvert le feu, tout l'horizon s'est embrasé derrière nous en un demi-cercle de flammes. Les obus sifflaient au-dessus de nos têtes et retombaient exactement à l'endroit prévu, à environ 200 verges devant nous. Nous étions censés demeurer 10 minutes sur notre ligne, et l'artillerie devait ensuite allonger son tir de 100 verges par minute. Après que je me suis assuré que notre barrage tombait à la bonne distance... les obus ont commencé à tomber dans mon secteur. À ce stade, les graminées commençaient à fumer et à s'enflammer... le contre-barrage de l'ennemi s'abattait avec une intensité accrue, et quantité de mes hommes étaient morts ou blessés. Pendant un certain temps, nous avons eu l'impression que nous ne quitterions jamais la ligne de départ. Enfin, notre barrage s'est avancé, et nous en avons fait autant.

Derrière eux, la Compagnie B essuie le gros du bombardement. Un peu plus tôt, alors que les soldats se dirigeaient vers l'avant pour rejoindre leur ligne de départ, ils ont accueilli chaleureusement le père Hickey, venu les saluer : «Oh, c'est vous, mon père, que Dieu vous bénisse.» «Bonne chance, mon père.» «On ne s'en fait pas, mon père; on est bien préparés.» Hickey les retrouve environ une heure plus tard, et, «partout, il y a des hommes morts ou agonisants. J'ai administré l'extrême-onction sur place à une trentaine d'entre eux.» Les autres s'avancent à travers le feu, la fumée et la poussière jusqu'à la limite du village de Carpiquet, soutenus par leur seule vaillance et par leur détermination. Le capitaine W.B. Nixon, l'un de leurs officiers d'observation avancée de l'artillerie, tient un journal quotidien dont le ton détaché contraste avec la confusion de la scène.

> À 5 h, me suis avancé sous le barrage avec le North Shore Regiment. L'ennemi ripostait par un contre-tir d'obus fumigènes et explosifs de canons et de mortiers. Les pertes de l'infanterie se sont montées à environ 40 pour cent. Très peu de prisonniers. Avons atteint l'objectif à 8 h. Organisé un tir défensif d'urgence pour la Compagnie «C». L'ennemi a ouvert le feu de ses mortiers sur Carpiquet vers 9 h. Occupé le PO [poste d'observation]; ville déserte; même pas de morts, mais beaucoup de dégâts. Les tirs de mortiers ennemis ont augmenté au cours de la journée; les Allemands emploient des lance-bombes à six tubes. Le feu de cette arme, le «Nebelwerfer», est terriblement éprouvant pour les nerfs et le moral, mais n'a pas fait beaucoup de victimes.

Il n'y a qu'une cinquantaine de Panzergrenadiere dans le village de Carpiquet, mais leurs centres de résistance sont pratiquement invulnérables aux tirs d'artillerie. Les Chaudière et les North Shore les contournent pour pénétrer dans la ville, pendant que les chars et les lance-flammes s'attaquent aux bunkers. À midi, le Queen's Own vient tout juste d'entamer la dernière phase de l'attaque, dirigée contre les bâtiments de contrôle de l'aéroport, à l'autre extrémité du terrain, lorsqu'il reçoit l'ordre de s'arrêter. Du côté sud de l'aérodrome, les Winnipeg éprouvent de graves difficultés.

Dans cet affrontement, les Winnipeg sont des enfants perdus. Surajoutés à l'assaut principal, et opérant complètement à l'écart de son axe de progression, ils sont livrés à eux-mêmes, au-delà des limites du plan de feux. L'Escadron B du Fort Garry est censé leur apporter un appui-feu, mais sa mission principale, à titre de réserve régimentaire, consiste à attendre le Queen's Own. Les Allemands, qui occupent d'excellentes positions autour des trois hangars — les objectifs des Winnipeg — ont à leur disposition des 88 et des chars Panther, et ils soumettent le bataillon à des tirs nourris de mortier avant même que celui-ci n'entame sa longue marche d'approche à travers les champs de blé d'un mètre de haut, qui absorbent heureusement une partie des éclats d'obus. Les pelotons de tête atteignent les hangars, mais les Allemands qu'ils ont contournés leur tirent dessus par derrière, puis mettent hors de combat deux chars du Fort Garry venus leur prêter main-forte. La Compagnie D du major Lockie Fulton tient les hangars, mais sa position est précaire, et elle doit se replier avec le reste du bataillon à la tombée de la nuit. Le Queen's Own s'établit dans des tranchées autour de la piste de l'aérodrome.

Lorsque la nuit tombe, les trois bataillons de la 8e Brigade sont en train de livrer un dur combat sous une pression intense dans Carpiquet et autour de l'extrémité nord de l'aérodrome. Les Allemands sont alarmés de voir que les Canadiens menacent sérieusement leur flanc Authie-Buron. Ils ont tenté de contre-attaquer un peu plus tôt avec un bataillon, mais ils ont été désorganisés, probablement par l'audacieuse opération de diversion à laquelle le major Sydney Radley-Walters s'est livré devant eux avec son escadron de chars des Sherbrooke. Il ne reste plus beaucoup de fantassins à la 12e SS pour une autre contre-attaque; elle tente donc de déloger les Canadiens à l'aide d'armes lourdes. Ainsi que l'expliquera l'officier des opérations de la division, ces armes ne sauraient être prises à la légère.

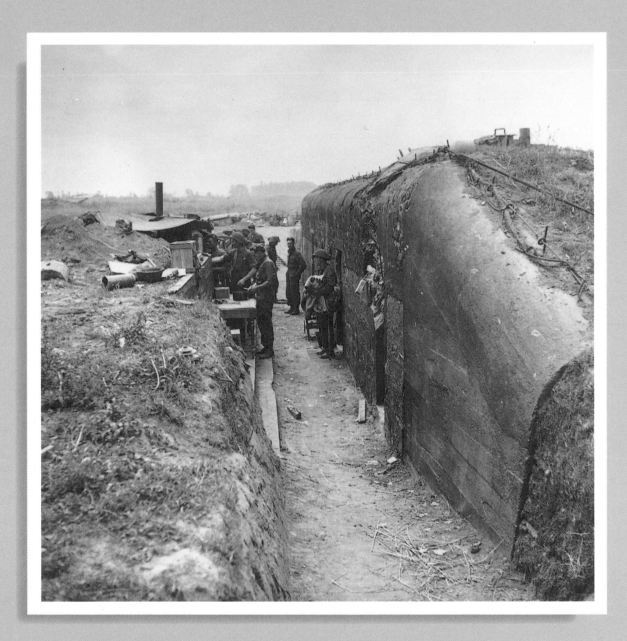

Blockhaus de Carpiquet.
(ANC, PA 116513)

Pour la défense de la ville de Caen, on a installé des bâtis de lance-bombes à de nombreux endroits, surtout à l'emplacement des ponts et des tunnels ferroviaires. On a pourvu la plupart d'entre eux de mortiers de 50 kg. Certains ont été remplis de charges d'explosif brisant, et d'autres de combustible à lance-flammes. On a installé ces lance-bombes dans des positions à partir desquelles ils peuvent bombarder Carpiquet.

Ces gadgets infernaux sont responsables d'une partie des pertes, qui s'élèvent à près de 400 hommes, que les Canadiens subiront en pénétrant dans Carpiquet et en défendant celui-ci. Au cours des trois jours suivants, les Allemands montent contre-attaque sur contre-attaque, et les Canadiens les repoussent au même rythme. Les mitrailleuses moyennes des Cameron Highlanders of Ottawa s'avèrent particulièrement utiles pour repousser plusieurs attaques des Allemands qui ont permis à ceux-ci de se rendre maîtres de positions d'infanterie avancées. Aucun des deux camps ne s'attend à ce qu'on lui fasse grâce, et il a parfaitement raison. Le major Steven Lett, du Queen's Own, décrira comment il a fallu s'y prendre pour réduire l'un des centres de résistance. Après plusieurs tentatives infructueuses des blindés et de l'infanterie, des chars lance-flammes Crocodile vaporisent dessus du combustible enflammé. Ils ne réussissent qu'à en noircir la surface.

Les [sapeurs] placent maintenant des GEN Wades sur son toit. (Il s'agit de charges de destruction pesant 25 livres.) Toujours pas de pénétration. D'autres tentent de faire sauter les portes d'acier fixées dans les entrées, mais, à cet endroit, l'accès est défendu par une meurtrière pourvue d'un panneau coulissant, à travers laquelle il est possible de pointer des armes. Plusieurs hommes perdent la vie dans cette tentative. On découvre alors deux petits ventilateurs qui font saillie à travers le sol, au-dessus du toit. On insuffle de la fumée dans ces ouvertures, mais sans résultat. (On découvrira par la suite que l'intérieur est pourvu d'un dispositif antigaz qui transforme en fait l'édifice en un gigantesque appareil respiratoire armé.) On arrache alors le couvercle d'un de ces ventilateurs et on y laisse tomber une grenade, dont l'explosion fait sauter la plaque d'acier protectrice garnissant son extrémité inférieure. On verse ensuite une quantité abondante d'essence dans la pièce qui se trouve en bas, et on la fait suivre, au bout d'un certain temps, d'une deuxième grenade.

Le père Hickey songe peut-être bien à Carpiquet en écrivant que, si son crucifix tout bosselé savait parler, *«il pourrait raconter des choses que ma plume est incapable de mentionner. Il vaut mieux qu'il en soit ainsi, car il risquerait d'évoquer des faits qu'un aumônier du temps de guerre tente d'oublier : des événements qu'il peut conserver dans sa mémoire, mais qu'il emportera dans sa tombe sans les avoir révélés.»*

Pendant que la 8e Brigade dispute âprement Carpiquet, le reste de la 3e Division prépare l'opération CHARNWOOD, dont l'objectif est de prendre Caen et de conquérir des têtes de pont sur l'autre rive de l'Orne. Étalées en arc juste au nord de Caen, la 3e et la 59e Divisions britanniques doivent attaquer les premières, puis la 3e canadienne doit se lancer à l'assaut à partir de ses tranchées simples déjà anciennes, autour des Buissons. Le plan du général Keller se divise en trois phases. Tout d'abord, la 9e Brigade et les Sherbrooke enlèveront les villages chaudement disputés qui se trouvent immédiatement devant eux : Gruchy, Buron, Authie et Franqueville. Ensuite, la 7e Brigade et le 1st Hussars doivent les dépasser et s'emparer de Cussy et de l'abbaye d'Ardenne. Enfin, la 8e Brigade terminera sa mission de Carpiquet en s'emparant de la tour de contrôle et des hangars, du côté sud de l'aérodrome.

Aux premières heures du 8 juillet, les trois divisions attaquent sur un front recourbé de 15 kilomètres, les deux formations britanniques s'élançant les premières pour protéger le flanc gauche des Canadiens. Le tout se déroule à l'abri d'un appui-feu massif : chars et autres véhicules blindés spécialisés assortis; pièces d'artillerie de la division, du corps d'armée et de l'armée; canons de cuirassés, de monitors et de croiseurs; avions tactiques. En outre, au cours de la nuit précédant l'assaut, des aviateurs du Bomber Command de la RAF, dont de nombreux Canadiens, ont survolé Caen en deux vagues pour y larguer leur chargement de bombes.

Malheureusement, les Allemands ne se trouvent pas dans la ville même, mais dans des positions situées à sa limite nord, trop proches des positions canadiennes pour être bombardées sans danger. Enfoui sous une couche de protection de plusieurs mètres, le PC de la 12e Division SS, dans la banlieue nord, n'est pas gravement touché. Les bombes ont endommagé plusieurs chars et autres véhicules, mais la plupart ont été rapidement remis en état de marche. Le principal effet tactique du bombardement a consisté à remplir les rues de décombres, ce qui nuit aux mouvements, mais c'est surtout sur le moral qu'il a eu un effet positif. En effet, cet impressionnant étalage de force destructrice a indéniablement ranimé le courage des attaquants. D'autre part, il a certainement accablé les défenseurs, anéanti le moral d'au moins quelques-uns d'entre eux, et douché celui de certains autres. Son aspect le plus tragique réside dans les souffrances qu'il a infligées aux Français de l'endroit, dont plusieurs ont perdu leur famille, leur foyer et leur ville.

Si puissant qu'il soit, un bombardement nourri ne peut suffire à vaincre les Allemands. L'écart de six heures entre la fin du bombardement et l'assaut du matin leur a donné le temps de récupérer, du moins dans la mesure où ils le pouvaient, compte tenu des circonstances terriblement éprouvantes, et ils se sont préparés à affronter l'attaque à venir. L'affrontement débouche inévitablement sur un carnage mutuel dans

Des hommes du Highland Light Infantry font la pause.
(ANC, PA 131370)

Avant «Buron la Sanglante», le lieutenant-colonel F.M. Griffiths décrit leurs tâches à ses officiers.
(ANC, PA 116520)

les champs cultivés et les vergers jadis bucoliques que les jeunes Canadiens et Allemands se disputent depuis des semaines. Le combat prend fin de la manière la plus ordinaire, char contre char, pendant que de petits groupes de fantassins s'efforcent de survivre et de donner un sens au vacarme, aux odeurs, à la fumée, à la poussière, au sang et à la terreur pure et simple qui règnent sur le champ de bataille.

Au cours de cet affrontement, le Highland Light Infantry se trouve sur la gauche de l'attaque de la 9ᵉ Brigade. Il s'agit de sa première grande bataille, qui sera immortalisée dans une chronique de l'unité intitulée *Bloody Buron* (Buron la Sanglante). Les pelotons connaissent tous très bien le terrain, pour avoir, depuis un mois, observé leurs objectifs au bout de leur fusil à travers les champs couverts de blé. Les soldats regardent les obus explosifs de leur artillerie pulvériser Buron et d'autres villages, mais ils ne se bercent pas pour autant de l'illusion qu'ils pourront y pénétrer sans rencontrer de résistance. Peut-être la canonnade obligera-t-elle les Allemands à rentrer la tête assez longtemps pour permettre aux pelotons de franchir le terrain découvert, mais il ne faut pas y compter. Un prisonnier capturé quelques jours plus tôt a décrit les positions dont doivent s'emparer les Alliés.

Depuis qu'ils se sont installés dans leurs positions... ils se sont employés à creuser des trous de tirailleur reliés par des boyaux de communication et à les camoufler avec des graminées. Dans certains cas, les parois de ces trous ont été revêtues de branches. On a disposé du fil à boudin barbelé devant la position du peloton et on l'a relié au barbelé qui se trouve derrière. Entre le barbelé et les tranchées, on a semé des mines antipersonnelles. Devant les barbelés, il y a un fil-piège relié à des grenades ovoïdes et un dispositif à fusée éclairante constitué d'un tuyau fixé dans le sol, avec une goupille attachée au fil-piège. Lorsqu'on touche à celui-ci, la goupille saute, et la fusée éclairante part.

Les Highlanders sont probablement d'accord avec ce tankiste des Sherbrooke qui écrit que *«la préparation d'artillerie lourde a marqué le début de l'opération CHARNWOOD, mais, si l'artillerie peut ébranler les Jeunesses hitlériennes... elle ne peut pas les empêcher de tuer tant qu'ils ne sont pas morts».* Comme si les soldats avaient besoin qu'on leur rappelle encore ce qui les attend, le bataillon essuie un bombardement nourri avant de se mettre en route, et ses hommes commencent à craindre que les tirs touchent les mines qu'ils viennent d'enlever pour dégager leurs routes d'attaque.

Le bataillon a pour objectif Buron. Les Allemands s'abstiennent de tout tir direct jusqu'à ce que les pelotons atteignent un fossé antichar de cinq mètres de large sur quatre de profondeur. Ils ouvrent alors le feu de très près, infligeant de lourdes pertes aux assaillants. Manquant d'hommes sur le terrain, les Allemands se fient à des mitrailleuses qui, s'apportant

un appui mutuel, balaient leur front d'un tir entrecroisé. En outre, ils ont ajouté à leurs propres armes des mitrailleuses légères Bren dont ils se sont emparés au cours de la première bataille pour Buron, un mois plus tôt. Lorsque les Highlanders ont franchi le fossé, les Allemands mettent en œuvre leurs propres mortiers défensifs, tuant encore d'autres hommes, mais les quatre compagnies se fraient un chemin jusque dans Buron, suivies de près par une batterie d'armes antichars automotrices de la Royal Artillery. Heureusement, celles-ci sont en place lorsque les Allemands contre-attaquent. L'un des canons britanniques *«élimine un certain nombre de Panther lorsqu'ils surgissent de derrière un mur de pierre, et tire son dernier obus alors qu'il est lui-même en flammes. Son équipe saute alors en bas du véhicule.»* La batterie perd sept canons, mais elle a touché le double de chars allemands.

Les chars des Sherbrooke apportent leur appui aux Highlanders pendant que ceux-ci se fraient un chemin jusque dans Buron. Voici ce qu'on peut lire dans le compte rendu laconique que donnera le major Radley-Walters de ce combat :

La 1ʳᵉ Troupe apporte son appui à la Compagnie «D», et la 2ᵉ se trouve sur la gauche, avec la Compagnie «B». L'élément de commandement de l'escadron s'avance au centre et en arrière, suivi de la 4ᵉ Troupe, en réserve. Les Flail sont demeurés sur la ligne de départ jusqu'à ce qu'on ait besoin d'eux. Lorsque les pelotons et les chars ouvrent le feu dans les champs, en face de Buron, la 1ʳᵉ Troupe pénètre dans un champ de mines qui met trois de ses engins hors de combat, y compris son Firefly de 17. Immobilisés, ils sont ensuite méthodiquement détruits par des canons antichars de 88 mm occupant des positions situées à environ un mille et demi au sud-ouest. Les Flail tirent d'affaire le char restant, qui rejoint l'élément de commandement de l'escadron. La 4ᵉ Troupe vient alors remplacer la 1ʳᵉ.

Sur la gauche, des armes antichars à courte portée font bientôt perdre deux chars à la 2ᵉ Troupe, et les mortiers éliminent l'équipage d'un autre : *«Un canon antichar de 88 mm occupant une position au sud-est de Buron met hors de combat le char restant [Firefly]. L'élément de commandement de l'escadron va alors apporter son appui à ce flanc jusqu'à ce que l'infanterie soit passée.»* Les chars ne progressent que lentement, car *«les tirs d'artillerie, de mitrailleuses, de mortiers et d'armes antichars de petit calibre sont constants et nourris».* Des sapeurs aident les chars à franchir le champ de mines et le fossé antichar, et des Flail viennent déloger les Allemands de leurs tranchées autour de Buron. Lorsque les vestiges de l'escadron atteignent un verger, du côté ouest de la ville, plusieurs chars allemands contre-attaquent : *«Toutefois, à 14 h, l'escadron, qui comprend quatre chars, se trouve sur la hauteur, sans appui d'infanterie. Il repousse les contre-attaques pendant trois heures, jusqu'à ce que l'infanterie vienne*

Les Sherbrooke Fusiliers emploient des chars pourvus d'un Flail, comme ceux-ci, pour déminer les tranchées devant Buron. C'est peut-être la première fois depuis l'époque de Guillaume le Conquérant qu'on se sert de chaînes comme armes offensives. (ANC, PA 129035)

Petit déjeuner au lendemain de la bataille. La lassitude manifeste se passe de commentaires. (ANC, PA 131399)

consolider la position.» Sur les 11 chars touchés, les mécaniciens de l'escadron en récupèrent sept. Pour leur part, les équipages estiment avoir éliminé trois Mark IV, deux canons de 88 mm, un canon automoteur de 75 mm, un canon antichar de 50 mm, sept mitrailleuses et un nombre indéterminé de fantassins.

Sur la droite de la 9e Brigade, le Stormont, Dundas and Glengarry Highlanders, qui accompagne l'Escadron B des Sherbrooke, livre un combat tout aussi difficile. Arrêté devant Gruchy, il est puissamment aidé par une vaillante intervention d'un détachement de porte-Bren du régiment de reconnaissance divisionnaire, le 17th Duke of York's Royal Canadian Hussars. Voyant les Glen en difficulté, les occupants de ces chenillettes porteuses d'armes légères pénètrent dans le village, leur audace prenant les défenseurs par surprise. Les North Nova se fraient de nouveau un chemin jusqu'à Authie, dont ils se sont déjà approchés il y a un mois. Au début de la soirée, la 7e Brigade dépasse les Highlanders. Les Canadian Scottish se dirigent vers Cussy, les Regina Rifles vers l'abbaye d'Ardenne. Les Allemands exercent parmi les deux bataillons leurs sanglants ravages habituels, mais en subissent tout autant. Ce soir-là, des observateurs du 13e Régiment d'artillerie de campagne dirigent une attaque livrée par le 438e Escadron de l'ARC. Les Typhoon piquent à 65 degrés, du sud au nord, vers le Château-de-Fontaine, pour larguer, dans un rugissement assourdissant, leurs bombes sur les troupes et les transports. Les artilleurs signalent que *«les dégâts infligés à l'ennemi sont colossaux»*.

Le soir, il ne reste guère plus d'une couple de bataillons de l'effectif d'infanterie combattante de la 12e SS, réduit par une pression impitoyable. Son officier des opérations demeure bien au-dessous de la réalité lorsqu'il note que *«la situation est extrêmement grave»*. Les survivants meurtris sont pratiquement encerclés, et le PC du 25e Régiment SS, dans l'abbaye, est directement menacé. Le commandant de division, Meyer, va se rendre compte sur place de la situation et, de retour à son propre PC, demande la permission de se replier sur l'autre rive de l'Orne, affirmant catégoriquement *«qu'il est impossible de tenir Caen avec ce qui reste de la division. Le corps d'armée rejette la proposition. L'ordre a été donné de tenir la ville à tout prix.»* En dépit des instructions de Hitler interdisant formellement de battre en retraite, la 12e SS doit partir, et Meyer replie aux abords de Caen les quelques hommes qui lui restent, abandonne l'abbaye à minuit, et envoie les armes lourdes de la division sur l'autre rive de l'Orne lorsque la permission de décrocher lui parvient enfin, quelques heures plus tard.

Au cours de la nuit, le major Lockie Fulton reçoit l'ordre d'aller enlever l'abbaye avec sa compagnie de Winnipeg Rifles. On comprendra que Fulton, qui présume que les Allemands tiennent encore l'endroit, soit interloqué : une compagnie pour prendre un objectif qui a victorieusement résisté à tout ce qu'on a lancé contre lui depuis un mois? Étant donné que les Regina Rifles et les Canadian Scottish combattent autour des murs nord de l'abbaye, Fulton décide d'aller personnellement reconnaître l'accès ouest. Au sein d'un calme trompeur, il s'approche d'une des portes massives de l'abbaye, qu'il ne peut s'empêcher d'ouvrir. Le cœur lui manque lorsqu'il aperçoit un char Panther juste à sa droite, puis il réalise que celui-ci a été abandonné, comme l'est elle-même toute cette partie de l'abbaye. Il revient sur ses pas et rend compte qu'il s'est emparé de la cour de l'abbaye.

Le lendemain matin, le 9 juillet, les Glen et un escadron de chars des Sherbrooke commencent à pénétrer dans Caen même. Les mines, les débris, le tir dévastateur de 88 judicieusement placés ainsi que de petits détachements d'Allemands se conjuguent pour les retarder. Mais, ayant dépassé la prison et l'hôpital, ils atteignent le centre de la ville et le champ de courses, près de l'Orne, où le bataillon se regroupe. Selon son commandant, le lieutenant-colonel G.H. Christiansen :

> À Caen, les soldats canadiens ont vu pour la première fois une population qui les accueille à bras ouverts. C'est ici, également, qu'ils ont rencontré les premiers membres authentiques de la Résistance. Au cours des vifs engagements avec des tireurs embusqués, les civils surgissaient invariablement des caves dès la première accalmie, apportant des roses et du vin aux soldats. Ceux-ci acceptaient les roses avec reconnaissance, mais la consommation de vin au combat avait été strictement interdite, et aucun soldat n'a enfreint cette règle.

Le bilan de la bataille est plutôt sombre. À lui seul, le Highland Light Infantry a perdu la moitié de ses troupes d'assaut. Dans *Bloody Buron*, un survivant racontera : *«Cette nuit-là, j'ai vu pleurer des hommes d'âge mûr. Ils n'avaient tenu le coup que par les nerfs.»* Un autre n'a *«rien mangé des deux jours suivants. Ça vous fiche une drôle de secousse, vous savez.»* Un troisième estime que *«ce n'est pas comme d'assister à la mort de quelqu'un dans la vie civile — je crois que ça vous affecte davantage. Au combat, il n'existe pas de sentiment pour décrire ça. On agit sous une tension physique et mentale extrême. C'est pourquoi la guerre est faite pour des gens jeunes — en fait, ça n'est pour personne.»*

Si la plupart des blessés se sont retrouvés en moins d'une heure dans un centre de traitement, ce n'est pas le cas de tous. Il est particulièrement difficile de trouver les soldats blessés au cours d'un combat nocturne, ou abandonnés dans un champ de blé où les tiges atteignent quatre à cinq pieds. Les brancardiers des unités suivent la bataille, recueillent les hommes qu'ils peuvent repérer et les amènent aux médecins de leur unité, qui les trient et les préparent à une évacuation ultérieure. Leur système de tri comporte trois catégories : les soldats

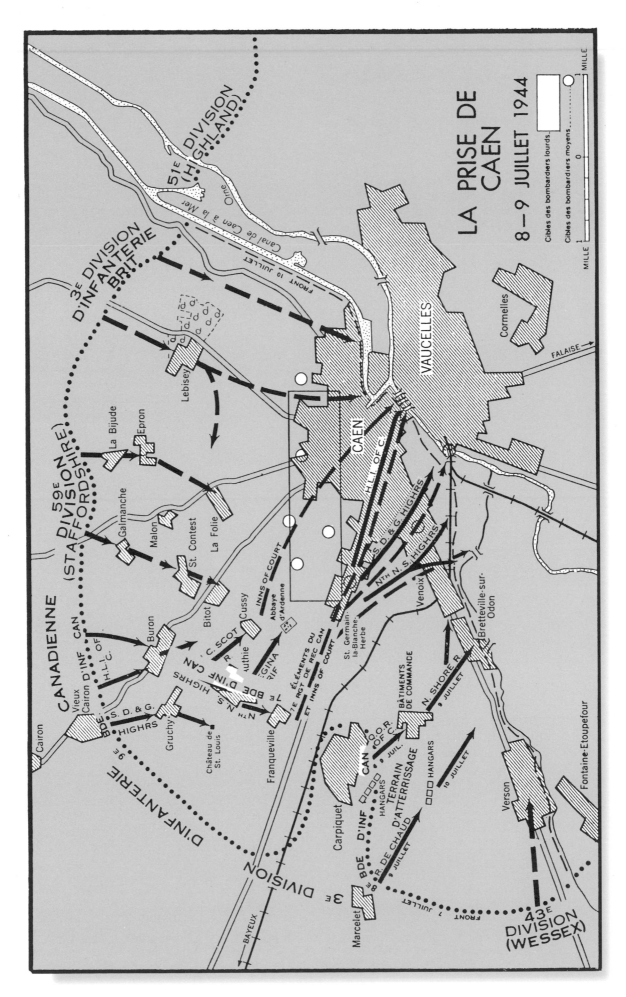

LA PRISE DE CAEN

8–9 JUILLET 1944

Cibles des bombardiers lourds
Cibles des bombardiers moyens

MILLE 1 0 1 MILLE

51E DIVISION (HIGHLAND)

3E DIVISION D'INFANTERIE BRIT.

59E DIVISION (STAFFORDSHIRE)

DIVISION CANADIENNE

9E D'INFANTERIE

3E DIVISION

43E DIVISION (WESSEX)

Canal de Caen a la Mer
Orne

Lebisey
La Bijude
Epron
Galmanche
Malon
St. Contest
La Folie
Buron
Bitot
Cussy
Abbaye d'Ardenne
Vieux Cairon
Cairon
Gruchy
Château de St. Louis
Franqueville
Marcelet
Carpiquet
Verson
Fontaine-Etoupefour
Bretteville-sur-Odon
Venoix
St. Germain-la-Blanche-Herbe

CAEN
VAUCELLES
Cormelles
FALAISE
BAYEUX

H.L.I. OF C.
C. SCOT R.
REGINA RIF.
7E BDE D'INF. CAN
NTH N.S. HIGHRS
ÉLÉMENTS DU 1E RGT DE REC CAN
ET INNS OF COURT
INNS OF COURT
NTH N.S. HIGHRS
S D & G. HIGHRS
H.L.I. OF C.
N.S. HIGHRS
BDE S. D. & G. HIGHRS
R.W.C.
N. SHORE R.
C.O.R. OF C.
BÂTIMENTS DE COMMANDE
HANGARS
TERRAIN D'ATTERRISSAGE
HANGARS
BDE D'INF CAN
R. DE CHAUD
8E BDE D'INF CAN

FRONT 10 JUILLET
FRONT 1 JUILLET
10 JUILLET
9 JUILLET
JUIL.

grièvement blessés et incapables de survivre à un long trajet, qu'on envoie en réanimation; ceux qu'il faut opérer d'urgence; enfin, les blessés légers.

C'est après des batailles comme celle-là que certains blessés voient les premières Canadiennes — infirmières ou bénévoles de la Croix-Rouge — qui commencent à arriver dans la tête de pont. L'une des bénévoles, Jean Ellis Wright, décrira sa rencontre avec des blessés qu'on a directement amenés à la tente d'admission :

Connie et moi distribuons des cigarettes et du café chaud aux patients qui ont subi un examen médical lorsque nous voyons sur la fiche de patient qu'ils portent au cou qu'ils ont la permission d'en consommer. Nous écrivons des centaines de lettres à leur femme, à leur petite amie ou à «Moman», telles que les garçons nous les dictent, et qui partiront par avion. Certains sont trop grièvement blessés pour dicter, alors nous prenons note du plus proche parent sur leur plaque d'identité et nous avisons celui-ci que le patient est en sûreté... et qu'il sera transféré en Angleterre dans les prochains jours. Nous déshabillons les nouveaux venus avec l'aide d'infirmiers et nous les mettons en pyjama. L'un des garçons demande où il est, puis il dit : «S'il vous plaît, enlevez-moi... mes bottes.» Il ne les a pas retirées depuis deux semaines, et ses chaussettes sont collées à l'intérieur. Je lui débarbouille le visage dans le petit bassin rempli d'eau, puis je lui lave les pieds. Il pousse un soupir de soulagement, ouvre les yeux et souffle : «Ahhh... Merci.» Un précieux moment. Certains veulent seulement raconter comment ils ont été blessés. Souvent, la simple proximité d'une jeune femme de la Croix-Rouge leur permet de se détendre, probablement parce qu'ils ne sont plus seuls. Les brancardiers travaillent sans cesse, inlassablement — faisant toujours preuve d'une telle douceur envers les garçons.

Ceux qui ont besoin d'une intervention chirurgicale sont dirigés dans une salle d'opération installée sous la tente. Une unité chirurgicale de campagne rapporte que *«les ventres constituent notre principal problème. Notre taux de mortalité est exceptionnellement faible et, sur les 19 patients que nous avons perdus, il n'y avait qu'un seul cas désespéré d'«abdomino-fessier» ayant subi des blessures multiples. Notre véritable inquiétude, ce sont les cas d'amputation traumatisante et, bien sûr, la gangrène des gaz.»* Le Dr Hillsman décrit de façon frappante son expérience de cette époque difficile :

De simples soldats, nous nous sommes transformés en vétérans aguerris. Nous avons vu les tragiques spectacles dont nous ne pourrons jamais nous libérer durant 10 longs mois. Des hommes à la tête fracassée et grise, dont la cervelle sale suinte des bords déchiquetés des os crâniens. Des jeunes qui ont un trou dans la poitrine et qui essaient désespérément de respirer en produisant un affreux bruit de succion. Des soldats dont les intestins

répandent des matières fécales sur leur paroi abdominale ou auxquels des explosifs brisants ont réduit les boyaux en une bouillie sanglante. Des jambes mortes et nauséabondes — mais qui portent encore une chaussure boueuse. Des planchers de salle d'opération qu'il faut récurer au lysol pour débarrasser la salle de l'odeur infecte de la chair morte. Du sang rouge qui coule et se répand, alors que la vie ne tient qu'à un fil. Des garçons qui vous arrivent avec le sourire et meurent sur la table d'opération. D'autres qui vivent assez longtemps pour qu'on apprenne leur nom, puis qu'on évacue dans des camions débordant de cadavres. Nous avons appris à travailler pendant que l'artillerie lourde agite et soulève les minces parois de notre tente, et à ne pas trop serrer les tendeurs de celle-ci, afin que les éclats d'obus antiaériens rebondissent sans mal sur la toile pour retomber sur le sol. Nous avons absorbé d'amères connaissances qu'aucun homme n'a jamais pu décrire, car elles ne s'acquièrent que par l'expérience.

Aux aumôniers revient la tâche macabre consistant à s'occuper de la dépouille de ceux pour lesquels les chirurgiens ne peuvent plus rien. Celui du Highland Light Infantry, J. Anderson, en parle dans *Bloody Buron* :

Il n'y avait pas d'entrepreneur de pompes funèbres — nous nous occupions généralement de l'inhumation. Pourtant, à Buron, il n'y avait pas moyen d'en venir à bout. J'ai dû revenir à bord d'un camion de trois tonnes, et j'ai pris avec moi un homme de chaque compagnie. Nous passions toute la journée à les recueillir. Pas pour les inhumer, mais pour les renvoyer à Beny-sur-Mer. Les aumôniers de là-bas verraient à les enterrer. Nous prenions une plaque d'identité et laissions l'autre, puis nous enveloppions le cadavre dans une couverture. Nous avons fini par manquer de couvertures.

Je suis allé voir notre échelon de l'arrière. Toutes disparues. J'ai continué plus loin jusqu'à la division. Lorsque j'ai demandé des couvertures, un commis m'a hérissé en me disant que nous en utilisions trop. J'étais furieux — fou de rage —, alors je suis entré dans la grande tente divisionnaire, et je les ai tous engueulés — puis je me suis mis à pleurer.

On m'a déposé sur une civière, avec une fiche sur laquelle on avait écrit «Épuisement au combat — Renvoyer en Angleterre». J'ai envoyé chercher le chef aumônier et j'ai dissimulé la fiche. Il m'a renvoyé à Caen.

Ce soir-là, on m'a rattrapé. On m'a placé aux arrêts de rigueur et amené devant le colonel de l'ambulance de campagne. «Ne me renvoyez pas, l'ai-je imploré, sinon, je serai VRAIMENT un homme brisé!» On m'a donné un mot pour le médecin, qui m'a endormi pour 24 heures. Pas moyen de «fiche le camp de Caen» — mais ça m'a permis de voir que tout le monde peut flancher.

Des infirmières et des membres de la Croix-Rouge arrivent dans la tête de pont en juillet. Certains de leurs patients «veulent seulement raconter comment ils ont été blessés. Souvent, la simple proximité d'une jeune femme de la Croix-Rouge leur permet de se détendre, probablement parce qu'ils ne sont plus seuls.» (ANC, PA 108174)

Membres d'un commando de plage de la MRC prenant leurs aises dans un bunker. Remarquez le hamac et le mélange de tenues de l'armée et de la marine. Cette unité spécialisée doit gérer l'arrivée des renforts (humains et matériels), le débarquement, la circulation et les communications sur une plage. Même si ses membres auraient aimé être en Normandie dès le début, ils ne pourront s'y rendre avant la mi-juillet. (ANC, PA 180822)

Même dans un camp de repos, la sécurité peut s'avérer illusoire. Une semaine après CHARNWOOD, les tankistes des Sherbrooke se replient dans une certaine «Happy Valley*» pour goûter une pause bien méritée :

Le dimanche 16 juillet 1944, tous les officiers, à l'exception de l'officier de service, partagent le plaisir d'une réception au PC de la 2ᵉ Brigade blindée, leur première occasion de rencontrer d'autres officiers de la brigade depuis plusieurs semaines. Ils constatent que des changements marqués et frappants ont eu lieu.

Deux jours plus tard, *«l'ombre de la mort est passée sur Happy Valley... sous la forme de mortiers de 21 cm qui nous ont fait perdre cinq officiers et 26 hommes de troupes. Pendant ces quelques minutes, nous avons perdu plus d'hommes qu'au cours d'une journée normale de combats.»*

Ces événements sont suivis d'un épilogue tout aussi macabre. Plusieurs mois après que les Canadiens ont atteint l'abbaye d'Ardenne, les propriétaires y reviennent et remarquent de petites fleurs, des perce-neige, poussant dans un jardin enclos où il n'y en avait pas auparavant. Ayant creusé le sol, qui s'est tassé de façon inhabituelle, ils y trouvent des cadavres humains. Ils préviennent les autorités, et un officier d'enregistrement des tombes vient procéder à des fouilles. Il découvre les corps de 18 soldats canadiens. Les ayant fait exhumer, il les soumet à l'examen d'un pathologiste, qui conclut que certains sont morts de blessures par balles infligées de très près, d'autres de blessures multiples par balles, et d'autres encore de coups portés à la tête. Leurs plaques d'identité permettent de les identifier comme des soldats portés disparus depuis les combats des 7 et 8 juin.

Depuis le jour J, il est souvent arrivé qu'on fasse état de meurtres, tant au sein de la 3ᵉ Division que chez les Allemands, chaque camp accusant l'autre de s'être engagé sur la pente tragique de l'infamie en refusant de faire des prisonniers. Tirer sur un ennemi immédiatement après un combat est une chose; tuer quelqu'un de sang-froid alors qu'il est prisonnier est

tout à fait différent. Quelques heures à peine après le désastre du Mesnil-Patry, le sergent-major Martin, qui commande une patrouille dans le secteur, déclare à son retour avoir trouvé les corps entassés de six de ses hommes atteints de balles à la tête. Des soldats canadiens disparus qui ont échappé à leurs gardiens et rejoint leur unité révéleront d'autres cas.

Par exemple, une semaine après avoir été fait prisonnier au Mesnil-Patry, le sergent Payne, du 1st Hussars, est revenu raconter une histoire à faire dresser les cheveux sur la tête. Il avait été légèrement blessé et, après son interrogatoire et celui de deux de ses camarades, un garde leur a tiré dans le dos. Payne a feint d'être mort, demeurant trois jours dans un fossé avant que les Allemands s'en aillent. Il s'est alors éloigné en rampant avec circonspection. «De nombreuses histoires ont commencé à circuler dans le secteur du régiment sur d'autres occasions où les Allemands auraient tiré dans le dos des prisonniers, lit-on dans l'histoire des Hussars, et de telles ignominies mettent les soldats dans une rage folle.» Vers la même époque, un officier canadien servant dans un bataillon britannique, et qui a été sergent chez les Winnipeg avant d'obtenir sa commission, signale qu'il a découvert les corps de fusiliers du Winnipeg Rifles qui semblent avoir été abattus alors qu'ils étaient prisonniers près de Putot-en-Bessin, où ils ont été capturés. Une famille française du Château d'Ardrieu, non loin de là, en a trouvé d'autres.

À cause de cette avalanche de rapports, on décidera de nommer un tribunal d'enquête de haute instance qui se livrera à des investigations sur la question. Ce tribunal finira par conclure qu'au cours de la période de 10 jours s'étendant du 7 au 17 juin 1944, 134 Canadiens ont été assassinés par des soldats de la 12ᵉ Division de Panzer SS. On a tiré sur trois autres, qui ont été blessés, mais qui, comme le sergent Payne, ont pu s'enfuir pour raconter leur effroyable histoire. Ces meurtres impliquaient plusieurs Allemands dans des endroits occupés par les 25ᵉ et 26ᵉ Régiments de Panzergrenadiere SS, et les commandants de ces deux régiments seront jugés responsables des actes des soldats placés sous leur commandement.

---

*   Littéralement «la vallée heureuse», désignation conventionnelle d'un endroit de repos. *(N.D.T.)*

CHAPITRE V

JUIN À AOÛT : LA GUERRE DES CANADIENS EN MER

L'invasion ne consiste pas simplement à débarquer des troupes sur des plages hostiles.
(Kenneth Edwards, *Operation Neptune*)

Pendant que les soldats canadiens cherchent à agrandir la tête de pont de Normandie, certains de leurs compatriotes combattent sur mer et dans les airs pour protéger les voies de ravitaillement qui les relient à la Grande-Bretagne. Le seul moyen de garantir un flot ininterrompu de munitions, de carburant, de vivres et d'autres approvisionnements — tous nécessaires au succès des combats terrestres — consiste à conquérir la maîtrise de la Manche et des mers avoisinantes, du Pas-de-Calais au golfe de Gascogne. Les unités navales et les unités d'aviation maritime canadiennes participent à tous les aspects des opérations qui donneront aux Alliés la domination intégrale des mers.

Dans le cadre de l'opération OVERLORD, les forces navales sont commandées par l'amiral Bertram Ramsay, qui a supervisé la planification des opérations de la marine et qui, à partir de juin, assume la direction générale de toutes les forces maritimes prenant part à l'invasion. Sous sa direction, deux amiraux commandant la Force de l'Est et la Force de l'Ouest — dont l'un est britannique, et l'autre américain — sont responsables de la défense maritime du secteur d'assaut, tandis que, dans la Manche et aux abords de la Grande-Bretagne, des commandants de la marine et de l'aviation dirigent les opérations locales dans leurs zones respectives de responsabilité.

Les forces navales canadiennes qui participent à la campagne maritime y sont bien préparées. Contrairement aux soldats, dont l'entraînement ne peut qu'imparfaitement imiter les opérations réelles,

les marins de la MRC et les aviateurs de l'ARC ont accumulé, avant l'opération OVERLORD, une expérience opérationnelle inestimable au cours de trois ou quatre années de combats dans l'Atlantique Nord, l'un des milieux les plus éprouvants qu'on puisse imaginer. Par exemple, les capitaines des navires de guerre de la MRC qui jouent un rôle dans l'invasion ont en moyenne 16 mois d'expérience du commandement, en plus d'avoir passé un temps considérable en mer avant d'obtenir leur propre bâtiment. De même, les aviateurs du Coastal Command ont accumulé des centaines d'heures de vol au cours de missions dirigées contre des sous-marins ou des navires marchands. Par rapport à leurs adversaires, ils disposent de meilleurs moyens de communications, de renseignements et de commandement. En tout temps, les Alliés pourront déchiffrer d'avance les intentions des Allemands et coordonner leur réaction en conséquence.

Au cours de l'opération OVERLORD, les marins et les aviateurs canadiens livrent une guerre de petites unités. Les plus grandes formations qu'ils dirigent sont des flottilles de huit navires ou des escadrons de 16 appareils, et ce n'est qu'en de rares occasions que de tels rassemblements ont lieu. En règle générale, les engagements se résument à des affrontements brefs, violents et intenses — presque toujours nocturnes — avec un petit nombre d'engins ennemis insaisissables. Lors des combats des forces maritimes impliquées dans l'opération OVERLORD, l'expérience, la puissance et l'effet de surprise, qui sont presque toujours du côté allié, s'avèrent des facteurs essentiels.

Les U-Boot constituent l'arme la plus dangereuse de l'Allemagne, et le principal danger qu'affrontent les navires marchands ravitaillant la tête de pont de Normandie. Ces écumeurs sous-marins sont organisés en deux groupes : 22 se trouvent dans des ports du sud de la Norvège, et 36 dans des ports du golfe de Gascogne. Ces derniers n'ont pu appareiller à temps pour intercepter les forces d'assaut de l'opération NEPTUNE. De plus, 17 autres ont quitté la Norvège pour se diriger vers l'Atlantique mais, à l'insu de leur commandant, l'amiral Dönitz, cinq d'entre eux ont déjà été coulés par des patrouilles aériennes du Coastal Command, dont l'un par le 162e Escadron de l'ARC. Quinze de tous ces U-Boot sont équipés d'un schnorkel. Il s'agit d'un dispositif de création récente que le sous-marin peut élever au-dessus de la surface pour s'approvisionner en air frais et évacuer ses gaz d'échappement tout en demeurant lui-même en immersion périscopique. Il permet donc à un U-Boot d'utiliser ses diesels, qui ont besoin d'air pour fonctionner, et de recharger ses accumulateurs, sans avoir à faire surface. Il peut ainsi éviter les avions de patrouille équipés de radars, ses plus mortels adversaires.

Afin d'empêcher les sous-marins allemands d'approcher du Goulot — l'ensemble des principales routes maritimes qui, à travers la Manche, mènent à la tête de pont — les planificateurs de l'opération NEPTUNE ont dressé, dans l'ouest de la Manche, une «clôture à l'épreuve de l'escalade». Des groupes de chasse navals, dont les groupes d'escorte (GE) 11 et 12 de la MRC, se concentrent au large de l'île d'Ouessant et, dans la Manche, sur les lignes Plymouth/Île-de-Batz et Portland/Cap-de-la-Hague. Plus au large, six autres groupes, dont le GE 6 et le GE 9 canadiens, gardent les approches occidentales de la Manche, patrouillant à environ 200 kilomètres à l'ouest de Land's End. Vingt et un escadrons de patrouille maritime du 19e Groupe du Coastal Command, dont le 407e, le 422e et le 423e de l'ARC, sont chargés de tendre les barbelés couronnant la clôture. Leur domination de l'espace aérien, du sud de l'Irlande au golfe de Gascogne, est telle que chaque position est survolée au moins une fois par demi-heure, 24 heures sur 24. Enfin, au nord des îles britanniques, les escadrons du Coastal Command effectuent également des patrouilles pour surprendre les U-Boot de renfort venus de Norvège.

Lorsque l'amiral Dönitz est informé de l'invasion, il ordonne immédiatement aux sous-marins des ports du golfe de Gascogne de prendre la mer. Les huit bâtiments dotés d'un schnorkel mettent le cap vers le secteur du débarquement. En dépit de leur vulnérabilité, neuf des bâtiments standard se dirigent également vers le littoral anglais, ayant reçu l'ordre d'avancer de nuit en surface à leur vitesse maximum. Toujours abusé par l'opération FORTITUDE, Dönitz déploie ses bâtiments restants le long de la côte du golfe de Gascogne pour se protéger de l'assaut auquel il s'attend à cet endroit, tandis que les sous-marins de Norvège se tiennent prêts à intervenir en cas de débarquement sur cette côte.

Les patrouilles aériennes alliées font des ravages parmi les U-Boot qui s'approchent. La nuit du 6 au 7 juin, elles en détruisent deux, et six autres, dont un est équipé d'un schnorkel, font demi-tour après avoir été endommagés. Devant de telles pertes, Dönitz interdit la navigation en surface à grande vitesse. Néanmoins, la nuit suivante, les avions détruisent deux autres bâtiments en surface, et en endommagent deux de plus. Le 10 juin, le commandement des U-Boot rappelle tous ses bâtiments croisant dans la Manche, à l'exception de ceux qui sont pourvus d'un schnorkel.

Les trois escadrons de patrouille maritime de l'ARC basés dans le sud-ouest de l'Angleterre ne prennent qu'une part indirecte à ces premiers affrontements, car leurs secteurs d'opération ne se trouvent pas au-dessus des principales routes allemandes de la Manche. Un Wellington du 407e Escadron se livre bien à une attaque, mais il est abattu. Par ailleurs, la nuit du 7 au 8 juin, le lieutenant d'aviation Ken Moore, un membre de l'ARC qui pilote des Liberator dans le 224e Escadron de la RAF, réussit à couler deux U-Boot. Avec un remarquable brio, Moore et son équipage, composé d'une majorité de Canadiens, livrent deux attaques meurtrières en 22

«Deux attaques meurtrières en vingt-deux minutes.» Le lieutenant d'aviation Ken Moore raconte à sa mascotte comment son équipage a détruit deux U-Boot la nuit du 7 au 8 juin. (MDN, PL 28003)

De jour ou de nuit, les U-Boot qui naviguent en surface sont extrêmement vulnérables aux attaques des avions de patrouille maritime. Ici, un chapelet de grenades sous-marines vient entourer un sous-marin. (MDN, PL 25259)

minutes. Le radar détecte chaque U-Boot à une dizaine de kilomètres, ce qui permet à Moore de préparer une bonne approche et de surprendre sa proie. Un bombardement de précision fait le reste. L'*U-629* se désintègre littéralement dans l'explosion de six grenades sous-marines. L'*U-373*, en recevant celles qui lui sont destinées, se dresse presque à la verticale avant de s'enfoncer sous les eaux, qui se referment sur lui à jamais.

Pendant ce temps, les groupes d'escorte navale réussissent à empêcher les U-Boot de s'approcher des principales routes de navigation marchande qui longent le littoral anglais ou traversent la Manche. Les escorteurs eux-mêmes ne sont pas à l'abri d'audacieux commandants de U-Boot. Le lieutenant-commander Alan Easton, de la RMRC, commande le NCSM *Saskatchewan*, qui appartient au GE 12. Il racontera dans ses mémoires, *50 North*, que le soir du 7 juin, où son groupe patrouille au nord-est d'Ouessant, lui rappelle une «*excursion estivale*» :

... nous glissons tous les quatre sur une ligne de front, à l'affût du son des U-Boot sous la mer paisible. C'est comme si on traînait un filet dans l'eau, bien tendu entre les bateaux, pour attraper les grosses pièces tout en laissant passer le fretin. Mais le filet ne pend pas toujours de la manière voulue; les gradients de température sont parfois un obstacle.

En fin de soirée, toutefois, «*on entend un sourd grondement, dans lequel on peut facilement reconnaître le bruit d'une explosion sous-marine*». Présumant qu'une torpille vient de toucher le fond ou a explosé prématurément, les équipages du GE 12 scrutent la mer, mais ne voient ni n'entendent rien d'autre. Une heure plus tard, une violente détonation ébranle le *Saskatchewan* et, à 70 mètres de sa hanche bâbord, «*une énorme colonne d'eau s'élève d'une centaine de mètres dans les airs*», une torpille a explosé juste avant d'atteindre le destroyer. Par «*un miracle*», selon Easton, «*cet engin pisciforme ultra-rapide a sauté tout seul, quatre secondes à peine avant d'aller ravager les entrailles de sa cible*». Les destroyers poursuivent leur chasse le reste de la nuit et la matinée du lendemain. Pendant ce temps, deux autres torpilles explosent à proximité, et une troisième manque de peu le *Skeena*. Easton décrit ainsi sa frustration :

Où est donc l'ennemi qui cherche aussi obstinément à nous couler? Où sont les autres U-Boot? Nous n'en avons pas la moindre idée. Nous savons seulement que celui qui nous attaque se trouve probablement à environ un mille. L'asdic ne peut rien capter, sauf des échos inutiles. C'est tout bonnement exaspérant. Voilà un sous-marin qui navigue pratiquement sous nos pieds et, malgré notre navire anti-sous-marin ultra-moderne, nous sommes parfaitement incapables de le dénicher.

L'impossibilité où se trouve le GE 12 de découvrir ses chasseurs — il a affaire, en fait, à deux U-Boot, dont l'un signalera avoir coulé deux destroyers —

tient aux conditions de lutte anti-sous-marine qui règnent dans la Manche, un facteur dont les Alliés et les Allemands commencent tout juste à se rendre compte. De puissants courants de marée et des gradients de température élevés y aveuglent souvent le sonar, principal dispositif de recherche sous-marine des marines alliées. En outre, les U-Boot peuvent se dissimuler entre les nombreuses épaves qui jonchent le fond. Pour des équipages anti-sous-marins habitués à l'Atlantique Nord, il s'agit d'un type de guerre tout à fait nouveau.

Malgré tout, la tâche principale des navires de guerre de surface, la protection de la marine marchande, connaît un succès notable. Au cours des deux premières semaines suivant le jour J, les U-Boot, qui osent rarement livrer des attaques soutenues sous le nez des patrouilles navales et aériennes omniprésentes, ne coulent que quatre transports et deux escorteurs. Ces petites victoires leur coûtent d'ailleurs fort cher, car ils perdent 20 des leurs dans la Manche ou à l'entrée de celle-ci. Ces sous-marins ont tous été victimes d'attaques aériennes. À lui seul, le 162e Escadron de l'ARC, qui patrouille les routes allemandes partant de Norvège, détruit cinq sous-marins ou participe à leur destruction.

La traversée d'un U-Boot parti de Norvège ilustre bien les épreuves qui attendent les Allemands. Le 8 juin, l'*U-971*, un engin à schnorkel commandé par le lieutenant Walter Zeplien, quitte Kristiansund, en Norvège, pour sa première patrouille, avec ordre de gagner Brest. Le 15, il repousse les attaques d'un Sunderland alors qu'il navigue en surface au nord-ouest des Shetlands. Le lendemain, Zeplien reçoit de nouveaux ordres, selon lesquels il doit se rendre directement dans la Manche.

La nuit du 20 juin, un Wellington du 407e Escadron, piloté par le lieutenant d'aviation Frederick H. Foster, repère l'*U-971* à la surface, au sud-ouest de Land's End. Selon le rapport du 407e, l'avion vole vers le sud à 60 mètres d'altitude, à la poursuite d'un contact radar, lorsque :

... le capitaine et le copilote aperçoivent d'abord le sillage d'un U-Boot, puis le bâtiment lui-même, complètement en surface, qui suit un cap de 90° à une vitesse de 15 nœuds. Le capitaine vire immédiatement de nouveau sur bâbord pour dépasser le sous-marin, et effectue son approche finale sur un cap de 130°-140°. À 23 h 37, six grenades sous-marines réglées sur 14 à 18 pieds et espacées de 60 pieds sont larguées à 100 pieds d'altitude, à peu près dans le 125°. Se trouvant à bâbord de l'U-Boot, le mitrailleur arrière peut voir les six grenades pénétrer dans l'eau, deux sur bâbord, à peu près vis-à-vis du kiosque, et quatre sur tribord; les numéros deux et trois sont tombées près de la coque. Il assiste ensuite à l'explosion, juste derrière le kiosque, qui est clairement visible en avant du panache projeté par les grenades. Lorsque l'avion survole le sous-marin, le mitrailleur

arrière tire 400 cartouches et il voit ses balles ricocher sur le bâtiment.

Foster et son équipage regagnent leur base après avoir durement secoué l'*U-971* et endommagé trois de ses tubes lance-torpilles. L'U-Boot poursuit sa route vers l'est mais, le lendemain, un Sunderland et un Halifax l'attaquent à leur tour, lui occasionnant d'autres avaries.

Le 24 juin, lorsque Zeplien lance contre des navires de guerre deux torpilles qu'il croit intactes, l'une d'elles refuse tout service, et l'autre se met à «chauffer», c'est-à-dire que son hélice commence à tourner, mais que l'engin ne s'éjecte pas du tube, une situation terrifiante pour les sous-mariniers. Zeplien conclut alors qu'il est *parfaitement inutile de tenter d'opérer dans ce secteur* et met le cap sur Brest.

L'*U-971* n'atteindra jamais sa destination. Le 24 juin, les marins du NCSM *Haida* et du HMS *Eskimo*, qui patrouillent au nord-ouest d'Ouessant, voient une patrouille de Liberator attaquer un contact non loin d'eux. Les deux navires se rapprochent, et l'*Eskimo* détecte bientôt l'*U-971* au sonar. Au cours des trois heures qui suivent, les deux destroyers livrent neuf attaques aux grenades sous-marines, dont sept sont l'œuvre de l'*Eskimo*, sous la direction du *Haida*. Après la dernière de ces attaques, une scène bizarre se déroule au fond de la mer :

Zeplien décide que sa position est désespérée. Son diesel de tribord étant hors de service, il ne peut plus avancer en plongée, à cause de l'absence de courant électrique, et il a tout juste assez d'air pour faire surface. Il ordonne donc la destruction de tous les appareils et les documents secrets. Il fait ensuite distribuer à tous ses hommes une bouteille de bière qu'ils boivent avec de l'eau jusqu'aux genoux. Les ayant rassemblés dans le poste central, il leur dévoile ses intentions et les remercie de leur loyauté. L'U-971 chasse alors aux ballasts et fait surface.

Le *Haida* vient tout juste d'entamer une autre attaque aux grenades sous-marines lorsque le sous-marin crève la surface entre lui et l'*Eskimo*. Le destroyer britannique met route en arrière pour dégager le champ de tir du *Haida*, et, lorsque les Allemands abandonnent le navire, les Canadiens lancent deux obus de 4,7 pouces sur le kiosque. Les deux destroyers mettent des embarcations à l'eau pour tenter de sauver l'U-Boot, mais Zeplien a sabordé son *U-971* en ouvrant les robinets de prise d'eau à la mer.

Les plus puissants navires de surface que la Kriegsmarine peut lancer contre l'invasion sont quelques destroyers dotés d'un armement lourd. Rapides et puissamment armés, ils peuvent ravager en un clin d'œil des formations entières de bâtiments de transport ou de débarquement, lents et dépourvus de blindage. Sur le flanc occidental, quatre de ces navires de guerre sont basés dans le golfe de Gascogne. Ils ne menacent pas la tête de pont, mais peuvent attaquer les convois vulnérables qui franchissent la Manche. La tâche de les contenir échoit à la 10e Flottille de destroyers du Plymouth Command — le quartier général combiné dirigeant les opérations maritimes dans l'ouest de la Manche — qui comprend les NCSM *Haida* et *Huron*, et au 19e Groupe du Coastal Command, qui comprend le 404e Escadron de l'ARC.

Le jour J, les Allemands ordonnent aux trois destroyers basés dans la partie méridionale du golfe de Gascogne, le *Z-32*, le *Z-24* et le *ZH-1*, d'aller rejoindre le torpilleur *T-24*, à Brest, pour se lancer à l'attaque dans la Manche. Les cryptographes alliés déchiffrent ces ordres, et 30 Bristol Beaufighter — dont 16 du 404e Escadron de l'ARC et 14 du 144e Escadron de la RAF — décollent de Davidstow Moor, en Cornouailles, pour intercepter les navires ennemis. Ayant repéré ceux-ci, le 6 juin, à 20 h 30, les chasseurs-bombardiers se séparent pour attaquer avec le soleil couchant dans le dos. Le 404e livre le gros de l'attaque, avec ses roquettes, alors que le 144e se sert de ses canons et de ses mitrailleuses pour réduire au silence l'artillerie antiaérienne. Les deux escadrons touchent leurs cibles mais, en dépit des prétentions exagérées des aviateurs, les destroyers ne subissent que des dégâts légers. Aucun des avions n'a été abattu par le barrage antiaérien nourri. Une deuxième attaque donne des résultats semblables, mais un Beaufighter du 404e doit faire un amerrissage forcé. Lorsque les destroyers atteignent Brest, on répare leurs avaries, on les pourvoit d'armes antiaériennes supplémentaires et on y charge d'autres torpilles destinées aux vedettes lance-torpilles basées à Cherbourg. Le 8 juin, après la tombée de la nuit, la flottille se met en route pour une remontée de la Manche que son vieux loup de mer de commandant, le capitaine baron von Bechtolsheim, prévoit périlleuse.

Il n'a pas tort. Encore une fois, les services de renseignements alliés ont déchiffré le cap prévu de la force allemande, et les huit bâtiments de la 10e Flottille de destroyers, qui se trouvent au nord de l'Île-de-Batz, se servent de leur radar perfectionné pour surprendre les Allemands. L'ennemi vire de bord et lance des torpilles, mais la 10e Flottille, s'avançant sur une ligne de front, fonce au milieu des bâtiments ennemis avant que ceux-ci ne puissent s'échapper. Un combat nocturne débute alors dans une confusion typique. Dès le début de l'affrontement, deux destroyers, l'un britannique et l'autre allemand, sont gravement endommagés. Quatre navires polonais et britanniques aux équipages inexpérimentés perdent le contact. Il ne reste donc plus que trois bâtiments alliés, ce qui rétablit l'équilibre des chances. La victoire dépend maintenant des navires alliés aux équipages aguerris, dont le *Haida* et le *Huron*.

Les destroyers canadiens disposent d'un équipement moderne et d'équipages expérimentés et bien entraînés qui ont beaucoup appris à l'occasion de leurs difficiles missions dans la Manche et auprès

«Un officier exceptionnel, non seulement par sa compétence, mais également par son esprit combatif.» Au cours de la bataille de destroyers de la nuit du 8 au 9 juin, le commander H.G. DeWolf, qu'on aperçoit au centre en train de raconter les résultats d'une patrouille nocturne, a refusé d'abandonner la poursuite du **Z-32**. (ANC, PA 180384)

«Bechtolsheim n'a d'autre recours que d'échouer son navire sur l'Île-de-Batz, non loin de là.»
(MDN, CN 6870)

des convois russes. Ils sont dirigés par le commandant du *Haida*, le commander H.G. DeWolf, un homme paisible, mais déterminé, qu'on a décrit comme *«un officier exceptionnel, non seulement par sa compétence, mais également par son esprit combatif. En outre, il possède ce don inestimable de la fortune... grâce auquel il y a toujours un objectif dans quelque secteur que ce soit où on lui a ordonné d'opérer.»*

Le *Haida* et le *Huron* livrent deux longs combats mobiles. Au cours du premier, ils poursuivent le *Z-24* et le *T-24* vers le sud-ouest, dans la direction de Brest. Une mer de l'avant et des rafales de pluie limitent la visibilité et nuisent au bon fonctionnement du radar mais, alors que les navires canadiens semblent devoir au moins rattraper le *T-24*, plus lent, les Allemands pénètrent dans un champ de mines allié que les Canadiens ont reçu l'ordre d'éviter. Pendant que le *Haida* et le *Huron* prennent le temps de contourner la zone dangereuse, les deux navires de guerre allemands traversent celle-ci sans encombre et, ayant ainsi creusé leur écart, disparaissent bientôt des écrans radar des Tribal. Frustré, DeWolf met fin à la poursuite et, virant de bord, s'en va rejoindre le reste de la force.

Faisant route vers le nord-est, les navires canadiens établissent un contact radar qui finira par s'avérer être le navire de commandement de la flottille, le *Z-32*. Une autre longue chasse débute lorsque le *Haida* et le *Huron* se lancent à la poursuite de l'ennemi sur un cap nord-est. Ils touchent le *Z-32* à grande distance mais, à 3 h 11, le même champ de mines vient de nouveau au secours de l'ennemi. Encore une fois, les navires canadiens perdent du terrain, pendant que les Allemands traversent impunément le secteur miné. Pourtant, cette fois, DeWolf continue la poursuite et, à 4 h 12, sa persévérance est récompensée par un contact se dirigeant vers l'ouest. Bechtolsheim, qui préfère ne pas tenter les avions alliés au lever du jour, a décidé de regagner Brest, bien qu'il soupçonne que des navires de guerre lui barrent la route. À 4 h 44, le *Haida* et le *Huron* ouvrent le feu à une distance de 6 000 mètres. De minute en minute, huit à 10 salves précises d'obus de 4,7 pouces quittent chacun des navires en rugissant et, à 5 h 13, le *Z-32* est si gravement endommagé que Von Bechtolsheim n'a d'autre recours que de l'échouer sur l'Île-de-Batz, non loin de là. Il ne reste plus qu'un seul destroyer allemand sur le flanc ouest de la tête de pont et, ainsi isolé, il ne peut plus faire grand-chose.

Entre-temps, sur le flanc est, plus de 200 bombardiers Lancaster de la RAF ont effectué un raid sur Le Havre, pendant la nuit du 14 au 15 juin, y détruisant trois destroyers, 15 vedettes lance-torpilles, sept dragueurs de mines et quantité de bâtiments de plus petit tonnage, moyennant la perte d'un seul bombardier. La nuit suivante, la base de vedettes lance-torpilles de Boulogne a droit au même traitement. Par ces deux raids, les avions alliés viennent de paralyser les forces navales de surface des Allemands dans l'est de la Manche.

À la fin de juin, les forces navales et aériennes alliées ont mis à l'abri des attaques ennemies la tête de pont de Normandie. Les opérations allemandes contre le flanc occidental de celle-ci prennent fin lorsque Cherbourg tombe entre les mains des Américains. Sur le flanc oriental, elles ne se limitent plus qu'à des raids de harcèlement. Maintenant que la marine et l'aviation ont remporté la bataille défensive, elles passent à l'offensive. Elles ont maintenant pour objectif la destruction des navires allemands qui transportent des hommes et des approvisionnements le long des deux flancs.

La 29e Flottille de torpilleurs accueille ce changement avec joie. Ainsi que le racontera le lieutenant-commander Tony Law après la guerre, elle paie maintenant le prix du programme épuisant de patrouilles de défense du mouillage qui se poursuit depuis le jour J :

Les officiers et les hommes d'équipage commencent à accuser la tension provoquée par des mois d'opérations éreintantes, qui, combinée avec l'irrégularité des repas, a fait perdre du poids à un grand nombre d'entre eux. La 29e est lasse de se battre, et nous commençons à croire que nous ne pourrons pas supporter bien plus longtemps ces conditions éprouvantes : des mines qui sautent, des batteries côtières qui nous tirent dessus, et des bombardiers en piqué qui, tels de rageuses chauves-souris, surgissent en rugissant de la nuit et nous flanquent une sainte frousse. Au large de la baie de la Seine, nous avons vécu des nuits de pure terreur, remplies d'engagements rapprochés d'une violence sauvage. Le personnel de la 29e est tourmenté par des craintes horribles et obsédantes, et les bâtiments, pratiquement démolis par leur tâche ardue de défense du mouillage, ont grand besoin de réparations.

Au début de juillet, la 29e se joint aux flottilles de torpilleurs britanniques et américaines qui interceptent, à l'est de la tête de pont, les navires marchands ennemis longeant les hautes falaises de craie qui bordent la baie de la Seine entre Le Havre et le cap d'Antifer. Les batteries côtières, les mines et les avions constituent un danger permanent. Ils anéantiront trois navires canadiens et une partie de leur équipage. Les cinq échauffourées de ces flottilles avec le «train de nuit», c'est-à-dire des chalutiers armés transportant des approvisionnements à partir du Havre ou à destination de celui-ci, seront légèrement moins dangereuses, mais plus spectaculaires. Aucun des deux côtés ne coulera de navires, mais ils essuieront tous deux des pertes.

L'expérience des torpilleurs et des destroyers de la MRC sur le flanc maritime occidental est complètement différente. Parce que l'ennemi a peu de navires de combat dans ce secteur, ils ont plus de possibilités de se livrer à des opérations offensives indépendantes, particulièrement après la prise de

Au cours de l'opération OVERLORD, les Bristol Beaufighter porteurs de roquettes du 404ᵉ Escadron de l'ARC font des ravages dans la marine marchande allemande. Ici, ils tirent sur un navire marchand et un groupe de dragueurs de mines. (MDN, PL 33496, PMR92-580 et PMR92-581)

Cherbourg par l'armée de terre américaine. Basées autour de Plymouth, idéalement placées pour attaquer tout le long des routes marchandes de l'ennemi qui côtoient le littoral accidenté du nord de la Bretagne, la 65e Flottille de torpilleurs et la 10e Flottille de destroyers livreront maints et maints combats.

Durant les premières semaines de l'opération NEPTUNE, la 65e Flottille de torpilleurs effectue surtout des patrouilles défensives le long de la côte méridionale de l'Angleterre, y attendant des vedettes lance-torpilles allemandes qui ne se montreront jamais. Lorsqu'il devient évident que les Allemands concentrent leurs efforts au milieu de la Manche, le Plymouth Command ordonne des opérations offensives contre les caboteurs évoluant entre Saint-Malo et Cherbourg. Après plusieurs sorties que ne marque aucun incident notable, quatre torpilleurs attaquent un convoi pendant la nuit du 17 au 18 juin, causant des avaries à deux dragueurs de mines. Quelques nuits plus tard, alors que la mer commence à se calmer après la grande tempête, la flottille livre un de ses engagements les plus heureux.

La nuit du 22 au 23 juin, le chef de la flottille, le lieutenant-commander J.R.H. Kirkpatrick, de la RVMRC, entreprend avec quatre bâtiments une opération offensive au large des îles anglo-normandes. Tout comme le lieutenant-commander Law, Kirkpatrick commande des torpilleurs depuis 1941, et il a la réputation d'un combattant solide et déterminé. Dans le cadre de cette opération, il se rend au beau milieu de la route empruntée par les convois entre Saint-Malo et Cherbourg. Là, les navires stoppent leurs moteurs pour se livrer à l'écoute : un homme d'équipage assis sur le bord du bâtiment laisse pendre un hydrophone dans l'eau, comme un pêcheur mouillant sa ligne. Toutefois, avant que ce système rudimentaire, mais efficace, ait permis d'établir des contacts, on signale à Kirkpatrick la présence d'un convoi. Ayant remis en marche leurs quatre puissants moteurs de 1 250 HP, les torpilleurs s'élancent à une vitesse de 25 nœuds dans la direction indiquée. Après avoir pris en chasse une vedette lance-torpilles allemande, qui se réfugie dans le port de Saint-Hellier, leur radar capte un écho se déplaçant à une vitesse de 10 nœuds en direction du nord-est.

Kirkpatrick se lance dans une attaque audacieuse. Dès qu'il aperçoit le convoi, ses torpilleurs ralentissent afin de dissimuler leur approche mais, à 3 700 mètres, ils sont illuminés par un obus éclairant. En dépit des tirs défensifs des escorteurs allemands, Kirkpatrick conserve son cap et sa vitesse, et, à 400 mètres, tire ses torpilles. La flottille accélère alors, et ses bâtiments évoluent en zigzag pour diriger le tir de leurs canons de deux et de leurs mitrailleuses de 20 mm. L'affrontement dégénère rapidement en mêlée. Un coup au but secoue le torpilleur 745, mettant hors de service trois de ses quatre moteurs et endommageant son mécanisme de direction. Laissons

maintenant Kirkpatrick conter lui-même le reste de cet engagement confus :

Le torpilleur 748 vire pour répandre un écran de fumée entre le 745 et l'ennemi, qui se trouve à moins de 400 verges de celui-ci, et qui l'a apparemment pris pour un escorteur ami. Les torpilleurs 727 et 743 continuent de tirer sur les dragueurs de mines et sur un petit bâtiment à l'identité incertaine, mais qui est peut-être une vedette lance-torpilles. Le 743 ouvre le feu à bout portant sur un dragueur de mines, le mitraillant de bout en bout avec ses canons de six et son Oerlikon. Lorsque le bâtiment à l'identité incertaine dont il est question plus haut tente d'opposer une résistance, le torpilleur 743 dirige vers lui son canon de six arrière. L'ennemi se dérobe après avoir été touché à l'avant. Le torpilleur 743 a subi des avaries; en outre, son navigateur et son cuisinier sont blessés. Le torpilleur 727 s'en va se placer à côté du 745, et le 743 rejoint le 748.

L'équipage du torpilleur 745 répare les avaries subies par celui-ci et, au point du jour, Kirkpatrick ramène sa flottille au bercail. Celle-ci a coulé un navire de ravitaillement et un dragueur de mines, et gravement endommagé un autre escorteur.

La nuit du 3 au 4 juillet, Kirkpatrick livre une autre attaque aux abords du port de Saint-Malo. Ayant établi le contact radar avec un convoi de trois navires marchands et plusieurs escorteurs, le Canadien s'approche du rivage avec quatre torpilleurs afin d'attaquer depuis l'obscurité qui enveloppe la côte. Les bâtiments de la flottille s'élancent, attendant de se trouver à moins de 450 mètres pour lancer leurs torpilles. Ils coulent deux navires patrouilleurs et en endommagent deux autres, de même qu'un navire de ravitaillement et un dragueur de mines. Ce faisant, ils perdent cinq hommes et subissent des avaries légères.

Les unités de la 10e Flottille de destroyers, qui opèrent normalement par deux, doivent adopter les tactiques des torpilleurs lorsqu'elles prennent part à des combats près des côtes de Bretagne. C'est ce qu'apprend l'équipage du *Huron* en menant l'*Eskimo* à l'attaque contre un dragueur de mines et deux chalutiers armés. Ceux-ci devraient être des proies faciles pour les canons des gros destroyers mais, parce que ces derniers s'en viennent rapidement du large, les Allemands les voient arriver de loin et, lorsque les Tribal ouvrent le feu, tous leurs navires, sauf un, sont enveloppés d'un écran de fumée. Les deux destroyers coulent le dragueur de mines, mais les autres navires ennemis réussissent à leur échapper. Dorénavant, les destroyers dissimuleront leur présence en s'approchant lentement depuis le rivage, ainsi que le font les torpilleurs.

Les destroyers, qui ont un rayon d'action bien supérieur, font leur apparition dans le golfe de Gascogne, en juillet, lorsque des bâtiments anti-sous-marins du GE 12 livrent la première opération offensive dirigée contre la marine marchande au-delà d'Ouessant. Les U-Boot qui entrent dans Brest ou en sortent rencontrent leurs escorteurs de surface à environ 16 kilomètres au sud-ouest du port. La nuit du 5 au 6 juillet, le Plymouth Command monte donc l'opération DREDGER, une mission dirigée à la fois contre les sous-marins et les navires marchands. Sans doute parce que l'objectif principal consiste à intercepter des sous-marins, c'est le GE 12 qui se déploie, au lieu des Tribal, et un autre groupe d'escorte se met en position au large pour surprendre les U-Boot qui pourraient échapper au filet du GE 12.

Lorsque le commander McKillop conduit les quatre destroyers dans Brest, le lieutenant-commander Allan Easton, en deuxième position à bord du *Saskatchewan*, le suit avec circonspection. En effet, le groupe d'escorte n'a jamais livré de combat contre des navires de surface. En outre, les abords de Brest sont célèbres pour la traîtrise de leurs écueils et de leurs hauts-fonds, et pour leurs dangereuses batteries côtières. En fait, la force canadienne est la première à opérer aussi près de Brest depuis la capitulation de la France, en 1940. L'appréhension d'Easton diminue lorsqu'il repère les feux de navigation indiquant la voie à suivre entre les hauts-fonds, et que les batteries côtières demeurent silencieuses. Lorsque les destroyers aperçoivent un convoi de quatre chalutiers ennemis et deux U-Boot, ils se mettent à leur lancer des torpilles et à leur tirer dessus au canon en les doublant à toute vitesse. Selon Easton :

Le bruit est terrifiant. Nos canons de 4,7 pouces tirent plus de sept coups à la minute et, entre leurs puissantes détonations, on peut entendre le grondement profond et continu de notre pièce de chasse et le tacatac aigu de nos trois Oerlikon de tribord. Celui du pont inférieur produit un vacarme assourdissant.
Au moment de dépasser notre objectif, je suis témoin d'un autre coup au but. Le projectile s'est enfoncé droit dans le gaillard d'avant de l'ennemi, qui semble s'infléchir autour du point d'impact. On distingue un faible rougeoiement à l'intérieur, puis des millions d'étincelles jaillissent de l'ouverture. Malgré le tumulte, je peux entendre monter les acclamations des hommes, sur le pont.

Après le premier passage, le GE 12 vire de bord derrière McKillop et, cette fois, vient couper la file de navires allemands. L'ennemi continue à riposter avec opiniâtreté, endommageant le destroyer de tête et blessant McKillop. Celui-ci quitte la file, et les trois autres effectuent un dernier passage avant de rejoindre leur chef et de se replier à toute vapeur pour échapper aux puissantes batteries côtières. Quelques heures plus tard, le GE 12 est de retour à Plymouth, et Easton conclut : *«Je choisirais à tous les coups ce type d'opération, de préférence aux interminables nuits d'angoisse de la guerre anti-sous-marine.»*

L'opération DREDGER n'a connu qu'un succès limité, car, bien que le GE 12 ait détruit un patrouilleur, les U-Boot ont échappé à la fois aux Canadiens et au groupe britannique qui les attendait au large. Par contre, elle a marqué, pour l'ennemi, le début d'une infiltration graduelle des Alliés dans le golfe de Gascogne, et les Allemands se rendent bien compte qu'ils n'y peuvent pas grand-chose. Au début, ils ont tenté d'empêcher les groupes de surface d'atteindre la côte en les attaquant avec des bombes planantes — des missiles guidés primitifs dirigés à partir de bombardiers. Le 20 juillet, l'une de ces bombes endommage la frégate NCSM *Matane* au cours d'une opération anti-sous-marine à laquelle elle participe, au large de Brest, avec le GE 9. On remorque la frégate sans encombre jusqu'à Plymouth, mais l'attaque persuade les Alliés de doter les patrouilles de chasseurs Mosquito à long rayon d'action qui assureront une couverture aérienne au-dessus des groupes de surface. Cette initiative met un terme à la menace des bombes planantes, et les Alliés augmentent leurs opérations dans le golfe.

En dépit des pertes croissantes subies par ses U-Boot aux premiers jours de l'invasion, Dönitz est déterminé à poursuivre ses attaques. Le 11 juin, les cryptographes alliés interceptent son ordre catégorique aux bâtiments restants :

Il faut attaquer la flotte d'invasion sans le moindre souci du danger. Chaque navire ennemi qui contribue au débarquement, même s'il ne dépose pas plus d'une cinquantaine d'hommes ou d'un char sur le rivage, est un objectif exigeant tous les efforts du sous-marin. Il faut l'attaquer, même au risque de perdre son propre bâtiment. Lorsqu'il est nécessaire d'affronter la flotte de débarquement ennemie, il ne saurait être question de tenir compte des dangers présentés par une faible hauteur d'eau ou d'éventuels champs de mines, ni de quelque considération que ce soit. Chaque homme et chaque arme de l'ennemi anéantis avant le débarquement diminuent d'autant ses chances de succès. Un sous-marin qui inflige des pertes à l'ennemi au cours du débarquement s'est acquitté de son devoir suprême et a justifié son existence, même s'il succombe.

Sur ce, la guerre sous-marine côtière entre dans une nouvelle phase. Des U-Boot équipés d'un schnorkel, plus proches de véritables sous-marins capables de demeurer en plongée tout le temps d'une patrouille, intensifient maintenant leurs efforts. Les avions alliés y perdent leur rôle prédominant dans la guerre anti-sous-marine, en raison des difficultés qu'ils éprouvent à détecter les nouveaux U-Boot, particulièrement la nuit. Le gros de la campagne anti-sous-marine passe donc aux mains des forces de surface mais, ainsi qu'on s'en rendra aisément compte, les méthodes traditionnelles de repérage des U-Boot ne fonctionnent plus très bien. Pour compliquer encore les choses, les commandants des sous-marins apprennent à exploiter à leur avantage les caractéristiques exceptionnelles de la Manche : ils profitent du courant pour s'éloigner de leurs poursuivants, ou échappent à la détection en demeurant immobiles sur le fond, au milieu des débris d'origine naturelle ou humaine qui le jonchent.

Pour leur part, les forces navales alliées ripostent en utilisant de nouvelles techniques lorsqu'ils pourchassent leurs proies. Les améliorations les plus marquantes résident dans la compilation de cartes détaillées des épaves qui reposent au fond de la mer et dans l'installation d'équipement de radionavigation de précision à bord des escorteurs, ce qui leur permet d'exploiter au maximum chaque écho sonar, si faible et si confus qu'il soit. Les ingrédients essentiels des nouvelles méthodes de recherche sont la patience, la ténacité et de magnifiques qualités manœuvrières. Le commander J.D. «Chummy» Prentice, officier supérieur du GE 11 de la MRC (composé des destroyers *Ottawa*, *Kootenay*, *Gatineau*, *Chaudière* et *Saint-Laurent*) incarne ces qualités, et c'est pourquoi son groupe d'escorte est l'un de ceux qui remportent le plus de succès. Prentice, qui est, à 45 ans, le grand homme de la force d'escorte canadienne, a servi plus de 20 ans dans la Royal Navy avant de se retirer dans sa Colombie-Britannique natale au cours des années 30. Il s'est enrôlé dans la MRC lorsque la guerre a éclaté, et s'est bientôt révélé un brillant officier de guerre anti-sous-marine. Selon l'un de ses jeunes capitaines du GE 11, Prentice n'a pas eu beaucoup de difficulté à s'adapter aux obstacles particuliers à la Manche :

Chummy ne connaissait qu'une règle : persister! Attaquer tout ce qui renvoie un écho, si mauvais qu'il soit; continuer d'attaquer tant que l'écho est là; si on le perd, ne pas s'en aller, mais continuer de chercher, encore et encore. La plupart des jeunes héros impatients s'attaquaient à un écho médiocre, faisaient deux ou trois passages lorsqu'il disparaissait graduellement, puis s'en allaient. Chummy rendait tout le monde fou parce qu'il n'avait pas le «bon sens» d'abandonner. Il retrouvait l'écho, toujours aussi médiocre, finissait par couler l'ennemi et obtenait une autre médaille... C'est là que de vieux bouledogues comme Chummy sont devenus des as de la destruction d'U-Boot et qu'ils ont enseigné à de jeunes bleus dans mon genre la manière de diriger un navire de lutte ASM.

Le 6 juillet, l'*Ottawa* de Prentice, en compagnie du *Kootenay*, se joint à la corvette britannique *Statice* pour traquer un écho. À l'instigation de Prentice, le premier navire à établir le contact évolue à petite vitesse à l'endroit où il se trouve tout en dirigeant un autre bâtiment vers l'écho. Pendant que ces deux navires alternent leurs attaques, les autres décrivent des cercles autour de la zone pour y confiner l'U-Boot et distraire son opérateur d'hydrophones en mouillant leurs bruyantes torpilles-leurres antiacoustiques. L'*U-678*, la victime, tente d'échapper à ce filet en se laissant dériver avec la marée, mais il est stoppé par une série d'attaques aux grenades sous-marines qui font remonter des débris à la surface.

Le sous-marin se pose ensuite sur le fond, où il reçoit des salves répétées de grenades sous-marines et de projectiles de Hedgehog — de petits obus à fusée percutante tirés en groupe par des lance-bombes. Prentice emploie également une nouvelle tactique destinée à éventrer les U-Boot en eau peu profonde : on traîne sur le fond de la mer une unique grenade sous-marine à laquelle est fixé un grappin; lorsque celui-ci s'accroche à l'objectif, de sorte que la grenade se trouve à portée mortelle de l'U-Boot, on la fait détoner électriquement à partir de la surface. Plusieurs attaques de ce type produisent d'autres débris, dont *«une boîte de beurre allemand, deux timbres de la censure, une boîte de poudre blanche et un manteau de serge bleue très usé portant trois boutons»*. Prentice attend néanmoins, pour mettre fin à l'opération, que 60 heures de lentes attaques délibérées aient fait remonter d'autres preuves de la destruction de l'*U-678*. Dans le cadre de la campagne côtière, de tels engagements prolongés deviennent la norme.

L'*U-678* est l'un des six sous-marins allemands coulés dans la Manche en juillet, alors qu'eux-mêmes n'ont envoyé par le fond que deux vaisseaux marchands. Cette proportion éminemment favorable doit être surtout attribuée aux puissantes défenses qui entourent les convois. Une étude à laquelle procéderont les Britanniques après la guerre dépeindra de manière saisissante les dures conditions d'existence des sous-mariniers et démontrera le puissant effet de dissuasion des centaines d'avions et d'escorteurs qui protègent les convois :

Au cours de ces opérations dans la Manche, le vacarme enduré par les équipages de U-Boot surpassait tout ce qu'ils avaient pu connaître auparavant. Le bourdonnement et le sifflement des divers types de boîte à bruit [le mécanisme des torpilles antiacoustiques], les impulsions de l'asdic et le vrombissement des hélices ne s'interrompaient jamais. D'autre part, la détonation des innombrables obus et grenades sous-marines qui ébranlaient le bâtiment constituait un rappel constant de la présence de l'ennemi. Il était impossible d'estimer la distance d'une source sonore; le plus faible ronflement pouvait signaler un danger, et un bruit soutenu noyait souvent le ronronnement produit par les hélices des navires qui s'approchaient. À l'occasion, un destroyer pouvait évoluer juste au-dessus du sous-marin, ou des grenades sous-marines exploser tout près, sans que rien n'ait pu le laisser prévoir. Même le plus brave — et il faut bien reconnaître que ces sous-mariniers au visage blême étaient des braves — ne pouvait éviter, à la longue, de se ressentir de conditions d'existence aussi éprouvantes.

Pourtant, les sous-mariniers persistent et, en août, alors qu'ils commencent à maîtriser la technique de la lutte en eau peu profonde — dissimulation-attaque-fuite — ils coulent 10 navires, davantage qu'au cours des mois de juin et de juillet combinés. Ce tableau de

Sous la direction du commander J.D. Prentice, «le grand homme de la force d'escorte canadienne», le GE 11 réussit le plus grand nombre de destructions d'U-Boot réalisé par un groupe d'appui à l'opération OVERLORD. On distingue à peine, à son œil droit, le monocle qui est son image de marque. (MDN, PMR93-400)

Au cours de la poursuite victorieuse de l'*U-621*, les projectiles d'un Hedgehog, tirés par le NCSM **Kootenay**, entament leur descente meurtrière vers le sous-marin tapi sous la surface. Au loin, le NCSM **Ottawa** agit comme navire directeur. (ANC, PA 190084)

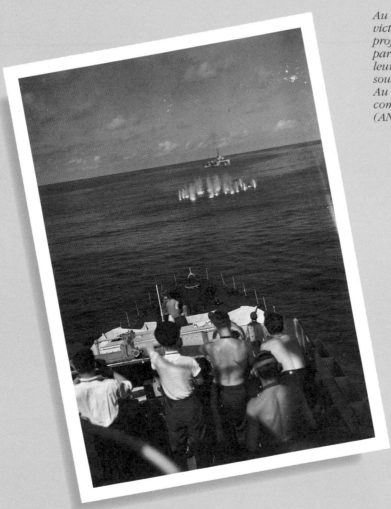

chasse comprend deux corvettes canadiennes, les seuls navires de guerre d'une certaine importance perdus par la MRC au cours de l'invasion.

Le 8 août, au large de la côte nord de Cornouailles, le NCSM *Regina* escorte un petit convoi vers la tête de pont, lorsqu'une explosion secoue le liberty-ship américain *Ezra Weston*. Le capitaine du transport en détresse signale immédiatement avoir heurté une mine. Cette conclusion n'a rien de déraisonnable, car les U-Boot n'ont jamais opéré dans ce secteur depuis le début de l'invasion. Négligeant de procéder à une recherche au sonar, le *Regina* s'immobilise, dans l'attente du transfert des survivants du navire marchand. Soudain, la corvette fait explosion dans un grand panache de fumée et d'écume; au bout de 30 secondes, elle a sombré. Le médecin de bord, le lieutenant-chirurgien G.A. Gould, est l'un des nombreux occupants du navire qui ont réussi de justesse à échapper au naufrage.

La force de l'explosion s'est surtout concentrée vers le bossoir d'embarcation de bâbord, derrière la passerelle. Pris au piège sous les rampes d'acier de l'échelle menant à celle-ci, qui avaient manifestement été tordues ensemble en forme de «V», ce n'est qu'au prix de grandes difficultés que j'ai réussi à m'extraire de cette masse immergée de métal enchevêtré. Enfin, après ce qui m'a semblé une éternité suffoquante, ma tête a tout de même fini par crever la surface.

Lorsque le film d'huile qui m'aveuglait s'est enfin dissipé, j'ai vu se dresser juste au-dessus de moi les derniers pieds de notre cheminée. Celle-ci semblait devoir inévitablement me coincer sous sa masse monumentale, mais, juste au moment où elle allait m'écraser, elle a roulé de côté, puis elle s'est enfoncée sous la surface.

Vingt-huit hommes, dont toute l'équipe de la salle des machines, ont disparu avec le navire, et deux autres mourront des suites de leurs blessures. Selon Gould, *«n'eussent été la présence sur le pont de presque tous les membres de l'équipage à ce moment-là, et le fait que la mer recouverte d'huile ne se soit pas enflammée, sans oublier une bonne dose de miséricorde divine, notre sort aurait été bien différent»*.

La corvette *Alberni* sombrera encore plus rapidement. Le 28 août, elle se dirige seule vers un secteur de patrouille, au milieu de la Manche, lorsque, sans que rien ne l'ait laissé prévoir, une explosion éventre l'arrière de la salle des machines sur bâbord. Au bout de 20 secondes, le navire a plongé sous la surface, emportant dans la mort 19 marins — dont la plupart, encore une fois, se trouvaient dans la salle des machines. Selon les conclusions des enquêtes initiales, le *Regina* et l'*Alberni* auraient tous deux été touchés par une mine, mais, après la guerre, les archives allemandes révéleront qu'ils ont été respectivement victimes de l'*U-667* et de l'*U-480*.

Le romancier C.S. Forester, dans l'une des aventures de son héros Hornblower, qui ont pour cadre les guerres napoléoniennes, raconte la scène où le sloop HMS *Hotspur*, mouillant près des côtes de Bretagne avec d'autres navires anglais, attend de bondir sur un petit convoi ennemi dont on sait qu'il côtoie le rivage. Attendant avec impatience la bataille qui s'annonce, M. Bush, le premier lieutenant du *Hotspur*, s'exclame : *«Nous sommes le ratier posté devant un nid à rats, monsieur.»* *«Exactement»*, réplique Hornblower.

En août 1944, les forces navales alliées sont en train de jouer les ratiers dans les mêmes eaux. La sortie de la tête de pont de Normandie effectuée par les Américains au cours de la troisième semaine de juillet, et la poussée subséquente de la 1re Armée américaine à travers la Bretagne, déclenchent une offensive maritime de soutien dans l'ouest de la Manche et dans le golfe de Gascogne. Au cours d'une campagne qui n'a guère retenu l'attention des historiens, les forces alliées de lutte anti-sous-marine et de surface, sous la direction du commandant en chef du Plymouth Command, maintiennent un blocus serré des bases allemandes qui en étrangle toutes les communications.

Les renseignements fournis grâce au décryptage d'ULTRA s'avèrent vitaux au cours de cette offensive finale du golfe de Gascogne. En effet, l'avance alliée ayant coupé les lignes de communication terrestres entre les bases côtières des Allemands et leur quartier général, à Paris, l'ennemi doit se reposer entièrement sur les communications codées par TSF, qu'à son insu, les Alliés peuvent rapidement décrypter. Alors que les armées américaines s'avancent contre les ports de Brest, de Lorient et de Saint-Nazaire, dans le nord du golfe de Gascogne, on apprend, grâce à cette source d'information, que l'ennemi est en train d'évacuer son équipement et son personnel, par convois ou par U-Boot, vers ses bases méridionales de La Pallice, de La Rochelle et de Bordeaux. Non seulement ULTRA permet-il d'apprendre que les Allemands sont en train de prendre la fuite; il révèle souvent, en outre, à quel moment précis ils le feront.

Une formidable puissance aérienne et maritime entre en action pour intercepter ce trafic. Des escadrons du Coastal Command effectuent des patrouilles anti-sous-marines 24 heures sur 24, et d'autres des missions d'attaque du trafic maritime durant le jour. Le 404e Escadron de l'ARC, seule unité canadienne du Coastal Command demeurée dans le sud-ouest de l'Angleterre, fait partie de ces derniers. Des groupes d'appui navals anti-sous-marins, dont le GE 11 et le GE 12, patrouillent au large des bases d'U-Boot, pendant que les forces antinavires se livrent à des opérations offensives nocturnes près du littoral.

La 65e Flottille de torpilleurs de Kirkpatrick patrouille le flanc nord de l'avance américaine le long des côtes du nord de la Bretagne. Bien que les marins canadiens se sentent frustrés par l'absence de contact avec l'ennemi — à un moment donné, Kirkpatrick demande même que la flottille soit transférée dans un secteur plus animé — ils n'en subissent pas moins des pertes. La nuit du 4 au 5 août, au cours d'un de ces incidents malheureux inséparables de la guerre, trois torpilleurs qui se sont égarés dans un secteur de patrouille essuient le feu d'un destroyer polonais. Avant que leurs équipages aient pu convaincre l'attaquant de son erreur, un de leurs hommes se fait tuer.

Bien que la flottille ne rencontre jamais l'ennemi, Kirkpatrick renforce encore, par une nuit d'août, sa réputation de casse-cou. Six torpilleurs croisent au large de Saint-Malo, observant la bataille terrestre qui s'y dispute, lorsque leurs équipages captent un reportage de la BBC affirmant que la ville est tombée entre les mains des Américains. Selon le lieutenant David Wilson, navigateur de Kirkpatrick, celui-ci :

... conçoit la brillante idée de nous immortaliser dans l'histoire comme les premiers Alliés à entrer dans Saint-Malo par la mer après sa libération... Il laisse donc la flottille sous la responsabilité d'Ollie Mabee, à distance de sécurité, et nous partons seuls à bord du 748. Donc, je suis là sur la passerelle avec ma carte, dirigeant notre bâtiment droit dans le port et, à mesure que nous nous rapprochons, nous nous étonnons de plus en plus du calme et de la tranquillité extraordinaires qui y règnent. Où que nous dirigions nos regards, nous ne voyions rien bouger. Soudain, juste au moment où nous estimons être allés aussi loin que nous le pouvions sans courir de danger, ou aussi loin que nous l'osions — nous n'avons pas reçu la moindre sommation; pas de signaux lumineux, rien du tout; il n'y a même pas de poste de garde — un gros BOUM se fait entendre, accompagné d'une bouffée de fumée. Je n'ai jamais vu quelqu'un agir aussi rapidement. Je dirais qu'il ne nous a pas fallu 60 secondes pour virer de bord et mettre le cap au nord à pleine vitesse, en zigzaguant et en répandant de la fumée. Et chacun songeait, en son for intérieur : «Bon, ben voilà. On dirait que c'est pas aujourd'hui qu'on va libérer Saint-Malo.»

En dépit des vaillants efforts des marins canadiens, Saint-Malo ne tombera pas avant une autre semaine; Kirkpatrick reconnaîtra simplement que sa *«foi envers les nouvelles diffusées par la BBC a été sérieusement ébranlée»*.

C'est la 10e Flottille de destroyers qui effectue la plupart des opérations offensives au-delà d'Ouessant, dans le golfe de Gascogne. Elle compte de nouvelles unités de taille, notamment des croiseurs : de gros navires dotés d'une artillerie lourde à longue portée et d'excellents moyens de communication et de commandement. Le destroyer de la classe Tribal NCSM *Iroquois* s'est également joint à la flottille après avoir été muni d'équipements de radar et de direction de combat qui sont peut-être les plus modernes dont jouisse n'importe quel destroyer sur le théâtre des opérations. Grâce à eux, il peut tenir un tracé tactique d'une grande exactitude, ce qui lui donne un avantage d'importance vitale au cours des opérations côtières. En outre, il possède, en la personne du commander J.C. Hibbard, de la MRC, un capitaine expérimenté et innovateur qui peut tirer parti de ses nouvelles ressources.

La première opération offensive couronnée de succès a lieu au large de Saint-Nazaire. La nuit du 5 au 6 août, la Force 26 — constituée du croiseur HMS *Bellona* et des destroyers *Tartar, Ashanti, Haida* et *Iroquois* — détecte, à une distance d'environ 25 kilomètres, un convoi en route vers le sud. Le capitaine du *Bellona* laisse ces navires s'écarter du rivage, puis se glisse entre eux et leur base avant d'ouvrir le feu. Cette tactique fonctionne à merveille; complètement pris par surprise, l'ennemi est bientôt totalement désemparé. Deux dragueurs de mines, un patrouilleur, un câblier et deux bâtiments auxiliaires côtiers, dont certains chargés de soldats, sont coulés; un seul navire réussit à s'échapper. La Force 26 poursuit son opération et, une heure plus tard, s'attaque à un convoi plus petit, coulant deux escorteurs. Cette nuit-là, ses pertes se résument à deux marins tués par une explosion de cordite dans l'une des tourelles du *Haida*. Un autre aurait également péri, sans l'intervention du matelot de deuxième classe Michael Kerwin. Bien que grièvement blessé et partiellement aveuglé, celui-ci a pénétré dans la tourelle en flammes pour en extraire un camarade de bord, lui sauvant ainsi la vie.

De tels engagements ne laissent guère de chances à l'ennemi. Non seulement les Alliés disposent-ils de radars plus efficaces leur permettant de déjouer et de surprendre leur proie; ils possèdent également une puissance de feu d'une supériorité écrasante. Par exemple, au cours des deux engagements du 5 au 6 août, le *Haida* a tiré contre sept objectifs distincts le nombre stupéfiant de 1 061 obus de 4,7 pouces et de 425 obus de canon-mitrailleuse de deux, tandis que l'*Iroquois* a tiré sur 11 navires différents 865 obus de 4,7 pouces, 1 300 obus de canon-mitrailleuse et 1 600 obus d'Oerlikon. Il est impossible de calculer combien de ces projectiles ont touché leurs objectifs, mais les six canons de 4,7 pouces de chaque Tribal étant dirigés par radar, un grand nombre de leurs coups ont dû porter. Par contraste, le tir des Allemands, tant qu'il a duré, était sporadique et imprécis.

L'offensive se poursuit, et les forces maritimes alliées accumulent des résultats impressionnants. Une semaine après l'attaque des deux convois par la Force 26, le GE 12 coule trois chalutiers armés au sud de Brest. La nuit du 14 au 15 août, la Force 27, constituée de l'*Iroquois*, du croiseur HMS *Mauritius* et du destroyer HMS *Ursa*, coule un navire et oblige quatre autres à s'échouer. Au cours de ce dernier engagement, le rusé et heureux petit destroyer allemand *T-24* échappe à son quatrième affrontement avec des Tribal canadiens. Les Beaufighter armés de roquettes du 404e Escadron ont également inscrit des succès, ayant coulé, au cours d'une série d'attaques, trois dragueurs de mines, trois navires marchands armés et deux bâtiments de plus faible tonnage.

Sur terre, les Américains ont atteint, le 16 août, le littoral du golfe de Gascogne et coupé toutes les lignes de communication de la côte entre les ports septentrionaux et méridionaux. Pendant les jours qui suivent, les forces canadiennes aériennes et navales obtiennent quelques-uns de leurs plus grands succès.

Au cours du mois d'août, le commander Hibbard a acquis une confiance croissante dans l'aptitude de l'équipe de tenue des pointés de radar de l'*Iroquois* à produire une image fidèle de la situation tactique affrontée par la Force 27 lorsque celle-ci opère près du littoral. Lors de la dernière opération de l'unité sur les côtes françaises, la nuit du 22 au 23 août, il prend la décision révolutionnaire de mener son navire au combat depuis la salle des opérations, au lieu de la passerelle, anticipant ainsi sur une manière de procéder qui deviendra monnaie courante dans l'avenir. Convaincu que les tracés produits grâce au radar lui donnent une meilleure image de la situation tactique, Hibbard ne se rend sur la passerelle qu'au moment où son navire, qui dirige la formation en raison de l'équipement remarquable dont il est pourvu, est sur le point de passer à l'attaque.

Cette nuit-là, et jusqu'à l'aube, la Force 27 s'enfonce profondément, et à plusieurs reprises, dans la baie d'Audierne, juste au sud de Brest, pour intercepter des convois bondés de soldats allemands fuyant la forteresse. Elle coule ou force à s'échouer sept navires, ce qui oblige les Allemands à abandonner tout espoir d'évacuer Brest — ceux qui sont restés en arrière seront faits prisonniers lorsque la garnison se rendra aux Américains, le 18 septembre. Quant à la Force 27, le capitaine du HMS *Mauritius* attribue son succès de la nuit à deux causes : «*quelques inspirations heureuses et l'excellence du radar et des équipes de tenue des pointés de l'*Iroquois».

Deux jours plus tard, les Beaufighter du 404e Escadron de l'ARC et du 236e de la RAF règlent leur compte aux derniers vestiges des forces navales allemandes de surface dans ce secteur en surprenant le *Z-24* et le *T-24*, au large du Verdon. Selon le journal d'unité du 404e, ils prennent complètement par surprise les deux navires de guerre. Ils logent des roquettes dans la coque de l'un des deux destroyers — probablement le *Z-24* — et font sauter les superstructures de l'autre. L'insaisissable *T-24*, qui a survécu à quatre engagements avec les destroyers canadiens, coule maintenant au large, pendant que le *Z-24*, de plus fort tonnage, regagne tant bien que mal son port avant de chavirer. Les aviateurs n'ont subi aucune perte, bien qu'un de leurs appareils ait été endommagé et qu'un autre ait dû faire un atterrissage d'urgence suite à une panne sèche.

Le blocus du golfe de Gascogne inflige autant de pertes aux U-Boot qu'aux navires de surface. Pendant les premiers jours de l'opération, les sous-mariniers

allemands tentent d'intercepter les forces alliées responsables de ce blocus, mais ils sont incapables d'attaquer, à moins qu'ils n'y soient guère disposés. Sur la terre ferme, la situation est plus ou moins désespérée et, pendant la deuxième semaine d'août, le commandement des U-Boot transfère enfin les bâtiments des ports assiégés dans les bases méridionales, plus sûres. Sur les 16 qui prennent la mer, sept n'arriveront jamais à destination. Deux d'entre eux seront victimes du GE 11.

Depuis le début d'août, le groupe d'escorte passe son temps à entrer dans le golfe et à en sortir, mais sans trouver d'U-Boot. Enfin, le 18 août, le *Kootenay*, en compagnie du *Chaudière*, du *Restigouche* et de l'*Ottawa*, obtient un contact à 100 kilomètres de l'entrée de la Gironde. En dépit de conditions sonar difficiles, l'*Ottawa* lance une attaque au Hedgehog qui déclenche une explosion prometteuse. Par la suite, les escorteurs repéreront l'U-Boot par 95 mètres de fond. Selon le commander Prentice, le sous-marin est désemparé, mais il n'a pas été détruit. En cinq heures, le groupe livre un total de 13 autres attaques. Mais, malgré l'huile et les débris qui remontent à la surface, Prentice demeure sceptique, estimant que l'U-Boot se contente d'attendre sur le fond que les choses se calment. Le Plymouth Command finit par ordonner au GE 11 de repartir, mais Prentice laisse le *Chaudière* au-dessus du contact. Malheureusement, le navire perd celui-ci le lendemain matin et part rejoindre son groupe. Le Plymouth Command lui ordonne alors de retourner poursuivre les recherches. Le *Chaudière* a tôt fait de repérer de nouveau sa proie et, après l'avoir touché par trois attaques successives au Hedgehog, il est secoué par une énorme explosion qui fait remonter à la surface une abondance de débris ne laissant aucune place au doute. Sa victime était l'*U-621*.

La victoire suivante du GE 11 prend beaucoup moins de temps. Le 20 août, il est en route pour Londonderry, lorsque l'*Ottawa*, obtient un bon écho à 30 kilomètres à l'ouest de Brest. Il perd le contact à cause des difficultés causées par l'état de la mer et, bien qu'il le retrouve sporadiquement, de même que le *Kootenay* et le *Chaudière*, aucun d'entre eux ne peut le conserver très longtemps. Enfin, le *Chaudière* arrive à le maintenir suffisamment pour diriger l'*Ottawa*, qui entame une série d'attaques aux grenades sous-marines et au Hedgehog. Le *Chaudière* livre à son tour de semblables attaques. À ce stade, le groupe doit interrompre l'opération pour se ravitailler en carburant et procéder à des réparations essentielles. Bien que les équipages soient certains d'avoir détruit un U-Boot, les autorités à terre sont convaincues qu'ils ont attaqué une épave. Ce n'est qu'après la guerre que, d'après les archives allemandes, on reconnaîtra que le GE 11 a détruit l'*U-984*, ce qui lui donnera trois victoires, le plus grand nombre jamais réalisé par un des groupes d'appui ayant participé à l'opération OVERLORD. Un dernier U-Boot tombe sous les coups des forces anti-

«De tels engagements ne laissent guère de chances à l'ennemi.» Une torpille du NCSM **Iroquois** éventre un vaisseau ennemi aux derniers stades de l'opération du 22 au 23 août. À noter l'extrême proximité du rivage. (ANC, PA 138233)

«Un capitaine expérimenté et innovateur.» C'est avec satisfaction que le commander J.C. Hibbard (à droite) déguste, après l'opération du 22 au 23 août, une boisson chaude – peut-être du rhum – en compagnie du lieutenant-commander C.R. Coughlin... (ANC, PA 179886)

... pendant que les artilleurs, le visage et la tenue protectrice noirs de cordite, grillent une cigarette avec un plaisir évident. (MDN, PMR93-398)

sous-marines canadiennes pendant la campagne de Normandie lorsque, le 1er septembre, après une longue poursuite de 24 heures, les frégates *Saint John* et *Swansea*, du GE 9, détruisent l'*U-247*, au large de Land's End.

Entre-temps, le GE 11 fait relâche à Londonderry pour prendre un repos bien mérité. Le capitaine du *Chaudière*, le lieutenant-commander C.P. Nixon, de la MRC, exprimera ainsi ses impressions :

Je ne me rendais pas très bien compte à quel point j'étais fatigué. Après avoir réuni l'équipage et l'avoir félicité de cette période d'opérations hautement réussie, je me rappelle avoir regagné ma cabine. Il était alors à peu près 11 heures 30. Quelqu'un m'a demandé quelque chose; je lui ai répondu que j'étais un peu fatigué, et je lui ai suggéré de revenir une demi-heure plus tard. Puis, je me suis étendu sur ma couchette et, sauf le moment, pendant la nuit, où je me suis levé pour avaler quelques sandwiches, j'ai dormi comme une souche jusqu'au lendemain matin. Il vient un moment, n'est-ce pas, où, même à 26 ans, il faut absolument rattraper le sommeil en retard.

Pour lui, comme pour des milliers d'autres marins et aviateurs canadiens qui ont préservé le flanc maritime de la tête de pont, l'été a été très long.

CHAPITRE VI

JUILLET : LA CRÊTE DE VERRIÈRES

*Cette élévation d'apparence banale, c'est la
crête de Verrières.*
(C.P. Stacey, *La campagne de la victoire*)

Tant sur terre qu'en mer, la campagne des Alliés
passe de la défensive à l'offensive. Après avoir tenté
durant tout le mois de juin de s'introduire dans
Caen, les Canadiens entreprennent, en juillet, une
douloureuse bataille pour s'en échapper. Ils y sont
nombreux depuis l'arrivée des unités de tête de la
2e Division canadienne, juste avant l'opération
CHARNWOOD, qui ont pu assister au terrifiant
bombardement de la ville. Le 11 juillet, cette division,
de même que la 3e qui est harassée, passe sous le
commandement opérationnel du 2e Corps d'armée
canadien du lieutenant-général G.G. Simond, qui
hérite d'un front de 8 000 mètres autour de Caen.

La ville elle-même est dans un état pitoyable. On
estime que ses ruines abritent encore 30 000 citoyens
qui, depuis plusieurs semaines, sont dépourvus

d'électricité, de gaz et d'eau courante, et n'ont pas
grand-chose à manger. On ignore combien ont été
ensevelis sous l'épouvantable amas de décombres.
L'université médiévale a été détruite, et les explosions
ont emporté certaines parties de la forteresse de
Guillaume le Conquérant. Par un étrange et heureux
hasard, l'Abbaye-aux-Hommes et l'Abbaye-aux-
Dames ont survécu en grande partie intactes, offrant
un abri à certains indigents et sans-logis. Le prix de la
libération est élevé, et il est remarquable que ceux
qui demandent «Pourquoi nous avoir fait ça?» soient
surpassés en nombre par ceux qui accueillent les
Canadiens avec une sincère reconnaissance.
En outre, ceux-ci se montrent directement utiles,
communiquant spontanément des informations sur
les mouvements des Allemands, leur matériel, leurs
tireurs embusqués, leurs positions de pièce et leurs
dépôts de munitions, qui ont tôt fait de se muer en
fructueux objectifs pour l'artillerie.

Le front allemand a plié, mais n'est pas rompu. L'ennemi tient toujours la rive sud de l'Orne, qui partage Caen en deux, et, ce qui est plus inquiétant, les hauteurs vitales au-delà de cette rive, car il a résisté victorieusement aux tentatives des Britanniques pour agrandir leur tête de pont de l'Odon. Les défenseurs sont cependant aux abois, colmatant les brèches avec des groupements tactiques aux effectifs gravement réduits, tandis qu'ils tentent de libérer leurs divisions blindées pour lancer une contre-offensive. Le plan de bataille qui se dessine dans l'esprit du général Montgomery vise à les garder plaqués contre la 2e Armée britannique sur le front de Caen. Les Canadiens et les Britanniques héritent donc de la tâche peu agréable consistant à maintenir une pression soutenue par leurs attaques, ou, du moins, en faisant planer la menace d'une attaque. Lorsque les Allemands envoient en toute hâte la Division Panzer Lehr et la 2e Division SS contenir un assaut lancé par la 1re Armée américaine du général Bradley, Montgomery ordonne une nouvelle offensive britannique pour clouer sur place les chars ennemis.

La «Grande Tempête» a ralenti l'accroissement des ressources des Alliés, et les pertes de l'infanterie, plus élevées que prévu après le premier jour, réduisent son efficacité au combat. Par ailleurs, les 7e et 11e Divisions blindées, de même que leur homologue de la Garde, se trouvent maintenant dans la tête de pont. Jointes à huit brigades blindées indépendantes, elles disposent en tout de plus de 1 000 chars. Bien qu'un grand nombre de ceux-ci aient été touchés par des projectiles allemands, les pertes sont loin d'être aussi élevées chez leurs équipages. Quant aux véhicules eux-mêmes, ils sont faciles à réparer ou à remplacer. Montgomery décide donc de grouper ses trois divisions blindées dans le 8e Corps d'armée britannique et de monter, à travers la tête de pont des troupes aéroportées, à l'est de l'Orne, un assaut de chars de grande envergure : l'opération GOODWOOD.

Cette opération a pour premier objectif, au sud-est de Caen, les hauteurs dont la crête de Bourguébus occupe le centre. Son suivant est le plateau qui sépare Caen de Falaise, et son but final, Falaise elle-même. Le rôle d'appui des Canadiens, dans le cadre de l'opération ATLANTIC, consiste à s'emparer de Caen par une manœuvre en tenailles. La 3e Division contournera la ville par l'est, alors que la 2e l'approchera par l'ouest. Ces tenailles doivent se rencontrer dans la banlieue sud de Caen, le faubourg de Vaucelles. Sur la gauche, le général Keller prévoit faire franchir l'Orne à la 8e et à la 9e Brigades. Celles-ci attaqueront alors au sud pour protéger le flanc droit de la poussée britannique et nettoyer le faubourg industriel qui se trouve sur leur chemin. La 7e Brigade demeure en réserve à Caen, prête à franchir l'Orne dans la ville si l'occasion s'en présente. Les objectifs des Canadiens sont défendus par des unités affaiblies, mais bien fortifiées, de

plusieurs divisions allemandes, qui peuvent disposer d'un bataillon de chars Tigre.

L'opération GOODWOOD débute peu après l'aube du 18 juillet, lorsque plus de 1 000 bombardiers lourds sèment leur chargement sur une vaste zone bien délimitée. Ils sont suivis de bombardiers moyens et de chasseurs-bombardiers, ainsi que de tirs d'artillerie lourde de la marine et d'environ 800 autres pièces. Parce que le contraire leur semblait inconcevable, les planificateurs ont présumé que les Allemands ne survivraient pas en grand nombre à cette concentration de feu dévastatrice. Pourtant, de petits groupes d'ennemis, d'abord désorientés ou assommés par le choc, finissent par s'en remettre. L'un des Tigre s'est retourné, et un autre a été détruit, mais, au bout de quelques heures à peine, les Allemands en ont réparé six autres qui se mettent à tirer, puis passent à la contre-attaque. Dans le village de Cagny, au beau milieu des bombardements, une batterie de pièces antiaériennes de 88 mm de la Luftwaffe a survécu, de même qu'un char et une partie d'une compagnie de soldats. Au bout de quelques minutes, ils ont mis hors de combat l'escadron de chars britannique de tête. Ils ont d'ailleurs éliminé par erreur deux de leurs propres Tigre lorsque ceux-ci se sont aventurés à découvert. Les planificateurs britanniques, souhaitant accélérer l'avance de leurs brigades blindées, ont accordé à l'infanterie une basse priorité à son utilisation des ponts et des chaussées. Malheureusement, privés des fantassins, les blindés sont vulnérables aux pièces antichars, et l'élan de l'opération GOODWOOD s'éteint après quelques sursauts d'agonie dans la série de villages — Bras, Hubert-Folie, Bourguébus — égrenés sur les pentes extérieures de la crête qui constituait son objectif initial.

Pendant que les chars britanniques s'avancent bruyamment à travers les terres plates complètement dénudées, la 3e Division canadienne se met en marche vers son objectif : un labyrinthe d'usines et de cheminées occupant un carré de deux kilomètres de côté. Combattre à travers cette zone industrielle est une tâche difficile et répugnante, qu'on pourrait comparer à une tentative de nettoyage des complexes sidérurgiques de Hamilton. Les Allemands ont une connaissance approfondie du terrain; ils disposent d'excellents postes d'observation dans les hautes tours et ils sont dissimulés, alors que leurs attaquants s'avancent à découvert. Quelques mitrailleurs bien placés n'auront guère de difficulté à arrêter un bataillon.

La 8e Brigade marche en tête, derrière un léger barrage. Les Chaudière sont à droite, près du fleuve, et les Queen's Own sur la gauche, de part et d'autre de la route de Colombelles. Ils sont suivis des North Shore, et, derrière ceux-ci, la 9e Brigade se prépare à les dépasser. Les Queen's Own, bien qu'ils aient été pris de vitesse par leur barrage, se fraient un chemin jusque dans Giberville, qu'ils nettoient au cours de la journée. Les Allemands, qui appartiennent à une

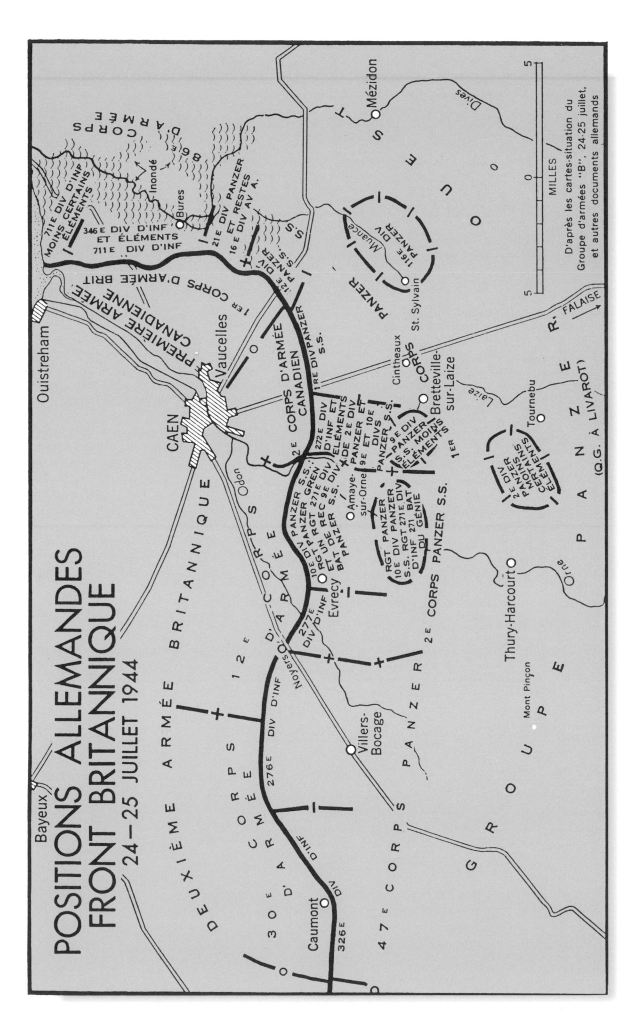

POSITIONS ALLEMANDES
FRONT BRITANNIQUE
24–25 JUILLET 1944

MILLES
5   0   5

D'après les cartes-situation du
Groupe d'armées "B", 24-25 juillet,
et autres documents allemands

division de campagne de la Luftwaffe, sont gravement démoralisés, et le principal problème des fantassins consiste à bluffer pour convaincre des groupes d'ennemis de se rendre, ce qu'ils font en grand nombre. Lorsqu'un centre de résistance opiniâtre, à Colombelles, arrête les Chaudière jusqu'à la fin de l'après-midi, Keller envoie la 9e Brigade contourner la résistance sur un flanc pour se rendre jusqu'à Vaucelles, que le North Nova atteint vers minuit. Le lendemain matin, les Canadiens se sont emparés de la plus grande partie du secteur, à l'exception d'îlots isolés que continuent de tenir de petits groupes d'Allemands.

Au milieu de la journée, Keller donne également l'ordre au brigadier-général Harry Foster, dont la 7e Brigade se trouve à Caen, d'envoyer une patrouille sur la rive sud de l'Orne pour en reconnaître les défenses et, si possible, y expédier un bataillon. Foster confie cette mission au Regina, dont le peloton d'éclaireurs, commandé par le lieutenant Lorenzo Bergeron, se prépare alors à franchir le fleuve. À ce moment-là, le peloton de Bergeron compte dans ses rangs un ex-officier de la Résistance française devenu guide local, Raymond Pierre Châtelain, qui porte les insignes du Regina. Bergeron franchit bientôt le fleuve avec Châtelain, 15 hommes et une liaison radio avec le PC du bataillon. Quatre hommes marchent en tête vers leur objectif, un grand pâté d'immeubles proche de la gare de Vaucelles, où leurs camarades ont tôt fait de les rejoindre. Leur audace semble déconcerter les Allemands, qui demeurent sans réaction. Lorsque le peloton de porte-Bren du bataillon installe ses mitrailleuses en position de tir sur la rive nord, les hommes de Bergeron leur donnent des objectifs en pâture. Ce tir de protection permet aux compagnies de franchir le fleuve et, lorsqu'elles s'infiltrent à travers les immeubles, le peloton d'éclaireurs se replie, mais sans Châtelain, qui s'est fait tuer en tentant d'aider un soldat blessé.

Ce soir-là, le 18 juillet, la 2e Division d'infanterie canadienne du major-général Charles Foulkes insère la tenaille ouest. Il s'agit de son premier combat depuis Dieppe. À l'instar des autres divisions, elle est constituée de brigades et de bataillons possédant de vagues attaches régionales. Un vétéran de la Première Guerre mondiale et de Dieppe, le brigadier-général Sherwood Lett commande les trois bataillons ontariens de la 4e Brigade : le Royal Regiment of Canada, de Toronto, le Royal Hamilton Light Infantry, et le Essex Scottish Regiment, de Windsor. Le brigadier-général William Megill, un signaleur, commande la 5e Brigade : le Black Watch (Royal Highland Regiment) of Canada, de Montréal, le Régiment de Maisonneuve et le Calgary Highlanders. Le brigadier-général H.A. Young, un autre signaleur, commande la 6e Brigade, dont les bataillons sont : les Fusiliers Mont-Royal, le Queen's Own Cameron Highlanders of Canada, de Winnipeg, et le South Saskatchewan Regiment.

La 2e Division a pour mission de franchir l'Orne à Caen, d'opérer sa jonction avec la 3e Division à Vaucelles, puis de nettoyer le flanc droit du corps d'armée, le long de la rive est du fleuve, sur la ligne Fleury-sur-Orne — cote 67 — Saint-André-sur-Orne — Saint-Martin. Les commandants prévoient, ou espèrent, que la poussée massive des blindés de l'opération GOODWOOD progressera simultanément à travers le plateau qui sépare Caen de Falaise, quelques kilomètres à l'est, et perturbera suffisamment les défenses pour permettre aux Canadiens d'enlever la crête de Verrières et de s'avancer vers le sud en direction de Falaise.

Les 5e et 6e brigades de la 2e Division se trouvent à Caen, où elles se préparent à franchir l'Orne, tandis que la brigade de Lett se trouve dans le triangle vallonné, au confluent de l'Odon et de l'Orne, qui domine et menace la vallée de l'Orne vers l'est. La mission de cette brigade consiste à garantir de l'ennemi le flanc droit de la division. En fin d'après-midi, le Royal Regiment of Canada attaque en direction de Louvigny, qu'il enlève le lendemain matin en dépit d'une résistance acharnée. Au cours de ce combat, le brigadier-général Lett, blessé deux ans plus tôt à Dieppe, est atteint par un obus et évacué.

Les Black Watch de la 5e Brigade franchissent l'Orne à Caen ce soir-là, suivis du Régiment de Maisonneuve le lendemain midi. Les Maisonneuve opèrent leur jonction avec un escadron de chars du Sherbrooke, qui a traversé le fleuve en radeaux et, à l'abri d'un barrage, se dirigent vers leur objectif, à cinq kilomètres au sud. Les compagnies de tête, nouvelles venues au combat, sont durement touchées par le feu de leurs propres pièces lorsqu'elles dépassent prématurément leur ligne de départ, mais elles ont tôt fait de se réorganiser et se mettent en marche. Elles sont suivies des Calgary Highlanders, qui traversent Fleury et s'emparent de la cote 67. Essuyant immédiatement un feu nourri d'obus et de mortiers, puis une contre-attaque de Panzer, le Calgary tient bon, avec l'aide de chars du Sherbrooke. Ce soir-là, les Black Watch s'avancent sur leur gauche en direction d'Ifs. Derrière eux, à Caen, des sapeurs passent la nuit à construire des ponts qui réduiront considérablement l'intensité du trafic sur les autres points de franchissement de l'Orne et accéléreront l'expédition de vivres et de munitions vers l'avant.

Devant l'agonie de l'opération GOODWOOD, le général Dempsey ordonne un regroupement de grande envergure qui place sous le commandement de Simonds la 7e Division blindée et son homologue de la Garde, qui sont encore en train de combattre sur les pentes de Bourguébus. Simonds envoie la 3e Division occuper leurs positions sur la ligne de front afin de libérer les tankistes pour en faire une réserve mobile. Il est satisfait des résultats obtenus au cours de la journée et optimiste quant aux possibilités de progression ultérieure : lorsque plusieurs chars de

Au cours de l'opération ATLANTIC, le commandant d'une compagnie du North Shore Regiment donne un briefing à ses officiers sur la façon de sortir l'ennemi du fouillis d'usines se trouvant aux abords de Caen. (ANC, PA 177597)

Pendant que les chefs s'occupent de reconnaissance, de planification et de briefings, leurs soldats s'avancent vers les zones de rassemblement. Le fantassin de droite est muni d'une mitrailleuse légère Bren; cette arme possède une cadence de tir inférieure à celle de son homologue allemande, elle est fiable et précise. Le soldat de gauche est armé du classique fusil Lee Enfield à verrou et il porte l'indispensable pelle. (ANC, PA 116528)

la 7e Division s'élancent vers la localité de Verrières, rien ne semble pouvoir s'opposer à la prise de l'arête tout entière de la crête. Le Queen's Own Rifles a été prévenu de penser à une rapide attaque nocturne pour exploiter la situation, une perspective qui doit avoir donné le frisson aux vétérans du Mesnil, mais Simonds annule ces instructions et ordonne plutôt un assaut contre la crête, le lendemain midi. La 6e Brigade du brigadier-général Young, renforcée par le Essex Scottish de la 4e Brigade et deux escadrons de chars du Sherbrooke, se déploie pendant la nuit en vue de l'attaque.

La première journée de combats de la 2e Division a été couronnée de succès — la deuxième est un désastre. Même contre une faible résistance, la crête de Verrières est un objectif de taille pour une seule brigade. Les attaquants doivent franchir trois kilomètres de terrain découvert avant d'escalader une colline tout aussi dénudée pour atteindre son faîte arrondi. Le long du bord extérieur de la crête, une rocade relie Saint-Martin, dans la vallée de l'Orne, aux fermes Beauvoir et Troteval. Elle continue ensuite, après avoir traversé la route de Caen à Falaise, jusqu'à Hubert-Folie et Bourguébus. De l'autre côté de cette route, derrière l'arête extérieure et sur la contre-pente, s'étendent les villages de Verrières, de Rocquancourt et de Fontenay-le-Marmion. Les Allemands se sont retranchés dans des positions défensives et ils contrôlent toutes les approches de ce bassin complètement nu, tapissé de champs de blé mûrissant.

Contrairement à certains espoirs optimistes, les positions sont loin d'être faiblement défendues. Alarmés par la menace que fait planer l'opération GOODWOOD sur leur flanc vital de Caen, les Allemands ont fait appel à des formations de première classe qu'ils gardaient en réserve, dont la 1re et la 12e Divisions de Panzer, pour renforcer leurs défenses tout le long de la crête de Verrières-Bourguébus. Il ne faut pas perdre de vue que les chars et les canons antichars allemands ont une portée supérieure à celle des Sherman canadiens, et qu'ils peuvent, en conservant une position de caisse abritée sur la crête, abattre ceux-ci de loin pendant qu'ils négocient les pentes dénudées. Les défenseurs pourront ensuite s'occuper à loisir des fantassins, encore plus vulnérables.

Le plan du brigadier-général Young est très simple. Abrités derrière un barrage roulant, ses trois bataillons se lanceront à l'assaut sur une ligne longeant le front de près de quatre kilomètres, avec les Essex Scottish en réserve centrale. Sur la droite, les Cameron Highlanders ont pour objectif Saint-André. Au centre, le South Saskatchewan Regiment doit prendre la crête dominante, au sud-est de ce village. Sur la gauche, la tâche des Fusiliers Mont-Royal (FMR) consiste à nettoyer les fermes Beauvoir et Troteval, pour s'emparer ensuite du village de Verrières.

L'attaque du Cameron se déroule raisonnablement bien. Le mauvais temps, en perturbant l'appui aérien prévu, retarde l'heure H jusqu'au milieu de l'après-midi, mais le Cameron, ayant adopté une formation en «T» dispersée, descend alors la pente extérieure de la cote 67 derrière son barrage d'appui. Il se fraie un chemin jusqu'à Saint-André, qu'il nettoie en partie, et résiste ensuite à des contre-attaques répétées. Sur la gauche, les FMR, accompagnés de deux troupes de chars du Sherbrooke aux effectifs amoindris, atteignent sans grande difficulté, à peu près à mi-chemin de leurs objectifs, les fermes normandes de Beauvoir et Troteval, entourées de murs de pierres. Malheureusement, on a replié les chars britanniques qui viennent d'explorer les fermes, afin d'éviter qu'ils se fassent prendre dans le barrage des Canadiens, et les grenadiers de la 1re Division de Panzer SS ont, aussitôt après leur départ, pénétré dans les bâtiments. Les fantassins nettoient les étages supérieurs de ces derniers, mais, lorsque les deux compagnies de tête et les éclaireurs du bataillon poursuivent leur avance en direction de Verrières, une compagnie allemande surgit des caves et les prend à revers. Une compagnie des FMR revient derrière la ferme, mais les Allemands isolent l'autre et l'anéantissent, de même que ses chars d'appui. Essuyant le feu dans plusieurs directions, dépourvu de ses canons antichars, privé de son observateur d'artillerie et de communications, le reste du bataillon s'établit dans des tranchées au sud de Troteval.

La situation du South Saskatchewan est encore pire. Lorsque le bataillon se met en route, sa formation dispersée rappelle d'abord un exercice à certains de ses membres. Tout en se dirigeant vers son objectif, à plusieurs centaines de mètres au-delà de la rocade qui longe la crête, il nettoie plusieurs avant-postes allemands. Il forme maintenant la pointe d'un fer de lance très exposé, loin en avant des bataillons de flanc, et à moins d'un kilomètre de Fontenay-le-Marmion. La compagnie de tête est encore en train de se féliciter de sa bonne étoile qu'une demi-douzaine de chars allemands l'attaquent par derrière avant qu'elle ait pu s'établir dans des tranchées. En l'absence de leurs canons antichars, ses hommes ne peuvent que tenter de trouver un fragile abri dans les graminées, qui leur viennent à la taille mais, dès qu'ils ont plongé au sol, celles-ci leur bouchent la vue, et ils ne peuvent même plus se servir de leurs armes. Lorsque leurs équipes de pièces antichars s'élancent à la rescousse, elles constituent des proies faciles pour les Allemands, qui les abattent avant qu'elles aient pu détacher leurs canons des véhicules tracteurs. Enfin, comme si la situation n'était pas déjà assez précaire, un orage violent et subit interrompt complètement les communications radio.

La situation du bataillon des Prairies est désespérée. Son commandant et deux de ses commandants de compagnie sont morts, et ces compagnies elles-mêmes sont dispersées et privées de communications, de direction et d'ordres. Des groupes d'hommes commencent à battre en retraite, certains avec précipitation. Derrière eux, le Essex Scottish s'avance vers leurs positions de réserve, autour des principaux carrefours de la route qui longe l'arête. Ils se font soudain tirer dessus, en même temps qu'ils croisent ces hommes en train de se replier. Deux des compagnies d'Essex se joignent à cette retraite spontanée, ouvrant une brèche béante au centre de la ligne canadienne et, le lendemain matin, des chars allemands occupent l'arête. Heureusement, les autres compagnies d'Essex tiennent bon jusqu'au lendemain, où le Black Watch rétablit la continuité de la ligne. L'optimisme initial de la 2e Division se transforme en appréhension pendant qu'elle panse ses plaies.

La crête de Verrières est un rude endroit où initier au combat une nouvelle division. Son terrain et ses défenses donnent du mal même aux soldats les plus aguerris, et la débâcle de la 2e Division révèle brutalement le problème tactique essentiel qu'affrontent les armées canadiennes, britanniques et américaines en Normandie : comment attaquer avec des chars inférieurs et des troupes inexpérimentées un terrain qui se prête au plus haut point à la défense? Elles découvrent toutes que, si intensivement qu'elles se soient entraînées, les réalités du champ de bataille peuvent avoir des effets totalement imprévus sur les plans les plus soigneusement élaborés. Ceux qui arrivent à tirer un enseignement de leur sanglante expérience sont plus susceptibles de survivre, tant que la chance continue de leur sourire, et que leurs nerfs ne les lâchent pas sous l'effet d'une pression excessive.

Depuis le jour J, les unités canadiennes ont constamment observé les résultats de leur tactique, et de celle des Allemands, afin d'en tirer des leçons. On ne sera pas surpris d'apprendre que la transition de l'entraînement aux opérations réelles a révélé l'existence de certains défauts. Un thème qui revient fréquemment dans les comptes rendus des combats est celui de la nécessité de disposer de techniques plus pratiques pour coordonner les mouvements de l'infanterie et la puissance de feu de l'artillerie et des chars, afin d'aider les fantassins à franchir les terrains d'abattage exposés. La théorie veut que les tirs d'artillerie tuent ou neutralisent les défenseurs en les clouant dans leurs abris jusqu'à ce que les fantassins les atteignent. Il s'ensuit donc que les effets neutralisants du tir sont directement proportionnels à son intensité. Le recours aux obus pour épargner des vies paraît sensé, mais un commandant de bataillon fait remarquer qu'*un pilonnage intense concentré sur un petit secteur ne tue pas beaucoup d'ennemis, et n'a même pas un grand effet pétrifiant. Les défenseurs se mettent à riposter presque aussitôt... Un autre désavantage des tirs d'artillerie très concentrés réside dans la fumée et la poussière très denses qu'ils soulèvent.»* Il cite l'exemple de fantassins en train de livrer un assaut, qui ont été incapables de discerner

les explosions d'obus et s'y sont enfoncés tout droit. Dans un autre cas, ils ont attendu trop longtemps et perdu l'avantage de leur appui-feu parce qu'ils ne pouvaient rien voir à travers la fumée.

Le problème — celui de la manœuvre de feu et mouvement, qui est l'âme de la tactique sur le champ de bataille — consiste à réduire l'intervalle entre le moment où le tir d'appui s'arrête et celui où les attaquants atteignent leur objectif. Pour les bombardiers lourds, cet intervalle est de deux à quatre kilomètres; pour l'artillerie moyenne, il est de 300 mètres; pour l'artillerie de campagne, il est peut-être d'une centaine de mètres. Le mode habituel d'appui-feu de l'artillerie est le barrage, c'est-à-dire une ligne mouvante d'obus explosifs programmée pour s'avancer mécaniquement devant l'infanterie selon un minutage convenu. Il arrive toutefois que les barrages, comme à Carpiquet, par exemple, non seulement désertent l'infanterie, mais encore sapent l'effet de surprise en révélant la direction de l'attaque. D'autre part, *«le problème qui se pose au commandant de bataillon, c'est que, même s'il sait bien qu'il dispose de ressources d'artillerie auxquelles il peut faire appel, il lui est extrêmement difficile, dans la confusion, d'en faire usage».* Au lieu d'horaires rigides, l'infanterie a besoin de plans de feu souples qui l'aident à réagir rapidement à des situations de combat en évolution constante. Il y a une certaine ironie dans le fait qu'en Angleterre, on entraînait les unités d'infanterie à se déplacer en souplesse sur le champ de bataille, en employant des manœuvres de feu et mouvements de compagnie et de peloton, alors que l'entraînement des officiers d'état-major de niveau supérieur accordait la priorité au barrage.

Ces difficultés sont peut-être bien un résultat naturel de la manière dont les Canadiens, s'inspirant des pratiques britanniques, organisent leurs batailles. Contrairement, par exemple, à la doctrine allemande — qui délègue la responsabilité aux échelons inférieurs afin d'exploiter la confusion naturelle des combats — l'art de la guerre tel qu'il se pratique chez les Canadiens et les Britanniques consiste à tenter de régir le champ de bataille. Les commandants supérieurs et leurs états-majors, cherchant à faire régner l'ordre, préparent des plans méticuleusement détaillés, dotés de programmes de tir au minutage rigide, que les unités doivent mettre à exécution. En règle générale, celles-ci envoient directement des bataillons contre des positions puissamment défendues, au lieu de les leur faire contourner. Lorsque le combat ne se conforme pas aux hypothèses initiales du plan, et que les communications sont rompues, les commandants se retrouvent souvent dans l'incapacité de réagir avec promptitude et souplesse. Il ne reste plus alors à leurs subalternes combattants qu'à se débrouiller de leur mieux.

L'existence de malentendus entre tankistes et fantassins est également manifeste, car ni les uns ni les autres ne sont aussi renseignés qu'ils pourraient l'être sur les rôles, les forces et les faiblesses de leurs vis-à-vis. Au lieu d'être organisés en unités intégrées, les bataillons d'infanterie et les escadrons de chars vivent séparés dans des univers militaires distincts, et ne se rencontrent, sporadiquement, qu'à l'entraînement. En théorie, les chars sont censés éliminer les mitrailleuses ennemies, qui font des ravages dans l'infanterie, tandis que l'infanterie neutralise les canons antichars qui pulvérisent les blindés. Sur le terrain, la réalité est toute différente :

La coopération entre l'infanterie et les blindés considérée comme la succession d'un mur d'acier et d'un mur de chair, ou vice versa, ne correspond pas à la réalité. Dans ce pays plat, il est absolument impossible aux blindés de foncer droit devant eux sans tomber sous les coups des canons antichars bien placés et bien dissimulés de l'ennemi. Ils progressent donc sur un flanc, généralement en apportant à l'infanterie l'appui de leurs armes.

Il faudra longtemps pour régler ce problème «de l'œuf ou de la poule» consistant à déterminer à qui il appartient d'ouvrir ce bal mortel. Bien que l'infanterie puisse déplorer la réaction des tankistes lorsque ceux-ci s'arrêtent ou contournent un flanc, il s'agit pour eux de survivre et de trouver une meilleure manière de faire leur travail. En effet, des chars détruits sont peu utiles. Toute la difficulté réside dans l'absence de communications efficaces et fiables entre tankistes et fantassins. Leurs postes de radio ne sont pas pleinement compatibles, et les fantassins jugent difficile d'utiliser les téléphones fixés à l'arrière des chars, particulièrement sous le feu.

Un grand nombre de ces problèmes de doctrine et d'entraînement, ou d'autres, se posent avec encore plus d'acuité à la crête de Verrières, où l'on fait retirer de la 3e Division des unités de la 2e Brigade blindée pour les envoyer combattre avec la 2e Division, qui n'a pas encore vu le feu, et dont elles connaissent mal les brigades et les bataillons. On comprendra donc la méfiance de ces équipages de chars expérimentés à l'idée de s'élancer à l'assaut de ces collines dénudées dans des Sherman qui ne font pas le poids contre les canons allemands à longue portée. S'attaquer aux chars allemands avec le canon standard de 75 mm à canon court des Sherman est une entreprise risquée qui exige un pointage précis à courte portée et des nerfs d'acier. Un chef d'équipage décrira la manière de venir à bout des redoutables Panther :

Deux obus ont touché le pare-balles pratiquement de plein fouet, sans montrer le moindre signe de pénétration. Ils ont été lancés par un canon de 75 mm à une distance de 450X [verges]. Il paraît donc impossible de pénétrer les Panther de face, même à bout portant, avec le canon de 75 mm des chars Sherman. Un obus qui a frappé la moitié inférieure du pare-balles recourbé et qui a ricoché vers le bas a traversé la plate-forme (de 5/8 po d'épaisseur), derrière le pilote, et fait sauter les munitions. Il semble qu'on puisse obtenir ce

résultat à tous les coups en touchant la partie inférieure du pare-balles.

À la chasse aux Panther, une bonne dose de chance, de hasard et d'adresse, ne peut manifestement pas nuire. D'autre part, seuls les Sherman Firefly, avec leur gros canon de 17, peuvent combattre ces chars sur un pied d'égalité. Du moins faut-il d'abord que les équipages arrivent à résoudre les problèmes initiaux de ce canon. Les escadrons blindés n'ont reçu leurs Firefly qu'en mai, quelques jours à peine avant de devoir les charger à bord des péniches de débarquement en vue de l'invasion, ce qui n'a pas laissé grand temps aux tireurs pour se familiariser avec leur armement. Ils ont dû apprendre dans le feu de l'action, par exemple à Buron, qu'ils devaient vidanger l'huile du mécanisme de recul du canon pour que celui-ci éjecte correctement les douilles vides.

Par ailleurs, les tankistes ont pris l'habitude de fixer des chenilles de char sur la caisse de leurs engins pour leur assurer une protection supplémentaire, et il y aura au moins un chef de char pour se féliciter d'avoir agi ainsi. Alors qu'il apporte son appui aux FMR à la ferme Troteval, son char *«est touché par ce que je crois être des obus de 75 mm provenant de l'autre côté de Verrières. Le premier frappe la tourelle, mais il est dévié»* par les chenilles. Parce que cette pratique épargne la vie de ses hommes, le major Radley-Walters n'est pas le moins du monde impressionné lorsqu'un officier d'état-major du corps des blindés, qui visite le front, le réprimande pour avoir surchargé ses chars de chenilles supplémentaires. Le poids additionnel, lui reproche l'officier, usera prématurément le moteur des engins. À ce stade, toutefois, Radley-Walters se préoccupe bien moins d'atteindre Berlin que de vivre assez vieux pour se rendre au sommet de la crête de Verrières.

Il y a également beaucoup à apprendre sur la coordination des batailles terrestres et aériennes, notamment parce que l'armée de terre et l'aviation entretiennent des conceptions fondamentalement différentes de la puissance aérienne : la première veut un appui-feu rapproché, et la seconde des horizons plus vastes, car elle n'admet pas que les avions remplissent les fonctions de l'artillerie à longue portée. Il faudra donc longtemps avant que se nouent des ententes efficaces de commandement et de contrôle interarmées. L'armée de l'air insiste pour conserver la haute main sur ses ressources, alors que l'armée de terre, obsédée par la puissance formidable des bombardements massifs, a peut-être négligé un certain temps d'exploiter pleinement les possibilités offertes par les forces aériennes tactiques. C'est pourquoi, aux premiers stades de l'opération OVERLORD, le délai de réaction, même pour les demandes urgentes d'appui rapproché, est rarement inférieur à deux heures, en raison des nombreux échelons d'état-major nécessaires à l'approbation.

Les artilleurs se reposent rarement. Lorsqu'ils ne sont pas en train d'apporter un appui à leurs bataillons affiliés habituels, leurs canons de 25 sont à la disposition d'autres unités. La coordination efficace des tirs d'artillerie et des mouvements de l'infanterie est un tour de force tactique toujours renouvelé. (ANC, PA 115569)

Le canon antichar de 17 permet de s'attaquer avec assurance à n'importe quel char allemand. Son seul inconvénient est de ne pas être pourvu de chenilles, ce qui limite ses capacités de déplacement tout terrain. (ANC, PA 128793)

Bien entendu, lorsque ce délai s'est écoulé, tel char désigné comme objectif est parti depuis longtemps.

À la longue, toutefois, une meilleure coordination améliorera le délai de réaction, et les soldats acquerront une affection particulière pour les Typhoon porteurs de roquettes, dont les redoutables projectiles peuvent être dirigés avec plus de précision que les bombes. Pourtant, même ces armes sont d'une efficacité plus morale que matérielle. Toucher de petits objectifs tels que des ponts, des chars ou des bunkers à partir d'un avion lancé à grande vitesse met à rude épreuve l'adresse d'un pilote, ainsi qu'on l'observera dans un compte rendu de l'aviation :

Pour toucher un petit objectif avec des roquettes, non seulement le pilote doit-il se trouver à la bonne altitude, maintenir l'angle de piqué idéal, voler à la vitesse convenable, encadrer l'objectif dans son viseur, choisir sur celui-ci le bon angle de site négatif, calculer correctement la dérive due au vent et éviter tout dérapage ou toute accumulation de «g», mais il lui faut encore redresser son appareil juste ce qu'il faut et juste assez longtemps.

Bien entendu, des tirs antiaériens intenses multiplient considérablement les difficultés techniques du pilotage.

Une autre réalité que la rude école des batailles de Normandie mettra au jour, c'est que chaque soldat réagit de manière tout à fait différente au stress extrême du combat. En Italie, où la campagne dure depuis bien plus longtemps, l'épuisement au combat est devenu, en cet été 1944, un aspect de la guerre aussi prévisible que le mauvais temps, les blessures par balle et la mort : les pertes qu'elle inflige à l'infanterie atteignent régulièrement 20 à 30 pour cent du total. En Normandie, son incidence initiale est moindre de moitié, mais le temps, l'exposition et la crête de Verrières lui feront connaître une augmentation spectaculaire. Le terrain découvert et les puissantes défenses, en plus de produire des pertes physiques paralysantes, font la preuve brutale des limites variables de la tolérance individuelle à la terreur et à la confusion d'un champ de bataille moderne. Voici ce qu'on peut lire dans le journal de guerre de la 1re Unité canadienne d'épuisement au combat, un service médical spécialisé, au lendemain de l'opération ATLANTIC :

Le 21 juillet 1944. Hier, nous avons accueilli 59 patients. Aujourd'hui est une rude journée. Nous avons admis plus de 80 patients, et il continue d'en arriver. Notre sédatif habituel, l'Amytal sodique, est épuisé, et la plus grande partie d'une bouteille de véronal sodique que nous avons empruntée s'est envolée. Heureusement, l'arrivée de 2 000 capsules d'Amytal sodique a sauvé la situation.
Le 22 juillet 1944. On a admis 101 patients souffrant d'épuisement au combat... notre salle de convalescence et les «morgues» sont remplies. Les occupants de la morgue doivent dormir sur des couvertures étendues à même le sol. La pluie ne

cesse de tomber, et la plupart des hommes sont mouillés et couverts de boue.
Le 23 juillet 1944. Au total, 175 lits sont occupés... la période de traitement devra être limitée à un ou deux jours. Aujourd'hui, nous avons passé la journée à trier les patients et à en évacuer le plus grand nombre possible.

Qui sont ces patients? Sont-ce réellement des malades, ou de lâches simulateurs? Leur réaction au combat est-elle normale ou aberrante? Bien qu'il n'y ait pas là de quoi surprendre ceux qui ont connu la Première Guerre mondiale, l'épuisement au combat heurte désagréablement des attitudes traditionnelles fermement ancrées quant à ce qui constitue un comportement digne d'un soldat, et dont les tenants refusent de reconnaître l'existence du vaste no man's land séparant le courage de la lâcheté. Les commandants ne savent pas trop s'ils doivent appeler le médecin ou la police militaire pour s'occuper des soldats dont les nerfs ont lâché. Selon le général H.D.G. Crerar, commandant la 1re Armée canadienne, *«le problème réside, de manière générale, dans l'objection naturelle, mais, en cas de guerre, répréhensible, d'une faible proportion d'hommes de troupe... à risquer la mort, ou de graves blessures, pour leur pays. Les «trucs» utilisés comprennent, par exemple, la désertion, les mutilations volontaires, les tentatives pour obtenir un diagnostic d'«épuisement au combat», d'infection vénérienne, et ainsi de suite.»* Préoccupé par l'imminence d'une pénurie des fantassins, qui subissent au moins 75 pour cent des pertes, tant physiques que psychologiques, Crerar use d'un garrot disciplinaire pour arrêter l'hémorragie des effectifs. Faute de pouvoir appliquer la peine de mort comme mesure de dissuasion, il fait d'une sentence de trois à cinq ans de travaux forcés, le châtiment ordinaire de divers délits commis devant l'ennemi.

Pendant la guerre de 14-18, on a d'abord cru que le syndrome commotionnel était dû à des lésions physiques du cerveau. À la longue, des explications psychologiques, d'abord accueillies avec scepticisme, finissent par supplanter les explications physiologiques. Au début, elles tendent surtout à favoriser une sélection psychologique visant à éliminer les inaptes et à identifier les personnalités inacceptables. Néanmoins, l'expérience enseigne aux psychiatres de campagne qu'il n'existe pas de méthode pratique pour déterminer d'avance qui fera un mauvais soldat, notamment un fantassin, dont le travail particulier ne possède manifestement pas d'équivalent civil socialement acceptable. Ils concluent également que, même si le délai et les circonstances varient, pratiquement chaque soldat possède son point de rupture, dont les particularités déterminantes sont la conjoncture, la motivation et le moral.

Les divisions canadiennes de la crête de Verrières illustrent les deux variétés courantes d'épuisement au combat : les nouveaux venus sur le champ de bataille qui perdent temporairement leur sang-froid à cause

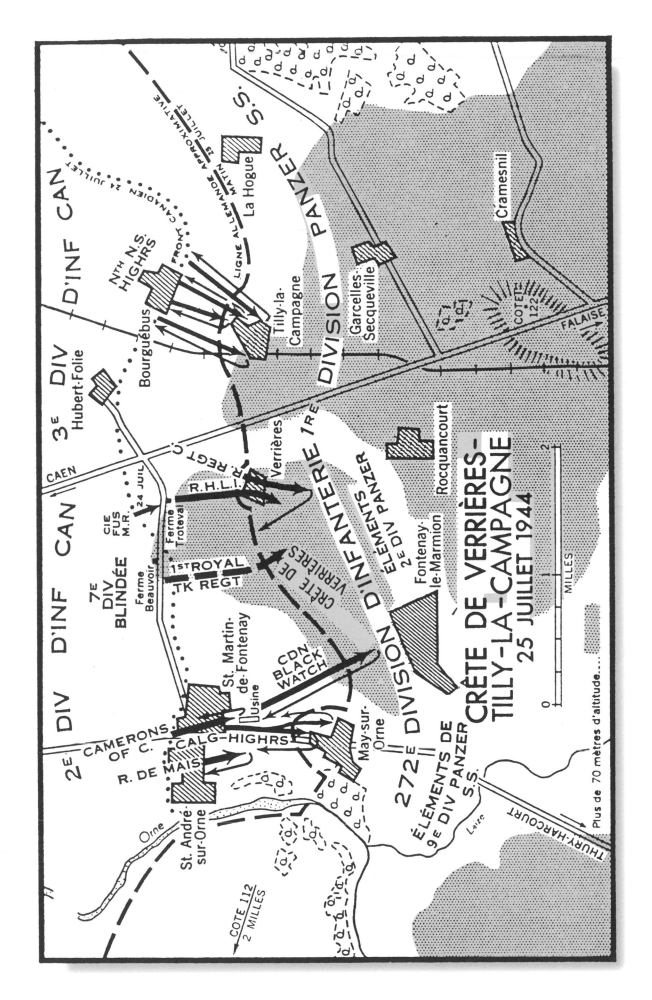

CRÊTE DE VERRIÈRES—
TILLY-LA-CAMPAGNE
25 JUILLET 1944

de la peur, et les soldats plus aguerris qui s'effondrent complètement sous la pression chronique d'un stress intolérable. Intelligemment traités et dirigés, un bon nombre des premiers peuvent regagner leur unité et faire de bons soldats. Quant aux victimes de l'épuisement, il faut leur trouver des postes non combattants ou les évacuer pour leur prodiguer des soins médicaux plus intensifs.

Malheureusement, les dures leçons des combats doivent fermenter longuement avant de donner le jour à une nouvelle cuvée doctrinale; or, durant les quelques jours qui restent encore avant le 25 juillet, date de la prochaine tentative pour conquérir la crête — l'opération SPRING —, le temps fait défaut pour intégrer systématiquement ces enseignements d'ordre tactique. Il ne faut donc pas s'étonner si les mêmes thèmes ressurgissent en grand nombre au cours de cette opération qui, à l'instar de GOODWOOD, fait partie du plan opérationnel plus vaste grâce auquel le général Montgomery a l'intention de dénouer l'impasse de Normandie. À l'ouest, la 1re Armée américaine du général Bradley, après de rudes combats, a réussi à traverser la partie la plus difficile du bocage. Pendant que les Canadiens s'emparent de Caen, les Américains atteignent, de l'autre côté des terres humides de la base du Cotentin, une ligne de départ convenable pour une offensive d'envergure visant à percer la carapace défensive et à pénétrer en Bretagne. À l'origine, cette offensive (opération COBRA) devait coïncider dans le temps avec l'opération GOODWOOD, mais des conditions météorologiques défavorables à l'aviation l'ont retardée d'une semaine. Enfin, le 25 juillet, COBRA est déclenchée, précédée de bombardements massifs.

Le plan opérationnel par lequel Montgomery compte empêcher les forces blindées allemandes de s'approcher du front américain aidera puissamment l'offensive de Bradley. Si l'opération GOODWOOD n'a pas rempli toutes les promesses selon lesquelles elle permettrait de s'emparer du plateau qui sépare Caen de Falaise, elle a obligé les Allemands à y renforcer leurs défenses. Estimant que Montgomery a massé un millier de chars autour de Caen pour profiter pleinement du terrain favorable, et concluant que Falaise demeure son principal objectif, ils ont conservé sur le front la 21e Division de Panzer ainsi que les 1re et 12e Divisions de Panzer SS, transféré la 9e Division de Panzer et des éléments de la 10e Division de Panzer SS et de la 2e Panzer dans le secteur du front qui se trouve à l'est de l'Orne, et fait venir du Pas-de-Calais la 116e Division de Panzer. Il ne reste donc plus que deux divisions de Panzer pour affronter les Américains.

Le succès partiel de l'opération GOODWOOD a toutefois été relégué dans l'ombre par une épouvantable rupture des communications entre les commandants alliés des échelons les plus élevés. Montgomery a amené Eisenhower à croire que cette opération n'était pas simplement une attaque retardatrice, et qu'il avait l'intention d'effectuer une percée jusqu'à Falaise. Devant son échec, des critiques mettent sérieusement en doute les capacités tactiques du commandant britannique et concluent qu'il est incapable de dénouer l'impasse où s'usent les forces des belligérants. Le général George C. Marshall, chef d'état-major de l'armée de terre américaine, presse Eisenhower de prendre une part plus immédiate à la direction des opérations et de cesser de s'en remettre à Montgomery. Quant au commandant adjoint d'Eisenhower, le maréchal de l'air A.W. Tedder, dépité de voir que l'opération GOODWOOD n'a pas permis de s'emparer du terrain nécessaire à ses bases aériennes, il incite carrément Eisenhower à se défaire de Montgomery. Enfin, le premier ministre Churchill réprimande le général Alan Brooke, chef de l'État-major impérial, pour la prudence exagérée de Montgomery, et s'énerve encore davantage lorsque celui-ci tente de l'empêcher de se rendre en Normandie. La presse américaine jette de l'huile sur le feu en proclamant, chiffres comparatifs des pertes à l'appui, que les Américains se font tuer pendant que les Britanniques et les Canadiens se la coulent douce.

Des pressions considérables s'exercent donc pour que les divisions blindées allemandes soient maintenues autour de Caen et les critiques détournées de la 2e Armée. Par conséquent, les Canadiens et les Britanniques sont condamnés de nouveau à livrer de dures attaques retardatrices. Le 21 juillet, Eisenhower ordonne à Montgomery de faciliter l'opération COBRA en attaquant en force sur le flanc oriental, et Montgomery propose un plan offensif en trois phases pour empêcher les Allemands de contrecarrer l'offensive de Bradley. Tout d'abord, les Canadiens doivent s'emparer de la crête de Verrières (opération SPRING), puis l'infanterie britannique attaquera à l'ouest de l'Orne. Enfin, on concentrera les divisions blindées dans un nouvel assaut en direction de Falaise.

Soumis lui-même à d'importantes pressions, Montgomery les transmet tout naturellement, par la chaîne de commandement, au général Simonds, aux commandants de division et de brigade canadiens et, tout en bas de l'échelle, aux caporaux et aux soldats qui doivent réaliser des plans tout à fait remarquables sur le papier. C'est de ces eaux troubles qu'émerge l'opération SPRING. Le 21 juillet, au lendemain sanglant de la première tentative de la 2e Division pour s'emparer de la crête, Simonds commence à planifier l'opération, dont le début est prévu dans quatre jours. Il a toujours les mêmes objectifs, mais l'attaque sera d'une envergure bien supérieure et doit se dérouler en trois phases. Au cours de la première, la 2e Division sur la droite et la 3e sur la gauche doivent attaquer simultanément de nuit sur un front de six kilomètres pour enlever des objectifs limités distants d'environ deux kilomètres : May-sur-Orne, Verrières et Tilly-la-Campagne. Pendant la seconde phase, les deux divisions doivent s'emparer, au lever du jour, d'objectifs situés à deux autres kilomètres au sud : Fontenay-le-Marmion et Rocquancourt — pendant que la 7e Division blindée s'enfoncera encore plus loin vers le sud en bordure du plateau. Enfin, la Division blindée de la Garde sera disponible pour procéder à l'exploitation, peut-être jusqu'au Laison, peut-être même jusqu'à Falaise.

L'état-major du 2e Corps d'armée organise l'attaque selon un savant minutage afin d'assurer sa coordination avec l'appui de l'artillerie et de l'aviation, qui débutera pendant la nuit et culminera juste après le lever du jour. Pour des raisons qui demeurent obscures, mais qui procèdent peut-être de renseignements erronés sur la puissance des défenses, Keller, sur la gauche, choisit d'attaquer d'abord avec un seul bataillon, et Foulkes, sur la droite, avec deux. Ces bataillons s'étendent sur un front de six kilomètres.

Les Allemands sont bien retranchés le long de la crête, suivant leur pratique habituelle, qui consiste à disposer leurs armes en profondeur. Leur ligne d'avant-postes s'étend le long de la crête de Verrières et, derrière ce dispositif d'alerte, leur ligne de défense principale est axée sur les villages fortifiés de Fontenay-le-Marmion et de Rocquancourt. Leurs principales formations de contre-attaque se tiennent encore plus loin derrière. Les avantages techniques et tactiques de la défense sur l'attaque sont d'autant plus marqués que les défenseurs sont supérieurs en nombre aux attaquants, une situation qui n'est pas faite pour améliorer les chances de succès.

Sur le flanc gauche, l'objectif de la 3e Division, le village de Tilly-la-Campagne, est défendu par une compagnie renforcée de la 1re Division de Panzer SS, épaulée par des chars et des canons antichars dont certains ont été installés dans les caves de bâtiments de ferme fortifiés, et d'autres dans les champs, camouflés dans des meules de foin. Les positions avancées des Canadiens se trouvent dans le village voisin de Bourguébus, à environ un kilomètre de là, où le North Nova se rassemble en vue de l'assaut derrière le North Shore.

L'attaque de North Nova s'engage mal. Alors qu'il est encore en train de se préparer, la Luftwaffe vient lâcher sur lui des bombes à fragmentation qui font une vingtaine de victimes. L'artillerie divisionnaire procède à des tirs convergents 10 minutes avant que les fantassins se mettent en route de part et d'autre de la route qui relie les deux villages. Pour les aider à se diriger, des projecteurs créent un clair de lune artificiel en projetant leur faisceau sur des nuages bas. Il semble malheureusement que la lumière ainsi réfléchie, au lieu de leur indiquer leur objectif, découpe sur les champs la silhouette des fantassins progressant à découvert. L'histoire de l'unité décrit ainsi ce qui les attend :

Soudain, tout un réseau de tranchées simples allemandes leur coupe la route. Bien que le barrage s'y soit abattu, elles sont pleines de survivants hurlants, qui tirent et vociferent, et lancent des grenades comme des possédés. Le major Matson [commandant la Compagnie D] n'hésite pas : encourageant ses hommes de la voix, il engage un terrifiant assaut.

La nuit est bientôt remplie d'un extraordinaire chahut. Les canons ennemis commencent à faire feu de toutes parts. Les chars retranchés se mettent à tirer sur des objectifs fixes. Des mitrailleuses ouvrent le feu dans des emplacements dissimulés au milieu de meules de foin, dans le bâtiment au toit de tôle ondulée, dans les vergers, partout. On dirait que le barrage d'artillerie a été sans effet sur l'ennemi. Les Allemands crient et hurlent comme s'ils étaient ivres ou drogués, et les North Nova leur tombent dessus à coups de grenades, de crosses et de baïonnettes, dans l'une des mêlées les plus sauvages qu'on ait jamais vues... Bientôt, des voix proviennent de nombreuses directions, et la plupart d'entre elles font entendre des gémissements ou des appels à la clémence.

Surpris en terrain découvert, le bataillon se fait tailler en pièces. Deux compagnies laissées sur la route sont immobilisées, et leurs communications avec le lieutenant-colonel Petch sont rompues. Croyant que leurs pelotons de tête ont atteint Tilly, Petch engage sa compagnie de réserve, qui, elle aussi, est promptement clouée au sol. Trois des quatre commandants de compagnie comptent maintenant parmi les pertes. Petch a perdu tout contact radio et la direction de ses troupes. Il demande à l'Escadron B du Fort Garry de suivre quelques porte-Bren vers Tilly mais, en l'espace de quelques minutes, des artilleurs antichars allemands ont éliminé plusieurs chars de l'escadron, obligeant celui-ci à se replier pour appuyer le Nova à partir d'un flanc. Il ne peut pas accomplir grand-chose et perd 11 de ses 16 chars. Petch, ignorant la position de ses hommes sur le terrain, hésite à faire donner l'artillerie, de crainte de les toucher au lieu des Allemands. Des soldats isolés reviennent au cours de la matinée. Dans l'après-midi, Petch tente de faire savoir aux autres qu'ils doivent décrocher. L'histoire du régiment dépeint une scène sinistre :

... tout au long de cette journée torride et poussiéreuse du 25 juillet, les hommes continuent à revenir en rampant, les genoux et les bras à vif, souffrant de blessures légères. Du début à la fin, cette affaire aura tenu du cauchemar. Il est clair que les attaques précédentes contre Tilly ont donné aux Allemands une excellente expérience de la défense, et ils semblent au courant de chacun de nos mouvements. Ils disposent d'une puissance de feu inouïe, et leurs tranchées regorgent de soldats. Les sources de lumière artificielle n'ont fait qu'ajouter à la confusion et ont fait des Nova une cible pour l'ennemi puissamment retranché. Ceux qui se sont échappés n'y sont parvenus qu'en rampant comme des serpents sur le sol. C'est l'un des pires pièges mortels que nos soldats aient tenté de franchir, où l'on avait pratiquement mesuré chaque pied de terrain pour régler le tir des mitrailleuses. Dans l'obscurité, les pelotons se sont disloqués, les compagnies se sont mélangées les unes aux autres, et les sections se sont séparées.

À l'ouest de la route, Foulkes déploie la 4e Brigade à gauche, et la 5e à droite. Le brigadier-général J.E. Ganong, sur la gauche, ordonne au Royal Hamilton Light Infantry (RHLI) d'enlever son premier objectif, le village de Verrières. Lorsque ce sera fait, le Royal Regiment, avec l'appui de l'Escadron C du 1st Hussars, doit les dépasser et s'emparer de Rocquancourt. Le brigadier-général W.J. Megill, sur la droite, a l'intention d'envoyer d'abord le Calgary Highlanders s'emparer de May-sur-Orne, où le Black Watch se rassemblera pour s'élancer à l'assaut de la crête de Verrières et se rendre jusqu'à Fontenay-le-Marmion. En même temps, les chars de la 7e Division blindée doivent s'avancer vers le sud entre les deux brigades. Cependant, pour pouvoir se lancer à l'attaque, il faut d'abord garantir de l'ennemi la ligne de départ de la division, le long de la route qui relie Saint-André à la ferme Troteval. Cette mission échoit aux FMR sur la gauche et aux Cameron Highlanders sur la droite. Les Fusiliers durement meurtris forment une compagnie mixte de 75 hommes sous le commandement du major J.A. Dextraze pour prendre la ferme Troteval, où les Allemands disposent d'une compagnie renforcée. Dextraze se met en route à travers les champs de blé, derrière un tir d'appui d'artillerie et de mortiers. Ses deux pelotons avancés contournent chaque flanc de la ferme pour assurer un tir de protection au troisième, qui passe à l'attaque. Lorsqu'il franchit les murs, les pelotons de couverture envoient des sections à l'arrière pour intercepter d'éventuels fuyards. Fait remarquable, l'attaque se déroule exactement selon le scénario prévu. Ayant occupé la ferme, la compagnie s'installe dans les tranchées simples des Allemands et repousse avec ses PIAT des chars venus la menacer, jusqu'à ce qu'elle reçoive l'ordre de se replier pour éviter de se trouver prise sous le feu de sa propre artillerie.

Cette canonnade est destinée à harceler les chars qui entourent Troteval et qui donneront bientôt du fil à retordre au RHLI. Celui-ci est sur le point de rejoindre sa ligne de départ, à Troteval, d'où il partira pour Verrières, à un peu plus d'un kilomètre au sud. Doutant de la sécurité de sa ligne de départ, le lieutenant-colonel John Rockingham envoie prudemment son peloton d'éclaireurs baliser celle-ci à l'intention des compagnies d'assaut. Lorsque le peloton signale y avoir découvert plusieurs chars ennemis, Rockingham retarde son propre déplacement et envoie sa compagnie de réserve chasser l'ennemi des lieux. Celle-ci touche deux chars à coups de PIAT, ce qui persuade les autres de se replier. Bien que le bataillon ait perdu son appui d'artillerie à cause de ce retard, il livre un courageux assaut et s'empare de la ville de Verrières. Le

commandant de la Compagnie A décrira ainsi la scène :

Avant que nous n'atteignions la première haie, quatre mitrailleuses qui s'y trouvent ouvrent le feu sur la compagnie, et une autre se met à tirer à partir des champs de céréales, en arrière à droite... Elles font un très grand nombre de victimes, mais la compagnie réussit quand même à s'avancer, bien que ses officiers, ses sergents de peloton et ses chefs de section aient été éliminés. Elle pénètre dans les haies, et commence à déloger l'ennemi à partir de là. Elle tue une dizaine d'Allemands, et en fait 10 autres prisonniers. Ces événements se déroulent à peu près à l'aube. À ce moment-là, il faut modifier le plan, car le 9e Peloton n'a plus que sept hommes, et on ne peut pas lui demander de nettoyer les basses-cours et les granges jusqu'à la grand-route. On organise donc, sous le commandement de deux caporaux, de petits groupes qui doivent longer les haies menant à la grand-route et nettoyer les trous de tirailleurs qui les bordent. L'ennemi ne tient pas du tout la ville, mais occupe plutôt, avec une énorme quantité de mitrailleuses, les haies et les champs qui l'entourent. Il possède également deux canons antichars de 75 mm dans la première haie EST-OUEST. Les mitrailleurs qui se trouvent dans cette haie s'abstiennent de tirer jusqu'à ce que le peloton de tête se trouve à moins de 100 verges. Quand nos hommes atteignent les haies, ils ne font aucune difficulté pour se rendre.

Le commandant de la compagnie ajoute que «*ses contre-attaques ont débuté presque immédiatement. La première, au bout de trois à cinq minutes, a été livrée par environ deux chars et 30 fantassins, et la deuxième, menée par des effectifs semblables, s'est produite à peu près deux heures plus tard.*» Les unités de deux divisions de Panzer expérimentées continuent à pilonner la position tout au long de la journée, mais les hommes de Rockingham les refoulent, avec l'aide magnifique des canons antichars du 2e Régiment antichar, des tankistes britanniques du 1st Royal Tank Regiment et de Typhoon porteurs de roquettes qui leur apportent un appui rapproché.

La bataille du RHLI perturbe le départ du Royal Regiment. Celui-ci, en route pour Rocquancourt, dépasse Verrières en retard sur l'horaire prévu, et des tirs particulièrement nourris le clouent au sol une centaine de mètres plus au sud. Le général Simonds retarde donc l'attaque de la 7e Division blindée prévue sur le flanc des Royal, ne voyant apparemment aucune possibilité de l'employer, mais l'absence de cette division sera directement néfaste à l'attaque que livrent le Calgary et le Black Watch sur sa droite.

De ce côté, le Cameron Highlanders tente vainement de déloger les Allemands de Saint-André et de Saint-Martin, les deux villages voisins de la vallée de l'Orne qui marquent la ligne de départ de l'attaque du Calgary Highlanders contre May-sur-

Des fantassins, probablement de la 2ᵉ Division, se déplacent en file et par sections, bien séparés les uns des autres afin de ne pas présenter une cible compacte aux mortiers. (ANC, PA 129035)

«La coopération entre l'infanterie et les blindés considérée comme la succession d'un mur d'acier et d'un mur de chair, ou vice versa, ne correspond pas à la réalité.» Fantassins et tankistes doivent apprendre à connaître leurs points forts respectifs et à s'adapter à d'étranges conditions de combat. (MDN, PMR93-366)

Le Sherman, avec son canon de 75 mm, affronte des chars allemands bien mieux armés que lui. Les équipages ont pris l'habitude de souder des chenilles de char sur la tourelle de leur engin afin d'en améliorer la protection, en dépit de plaintes selon lesquelles ce poids supplémentaire provoque une usure prématurée des moteurs. (ANC, PA 129034)

Orne. Depuis quatre jours, c'est en vain que le Cameron essaie de s'emparer de ce secteur. Mais, les Allemands y occupent toujours les édifices, les fermes et les caves, de même que les galeries de communication d'un complexe minier, à Saint-Martin. Dans ces galeries, l'ennemi peut aisément suivre le Cameron sous terre, apparaissant à volonté derrière eux ou sur leur flanc. Par ailleurs, ils se servent d'une route encaissée, sur l'autre rive de l'Orne, pour maintenir le contact avec leurs troupes de l'ouest du fleuve. Le brigadier-général Megill, à qui on a dit que Saint-André est nettoyé, y envoie un détachement de reconnaissance pour y installer son PC tactique. Avisant une maison qui semble convenir à ce rôle, ses hommes sont sur le point d'y pénétrer mais, en ouvrant la porte, ils entendent des voix qui s'expriment en allemand; ils se replient donc en silence. Alors que l'attaque principale est sur le point de débuter, les Cameron tentent toujours de s'emparer des villages, et leur occupation du secteur est pour le moins précaire; dans l'obscurité, personne n'est sûr de savoir où se trouvent les Allemands.

Les Calgary Highlanders pénètrent donc dans un environnement très hostile lorsqu'ils se mettent en route vers leur objectif, le village de May-sur-Orne. Le déplacement dans l'obscurité du bataillon, qui croit s'avancer en toute sécurité, s'accompagne inévitablement d'une certaine confusion. Les Allemands le laissent passer, puis se mettent à lui tirer dessus par derrière et sur les flancs. De petits groupes de Highlanders atteignent leur objectif, ou s'en approchent mais, l'ayant jugé trop puissamment défendu, ils décrochent. Au point du jour, les Allemands tiennent encore solidement May-sur-Orne, d'où les Black Watch prévoyaient se lancer à l'assaut de la crête, et ils sont également retranchés sur ses abords.

Pour atteindre son objectif, le Black Watch doit d'abord se diriger vers l'ouest, jusqu'à Saint-Martin, puis vers le sud, jusqu'à May-sur-Orne. Ensuite, après s'être étalé en formation d'assaut sur une ligne étendue, il doit escalader derrière son barrage d'appui les deux kilomètres du versant escarpé et, ayant franchi l'arête, continuer jusqu'à Fontenay-le-Marmion. À ce stade, malheureusement, presque aucune des hypothèses sur lesquelles repose ce plan ne correspond à la situation réelle. Ni le lieu de rassemblement, à Saint-Martin, ni la ligne de départ, à May-sur-Orne, ne sont à l'abri des attaques de l'ennemi. Le flanc gauche du bataillon est exposé, car les chars de la 7e Division blindée n'ont pas avancé. Lorsque son commandant est tué, et les commandants de ses deux compagnies de tête sont blessés, il ralentit son avance et perd la protection de l'obscurité.

Lorsque le major de 24 ans Philip Griffin, qui a pris le commandement du bataillon, évalue la situation, il a tôt fait de se rendre compte qu'il lui faudra retarder son attaque jusqu'à ce qu'il soit en mesure de saisir la situation tactique locale et d'adapter en conséquence le minutage de son plan de feu. Ayant appris, par des groupes dispersés de Calgary Highlanders installés dans des tranchées autour de Saint-Martin, que les Allemands tiennent May, il envoie une patrouille les repérer. Celle-ci essuie le feu d'une mitrailleuse isolée disposée de manière à tirer sur le flanc du bataillon lorsqu'il attaquera. Griffin renvoie la patrouille museler cette mitrailleuse, mais elle échoue dans sa mission. Elle apprendra par la suite que les Allemands tiennent May en grand nombre, mais qu'ils se sont abstenus de tirer pour l'induire en erreur.

Megill, à qui son conseiller en artillerie a appris que Griffin a demandé de modifier le minutage de son plan de feu, se porte en avant pour conférer avec le jeune commandant de bataillon. Ils se rencontrent sur la route de Saint-André et évaluent les chances de l'attaque. Apparemment, Griffin se montre plus confiant que Megill. Que ce dernier, lui-même prié de se hâter par les commandants de la division et du corps d'armée, ait pressé Griffin d'y aller, ou que celui-ci l'ait persuadé qu'il avait une chance raisonnable de réussir, nul ne le saura jamais. Ce qu'on sait, toutefois, c'est que le Black Watch s'est mis en marche, et qu'il a été promptement anéanti.

Pendant que les chars du 1st Hussars tentent vainement de lui apporter leur aide sur son flanc droit, le bataillon s'avance directement sur un terrain d'abattage dominé non seulement sur l'avant et sur les flancs, mais même sur l'arrière, par des observateurs installés dans les hauteurs qui se dressent à l'ouest de l'Orne. À May, le sergent du peloton d'éclaireurs du bataillon observe les événements :

J'ai vu s'avancer une partie du bataillon. Il y avait deux compagnies en avant et deux derrière. La «A» était en tête, et il y avait un détachement en avant pour reconnaître la route qu'allait emprunter le bataillon et protéger la ligne de départ... Lorsqu'ils ont entamé l'escalade, les mortiers allemands se sont mis à leur tirer dessus, et ils ont essuyé un feu nourri durant une heure. Les Boches avaient des chars Panther et Tigre retranchés au sommet de la colline, que leurs canons ont bientôt commencé à éroder. Ils ont cloué au sol notre bataillon jusqu'à ce que nos Sherman s'avancent et détournent leur attention des fantassins. Certains sont parvenus à fuir jusqu'à une carrière, mais très peu ont réussi à revenir.

Point de vue d'un chef de char allemand
Nous aperçumes soudain dans la zone de Saint-Martin un énorme corps d'infanterie — quelque 300 à 400 hommes, je crois — avançant vers le sud. Le spectacle était à la fois étrange et impressionnant. Les soldats debout, le fusil au port d'arme, défilaient comme à l'exercice. Malgré la force du tir déclenché immédiatement de la position MAY et du sud, pratiquement personne ne semblait chercher à se mettre à l'abri. On aurait dit des vagues d'hommes déferlant sans faiblir, sans le

Les Typhoon porteurs de bombes et de roquettes sont les avions d'appui rapproché favoris des fantassins. Mais la lourdeur des procédures d'état-major retarde la coordination efficace entre les armées de terre et de l'air jusqu'à un stade très avancé de la campagne de Normandie. (MDN, PL 42818)

Un Typhoon du 440ᵉ Escadron de l'ARC qu'on est en train de camoufler sur une piste d'atterrissage temporaire, en Normandie. (MDN, PL 31378)

Autour d'une bouteille d'alcool du pays, le lieutenant d'aviation J. Orr et, à droite, le capitaine Heck Jones, du Regina Rifles, échangent leurs vues sur la coopération entre les armées de terre et de l'air. (ANC, PA 132857)

moindre signe de panique malgré les pertes visibles. Rien ne pouvait les contraindre à se mettre à couvert, et ils poursuivaient leur marche toujours debout.

Pour nous guerriers endurcis par quatre à cinq années d'expérience, c'était une vision quasiment irréelle. Je me rappelle très bien qu'après nos premiers tirs au canon de 75 mm, nous avons été pris de scrupules à l'idée de pilonner ces Canadiens sans protection ni armement défensif. C'était, je le répète, une vision irréelle, mais ainsi est la guerre.

Peu après, des chars Panther, des chasseurs de chars et des véhicules blindés de transport de troupes firent leur apparition. L'attaque des Canadiens cessa avant la crête, faute de combattants. Ce fut, hélas, un véritable carnage. Jusqu'ici, l'artillerie ennemie tirait à trois ou quatre kilomètres derrière nous.

Sur les 300 hommes qui ont entamé l'escalade de la colline, il y en a peut-être 60 qui atteignent le sommet : 15 à peine la redescendront, et les pertes effrayantes du bataillon, ce jour-là, s'élèveront à près de 400 tués, blessés ou prisonniers. En tout, les deux divisions auront perdu 1 500 hommes, dont près d'un tiers seront morts. À l'exception de Dieppe, il s'agit là de la journée la plus coûteuse de la guerre pour l'armée de terre et, à l'instar de Dieppe, elle sera minutieusement décortiquée et analysée jusqu'à nos jours.

Il y a deux raisons principales à la tournure prise par l'opération SPRING : les Allemands et le terrain. Les divisions de Panzer allemandes qu'affronte la 2e Armée britannique sont presque toutes les sept à l'est de l'Orne, sur le front canadien. La 1re Division de Panzer SS défend la ligne de Cagny à Verrières. Entre elle et l'Orne, la 272e Division d'infanterie est renforcée par des bataillons de chars, d'infanterie et de reconnaissance appartenant à des divisions blindées dont le gros se trouve juste derrière le front, prêt à contre-attaquer. Le chroniqueur de guerre du 2e Corps d'armée canadien écrira après l'opération SPRING : *«Après les événements des dernières 48 heures, on s'interrogera peut-être beaucoup moins sur l'endroit où se trouve " la fine fleur de l'armée de terre allemande à l'ouest ".»* Toutes ces troupes expérimentées occupent d'excellentes positions défensives fortifiées en terrain dominant.

La tâche consistant à expulser les Allemands de la colline a été confiée à un assortiment de troupes épuisées de la 3e Division et de la 2e Brigade blindée, ou appartenant à une 2e Division dont les unités ont tout juste une semaine d'expérience des combats. La crête de Verrières est une école remarquablement sanglante où apprendre les dures leçons du combat et les erreurs commises à tous les niveaux de commandement ne peuvent qu'aggraver les choses.

Les informations dont on dispose sur les Allemands sont exagérément optimistes; le plan du corps d'armée est bien trop rigide; les commandants de division ont lancé trop peu d'hommes contre des objectifs trop puissants, et ne semblent pas s'être suffisamment informés des conditions réelles auxquelles font face les unités combattantes sur le terrain; enfin, la coordination entre l'infanterie, les chars et l'artillerie est inadéquate.

Derrière ces déficiences se dissimule une confusion quant au but de l'opération SPRING. Les généraux Simonds et Foulkes émettront par la suite des avis complètement différents sur ce qu'elle devait accomplir. Foulkes estimera que l'objet de son attaque consistait à forcer, dans la carapace défensive, une ouverture qu'exploiteraient les divisions blindées. Quant à Simonds, il déclarera que l'assaut n'était qu'une opération retardatrice destinée à maintenir les formations blindées allemandes sur son front, mais il ajoutera que : *«en fait, le plan du corps d'armée prévoyait aussi bien le succès que l'insuccès.»* Apparemment, donc, l'opération SPRING devait, dans la mesure du possible, constituer une percée, mais il n'était pas non plus impossible qu'elle n'en soit pas une.

Manifestement, l'opération SPRING n'a pas été une réussite sur le plan de l'exploitation. Elle ne semble pas non plus avoir eu de succès comme action retardatrice. Montgomery avait déjà atteint son objectif opérationnel consistant à attirer les blindés allemands sur le front de Caen grâce à GOODWOOD, qui les a fait accourir par légions. Les Allemands s'attendaient à une autre charge d'envergure de chars britanniques ayant Falaise pour objectif. Dans cette attente, l'attaque canadienne n'était pas assez importante pour les inquiéter outre mesure. À ce sujet, on trouve dans le journal de guerre de la 5e Armée de Panzer le commentaire suivant : «Le Groupe de Panzer est d'avis que l'attaque entreprise ce matin contre le 1er Corps d'armée de Panzer n'est pas l'attaque d'envergure prévue, ne serait-ce que parce que l'armée de l'air ennemie n'a pas encore fait son apparition en nombre appréciable. L'OB West [commandant en chef de la Normandie] partage cette opinion.» Avec une ironie tragique, il semble que ce soit la menace d'une attaque, et non l'attaque elle-même, qui a permis d'atteindre l'objectif opérationnel consistant à maintenir les divisions de Panzer à l'écart du front américain durant l'opération COBRA. Au bout de quelques jours, ces mêmes divisions de chars ennemies quitteront le front canadien et monteront contre les forces américaines du général Bradley, dans le secteur occidental, une contre-offensive en force qui décidera du sort des Allemands en Normandie.

L'habitat naturel des fantassins :
les tranchées individuelles.
(MDN, PMR 93-614)

CHAPITRE VII

AOÛT : L'OPÉRATION TOTALIZE

Les coquelicots sont maintenant en fleur.
(Un officier du British Columbia Regiment)

Au cours de la première semaine d'août 1944, la campagne de Normandie commence à prendre une tournure différente. L'opération COBRA ouvre une brèche à travers les défenses allemandes et atteint les importants carrefours d'Avranches et de Mortain, ce qui permet aux colonnes blindées américaines de s'enfoncer en Bretagne. La 3e Armée américaine du général George S. Patton, qui vient tout juste d'entrer en activité, se joint alors à l'avance et contourne rapidement le flanc ouest des Allemands. Sa progression alarme Hitler, qui ordonne au maréchal Günther von Kluge de couper Patton de sa base. Le commandant allemand retire alors ses formations blindées du front canadien pour les lancer dans une

offensive destinée à scinder le front américain à Mortain. Le 6 août, six divisions de Panzer et de Panzergrenadiere regroupées en une 5e Armée de Panzer se lancent à l'attaque, mais les Américains, prévenus grâce au décryptage de messages en ULTRA, les arrêtent après de durs combats qui détruisent la plupart des chars de Kluge. Maintenant que Patton ravage l'arrière des armées allemandes de l'ouest de la Normandie, celles-ci sont menacées d'encerclement. Pour refermer le piège, Montgomery ordonne donc aux Canadiens d'attaquer par la Nationale 158, qui relie Caen à Falaise.

Le général H.D.G. Crerar, dont la 1re Armée canadienne est opérationnelle depuis le 31 juillet, confie cette mission au 2e Corps d'armée du général Simonds. Lorsque ce dernier informe ses officiers supérieurs qu'ils peuvent s'attendre à recevoir sous peu des ordres relatifs à une opération de grande envergure, il attire leur attention sur l'importance du plan opérationnel d'ensemble des Alliés et insiste sur le fait qu'il ne saurait être question *de rester en arrière, et que chaque division doit poursuivre sa progression, sans se soucier de ses pertes*. En outre, il les prévient qu'il faut maintenir la pression dans le secteur canadien pour empêcher l'ennemi d'envoyer des forces supplémentaires sur le front des Américains. Ainsi que l'exprime Montgomery, il faut *en tout temps et en tout lieu, profiter de toutes les occasions de tirer sur les Allemands, de les attaquer et d'opérer des raids contre eux*. Ces petites attaques ont pour objectifs de leur infliger des pertes et de conquérir un terrain d'importance tactique avant la grande offensive en préparation. C'est pourquoi, au cours de la dernière semaine de juillet et de la première semaine d'août, la 2e Division d'infanterie et la 4e Division blindée canadiennes montent plusieurs attaques de petite envergure en terrain familier sur la crête de Verrières.

C'est là le baptême du feu très peu agréable que vit de la 4e Division, nouvellement arrivée. Pour ces hommes qui prennent position au sud de Caen pendant les derniers jours de juillet, la vue des débris des opérations GOODWOOD, SPRING et ATLANTIC — les tranchées abandonnées, les tombes hâtivement creusées et les carcasses fracassées des blindés et de la machinerie lourde — est plutôt dégrisante. Contemplant, depuis la tourelle de son Sherman, le carnage provoqué par l'opération GOODWOOD — des chars britanniques calcinés par dizaines — le capitaine de 24 ans Jack Summers, du South Alberta Regiment, commence à se demander *si j'ai eu une bonne idée en me faisant muter du génie aux blindés*. Le major Edward Amy, qui a acquis une expérience considérable du combat en Italie avant de se joindre aux Canadian Grenadier Guards de la division, réagit différemment, se jurant *de ne jamais exposer sciemment mon escadron à un pareil désastre*. Pourtant, fera observer un officier du British Columbia Regiment, la scène, *dans son ensemble, n'est pas dépourvue d'une certaine beauté singulière*, avec *juste la bonne dose de couleur, car les coquelicots sont maintenant en fleur*.

La 4e Division blindée est la dernière division canadienne à arriver en Normandie. Organisée au Canada comme formation d'infanterie en 1941, elle s'est convertie aux blindés l'année suivante, et elle a été expédiée au Royaume-Uni. Elle y a dès lors suivi un entraînement intensif, mais a souffert d'une pénurie de chars et de modifications organisationnelles constantes. Ce n'est qu'en février 1944 qu'elle a remplacé ses chars Ram désuets par des Sherman. Ensuite, un grand nombre des officiers supérieurs de la division, dont son commandant, le major-général F.F. Worthington, ont été remplacés par des vétérans de la campagne d'Italie. Le nouveau commandant, le major-général de 33 ans George Kitching, n'est pas satisfait de l'état de préparation de

la division. Il estime que, prises individuellement, les unités ne manquent pas de valeur, mais, écrira-t-il dans ses mémoires, *Mud and Green Fields*, *elles ne se sont pas exercées autant qu'elles l'auraient dû à la coopération essentielle entre les blindés, l'infanterie et l'artillerie*. Il s'inquiète également du fait que les états-majors de la division et des brigades ne possèdent pas *une expérience suffisante du commandement*. Malheureusement, il n'est pas en mesure d'entreprendre un entraînement à grande échelle de la division tout entière, et il doit se contenter d'exercices sur carte pour améliorer les méthodes de commandement et de communication. Ainsi qu'il le reconnaîtra par la suite, ceux-ci ne *créent pas "le brouillard de la guerre" qui enveloppe une unité lors de ses premiers combats*. Les «soldats à l'insigne vert» héritent, au sud de Caen, des positions occupées par la 3e Division d'infanterie canadienne, qu'on a repliée pour lui permettre de prendre un repos bien mérité. Ils font maintenant connaissance avec les dures réalités de la crête de Verrières lorsqu'ils reçoivent l'ordre d'attaquer les centres de résistance allemands, qui ont laissé aux bataillons expérimentés de cuisants souvenirs. Les défenseurs allemands repoussent trois tentatives des Calgary Highlanders pour prendre Tilly-la-Campagne à la fin de juillet, puis une autre du Lincoln and Welland Regiment. Fidèles à leur habitude, les Allemands sont prêts à affronter ce bataillon qui n'a encore jamais vu le feu. Lorsque les compagnies s'approchent du village, elles sont accueillies par le tir défensif d'une soixantaine de canons, et les hommes du Lincoln and Welland éprouvent pour la première fois l'impuissance du fantassin essuyant un bombardement nourri d'artillerie.

Longtemps après, plusieurs vétérans raconteront cette expérience à un chroniqueur régimentaire* : *On ne peut rien contre ça, affirme l'un d'eux. Ce n'est pas comme d'avoir un type à 200 mètres devant soi, avec un fusil entre les mains. Ça, au moins, on peut y faire quelque chose.* Un autre décrit comment *on visualise constamment le prochain [obus] en train de nous tomber dessus dans la tranchée*. Selon le caporal suppléant Robert Ross, chaque homme réagit d'une manière différente à cette horreur :

... Un des gars est tombé à genoux, je m'en souviens... et il priait... Je me suis dit : «Ça alors, il ne manque pas de courage, celui-là.» — Il était à genoux, là, au fond de sa tranchée, et il psalmodiait : «Je ne veux pas mourir; je ne veux pas.» Je lui ai dit : «Écoute... ne pense pas à ça. Si t'es touché, de toute manière, tu t'en rendras même pas compte... Parlons de glace au chocolat, ou de quelque chose comme ça; quelque chose d'important.» Nous n'étions encore que de jeunes

---

* Les souvenirs des vétérans du Lincoln and Welland sur la crête de Verrières sont racontés dans l'ouvrage de Geoffrey Hayes, *The Lincs: A History of the Lincoln and Welland Regiment at War*, Alma, Ontario, 1986.

*garçons, après tout. Alors, je me suis assis au bord
de sa tranchée, là, dans cette vieille maison, et j'ai
parlé de glace au chocolat : est-ce que ça ne serait
pas particulièrement bon, en ce moment? Enfin, ce
genre de bêtises, quoi; et il était à genoux sur le
plancher, en train de prier le Seigneur.*

Près du village, les pelotons du Lincoln se font
clouer au sol par des mitrailleuses. Un chef de
peloton, le lieutenant John Martin, racontera
comment son commandant de compagnie a rampé
jusqu'à lui pour lui dire *«Bon, faut qu'on monte là-
haut [vers Tilly].»* *«Après vous!»* réplique Martin, qui
conclut : *«Bon Dieu, si nous n'avions pas su que
c'était la guerre, nous ne risquions pas de l'ignorer
après cette nuit-là — c'était tout simplement
épouvantable.»* Comme toutes les attaques
précédentes contre Tilly, celle-ci s'avère infructueuse.

Sur l'autre flanc, dans le secteur de la 2e Division
canadienne, au bord de l'Orne, les Maisonneuve
tentent à deux reprises de s'emparer de l'église du
village de Saint-Martin, que les Allemands emploient
comme poste d'observation. Après avoir survolé la
zone, le brigadier-général H.A. Young estime qu'une
compagnie d'infanterie suffirait à enlever l'église avec
l'appui de l'artillerie. Le 31 juillet avant l'aube, le
major J.A. Dextraze, qui a pris d'assaut la ferme
Troteval six jours plus tôt, mène une compagnie des
Fusiliers Mont-Royal dans un assaut intrépide qui leur
permet d'enlever l'église. Young a maintenant
l'intention de nettoyer, au sud, les puits de mine par
lesquels les Allemands continuent de s'infiltrer dans
les positions avancées des Canadiens. Au cours de la
nuit du 4 au 5 août, les Fusiliers, avec l'aide d'une
compagnie du Queen's Own Cameron Highlanders,
attaquent les bâtiments d'extraction qui coiffent les
puits afin que les sapeurs puissent y placer des
charges de destruction. Bien que l'attaque soit un
succès, les sapeurs sont incapables de faire sauter
les puits, car ils sont encore sous le feu de tireurs
embusqués et de mitrailleuses.

Entre-temps, Simonds planifie son attaque
principale, sous le nom de code d'opération
TOTALIZE. Son but, ainsi que Montgomery l'a défini,
consiste à : *«effectuer une percée à travers les positions
ennemies au sud et au sud-est de Caen, et à
conquérir, dans la direction de Falaise, le terrain
nécessaire pour isoler les forces ennemies qu'affronte
actuellement la 2e Armée et leur rendre difficile, voire
impossible, un repli vers l'est.»* À ce moment-là, les
Canadiens se trouvent dans la région de Caen depuis
près d'un mois, et ils se sont bien rendu compte que
le terrain favorise les défenseurs. Vers le sud, la route
nationale qui relie Caen à Falaise gravit une série de
faibles pentes qui s'élèvent graduellement à travers
des champs découverts parsemés de villages enclos
par des murailles et entourés de vergers et de
bosquets qui fournissent d'excellentes cachettes. Il y
a toute la place voulue, autour de ces endroits, pour
permettre à des formations blindées de manœuvrer,
mais un pays favorable aux chars est également un

bon pays antichar. Le *«problème, sur ce terrain
découvert, est celui, déjà ancien, de la guerre dans
le désert»*, observera, dans *Blue Flash*, un officier de
blindés britannique, le lieutenant-colonel Alan Joly :
*«comment traverser une plaine dénudée à bord d'un
engin aussi voyant qu'un char d'assaut sans se faire
anéantir par les chars et les canons antichars d'un
ennemi à l'affût.»*

Près d'une décennie auparavant, lorsqu'il était
jeune officier, Simonds a étudié de près le mécanisme
de la pénétration d'une puissante position défensive,
et il a maintenant l'occasion de mettre sa théorie à
l'épreuve. Il a observé étroitement l'opération
GOODWOOD, et il a constaté que, si les
bombardiers lourds ont percé la première ligne de
défense, ils ont toutefois laissé intactes les autres
lignes, disposées en profondeur. Il conclut donc qu'il
aura besoin des bombardiers pour chaque phase de
son attaque. Obtenir l'appui des bombardiers lourds
exige de longues négociations avec les officiers
supérieurs de l'aviation qui, bien qu'ils s'objectent
à son plan, acceptent à contrecœur. Le Bomber
Command bombardera de nuit les flancs de l'ennemi
avant la première phase, et la 8e Force aérienne
américaine larguera ses bombes devant les attaquants
avant la deuxième.

Par ailleurs, l'opération GOODWOOD a bien
illustré les problèmes de la coopération entre
l'infanterie et les chars; lorsque ceux-ci, qui se
déplacent bien plus rapidement à travers champs que
des fantassins, ont pris une bonne avance sur ces
derniers, ils se sont retrouvés sans protection face aux
armes antichars. Déterminé à trouver un moyen de
transporter les fantassins sans encombre à la même
vitesse que les chars, Simonds improvise des
transports de troupes blindés, ou TTB. En vue de
l'assaut de Normandie, on a équipé de «Prêtres»
(des obusiers automoteurs de 105 mm) empruntés à
l'armée de terre américaine les régiments d'artillerie
de campagne de la 3e Division. À la fin de juillet, on
est sur le point de les rendre aux Américains, lorsque
Simonds leur trouve un usage inattendu :

*Un jour où je regardais quelques-uns de ces engins,
il m'est venu à l'idée que, si on les dépouillait de
leur équipement, ils offriraient suffisamment
d'espace et de protection pour jouer le rôle des
véhicules que j'avais en tête. J'ai donc demandé
au général Crerar s'il voulait intervenir auprès
des Américains pour nous permettre d'en retirer
l'équipement et de nous en servir pour cette
opération.*

Les Américains ayant donné leur accord, les unités
du Corps royal canadien du génie électrique et
mécanique de la 1re Armée canadienne mobilisent
toutes leurs ressources et, en une semaine de travail
fiévreux, convertissent 70 Prêtres en TTB. Chacun des
nouveaux Prêtres «défroqués» peut transporter, en la
mettant relativement à l'abri des mortiers et des
mitrailleuses, une section d'infanterie de 10 hommes.
Simonds espérait avoir un mois pour familiariser les

équipages et les passagers des TTB avec leur nouvel équipement mais, en fin de compte, la plupart ont à peine droit à deux jours. En effet, les derniers véhicules convertis ne sont livrés aux unités que 24 heures avant le début de l'attaque.

À l'origine, la planification de l'opération TOTALIZE reposait sur l'hypothèse selon laquelle les Allemands conserveraient entre Caen et Falaise les puissantes forces blindées qui avaient ensanglanté les Canadiens au cours des semaines précédentes. Le redéploiement vers l'ouest des blindés allemands décidé par Kluge en vue de l'offensive de Mortain modifie donc le plan prévu. Le 6 août, la veille du jour fixé pour le début de l'opération, Simonds reçoit des renseignements voulant que les divisions de Panzer qui faisaient face aux Canadiens aient été remplacées par la 89e Division d'infanterie, un adversaire moins puissant. Il décide donc d'engager ses deux divisions blindées pendant la seconde phase de l'opération. Au cours de la première phase, prévue pour le soir du 7 août à minuit, deux divisions d'infanterie — la 51e Highlanders sur la gauche et la 2e canadienne sur la droite, précédées chacune d'une brigade d'infanterie de tête progressant à bord de TTB et accompagnées d'une brigade blindée d'appui — s'avanceront de part et d'autre de la route de Caen à Falaise et enfonceront les défenses jusqu'à une distance de sept à huit kilomètres. Leurs autres brigades d'infanterie les suivront à pied pour nettoyer les positions contournées par les unités de tête. Au cours de la seconde phase, 14 heures plus tard, la 1re Division blindée polonaise sur la gauche, et la 4e Division blindée canadienne sur la droite, se déverseront à travers la brèche et exploiteront la percée en direction de Falaise. En résumé, l'opération TOTALIZE est un poing blindé massif destiné à percer une ouverture à travers les centres de résistance qui frustrent les Canadiens depuis que ceux-ci ont atteint la crête de Verrières.

Les modifications de dernière minute apportées au plan inquiètent les généraux George Kitching et Stanislaw Maczek, commandant respectivement la 4e Division blindée canadienne et la 1re polonaise. Le 7 août, ils affirment à Simonds que les Allemands seront en mesure de concentrer leurs canons antichars sur les fronts extrêmement étroits auxquels leurs divisions seront confinées. Par exemple, le front de Kitching ne dépasse pas 900 mètres en son point le plus large et, à certains endroits, des obstacles et des villages le réduisent encore davantage. Les deux généraux font également ressortir que l'intervalle séparant les deux phases de TOTALIZE donnera aux Allemands le temps de se regrouper et d'occuper des positions d'arrêt pour stopper leur avance. Simonds refuse toutefois de se rendre à leurs raisons, peut-être parce que la lourdeur des communications entre les commandements de l'armée de terre et de l'aviation compliquerait la modification du programme rigide de bombardement, et peut-être aussi parce que, selon les derniers rapports de renseignement, les unités de

la puissante 1re Division de Panzer SS se trouvent dans les environs, et qu'un deuxième assaut de bombardement semble nécessaire pour les neutraliser. La préparation de l'opération TOTALIZE représente un tour de force pour les unités de soutien de la 1re Armée canadienne. Durant la première semaine d'août, des conducteurs du Corps royal de l'intendance de l'Armée canadienne déchargent dans les positions avancées plus de 200 000 obus — 650 pour chacune des 700 pièces de soutien — 700 000 litres d'essence et des dizaines de milliers de boîtes de rations. Ces approvisionnements se déplacent sur des routes et des voies ferrées hâtivement construites par les sapeurs, pendant que les signaleurs tendent des centaines de kilomètres de fil téléphonique pour relier divers PC à leur unité.

Tout au long de l'après-midi et du début de la soirée du 7 août, les unités d'assaut se rassemblent dans les zones de concentration avancées, derrière la crête de Verrières, à l'abri des observateurs allemands. Leurs conducteurs prennent bien soin de ne pas rouler trop vite car, ainsi que l'explique le colonel Joly :

... des déplacements rapides se traduisent par une poussière révélatrice, que l'ennemi a tôt fait de sanctionner par un bombardement d'artillerie. De nombreux écriteaux rappellent à chacun ses devoirs envers son prochain par des formules telles que : «DE LA POUSSIÈRE À LA POUSSIÈRE, DES CENDRES AUX CENDRES : VOTRE POUSSIÈRE — NOS CENDRES.» On trouve également des exhortations plus directes, par exemple : «GARE À LA POUSSIÈRE : NOUS VIVONS ICI — VOUS NON.»

Les unités d'assaut sont organisées en six colonnes, dont quatre sont issues de la 2e Division d'infanterie canadienne et de la 2e Brigade blindée canadienne, et deux de la 51e Division de Highlanders et de la 33e Brigade blindée britannique. Chacune des colonnes canadiennes comporte deux troupes de quatre Sherman, deux troupes de chars à Flail démineurs, une troupe d'AVRE, un bataillon d'infanterie transporté à bord de TTB ou, dans l'une des colonnes, le 8e Régiment de reconnaissance canadien, ainsi qu'un détachement antichar, un de mitrailleuses moyennes et un autre du génie.

Chaque colonne compacte, large d'à peine 15 mètres, comprend 200 véhicules et chars séparés les uns des autres de quelques mètres seulement, tant en avant et en arrière que de chaque côté. Ces engins sont si étroitement rapprochés que le major Radley-Walters, commandant l'Escadron A des Sherbrooke Fusiliers, racontera comment il s'est rendu d'un bout à l'autre de sa colonne en sautant d'un véhicule à l'autre. Bien qu'on ait pris toutes les précautions voulues, l'opération consistant à rassembler des milliers de véhicules a fatalement soulevé des nuages d'une poussière dense et suffocante qui, selon de nombreux participants, ne peut faire autrement qu'alerter les Allemands. Néanmoins, à 21 h, lorsque

Le «Prêtre», un obusier automoteur de 105 mm employé par la 3e Division canadienne. Dépouillé de son canon et pourvu d'un blindage, il se transforme en transport de troupes blindé (TTB) lors de l'opération TOTALIZE. (ANC, PA 114574)

L'équipage d'un Prêtre réuni autour de son véhicule. À noter le blindage supplémentaire riveté sur le flanc pour assurer une protection contre les tirs d'armes légères. (ANC, PA 132886)

le rassemblement prend fin, l'ennemi n'a pas donné signe de vie.

Les officiers distribuent des cartes et des photographies aériennes, et donnent leurs ordres. Le lieutenant Charles Williams, des Sherbrooke, est en train de donner un briefing à ses troupes lorsqu'il est tout surpris d'apercevoir, parmi ses auditeurs, le commandant du corps d'armée et le commandant de la 2e Brigade blindée, le brigadier-général R.A. Wyman. Simonds écoute quelques minutes l'exposé de Williams, puis, s'approchant de celui-ci, lui dit : *«N'oubliez pas : toute l'armée de terre canadienne est avec vous.»*

Il n'y a rien à faire qu'attendre. *«C'est une soirée parfaite, chaude et paisible»*, relate le colonel Joly : *Nous nous tenons près de nos chars, pendant que le long crépuscule d'été fait graduellement place à l'obscurité. Certains fument; les conversations sont rares. À onze heures et quart, alors que la nuit commence à tomber, l'ordre circule le long de la ligne : «Embarquez.» Cinq minutes plus tard, nos chars démarrent, déchirant le silence, et nous nous mettons lentement en route vers la ligne de départ, à environ un mille de là.*

Une heure avant minuit, le grondement de centaines de puissants moteurs noie tout autre bruit lorsque les avions du Bomber Command larguent leur cargaison de mort sur les objectifs signalés par des avions éclaireurs au moyen de fusées lumineuses. Des nuages tourbillonnants de fumée soulevés à des centaines de mètres d'altitude par l'explosion des milliers de bombes obscurcissent immédiatement l'horizon. Avant même que le bombardement ait pris fin, le barrage d'artillerie débute. Sous la protection des canons, les colonnes d'assaut canadiennes franchissent leurs lignes de départ et s'approchent des villages de Rocquancourt et de Fontenay-le-Marmion, ces mêmes villages fortifiés qui constituaient les objectifs de l'opération SPRING. Bien que l'avance soit guidée par des projecteurs, des faisceaux radio et des pièces antiaériennes lançant des obus traçants :

... [le déplacement] de centaines de véhicules soulève d'épais nuages de poussière qui aveuglent leurs conducteurs, lesquels luttent déjà contre l'obscurité générale et la lumière crue des projecteurs. Dans la bruyante procession qui se traîne en première à 100 verges par minute vers ses objectifs, distants de 6 000 verges, ils ne peuvent rien voir d'autre que les feux arrière du plus proche véhicule en avant d'eux... Il ne faut pas s'étonner de voir des véhicules entrer en collision ou s'écarter de la colonne, et même certains traînards se faire tirer dessus par leurs amis. On s'étonnera encore moins que les pièces ennemies en anéantissent d'autres.

En avant de chaque colonne, des chars munis d'un Flail lui fraient un chemin à travers les champs de mines. Ils sont suivis de chars AVRE, dont les équipages déroulent des rubans blancs pour baliser la zone déminée et lancent des feux verts et orange indiquant la direction à suivre. Le chemin déminé est rarement rectiligne; selon Radley-Walters, *«un serpent se serait rompu la colonne à vouloir le suivre».* La visibilité diminue lorsque la poussière soulevée par les véhicules et la fumée que répandent les défenseurs viennent s'ajouter à la terre projetée par le barrage qui progresse constamment devant les colonnes.

Dans cet enfer faiblement éclairé, ponctué par les explosions des obus et des véhicules enflammés, il est inévitable que certaines unités s'égarent, apportant la confusion et ralentissant l'avance. À bord de leurs TTB, les trois bataillons d'infanterie de la 4e Brigade — le Royal Regiment of Canada, le Royal Hamilton Light Infantry et le Essex Scottish Regiment — éprouvent de la difficulté à contourner Rocquancourt.

À cause de la visibilité réduite, il est également difficile de discerner les amis des ennemis. Le capitaine Leonard Harvey, un OOA du 4e Régiment d'artillerie de campagne qui accompagne le Royal Regiment, vit une aventure particulièrement éprouvante. Son porte-Bren, ayant perdu le contact avec la compagnie d'infanterie qu'il suivait, est en train de progresser dans une rue étroite d'un village, lorsque Harvey voit surgir sur sa gauche la masse indistincte d'un mur. Il crie au conducteur *«Serrez à droite! Serrez à droite»*, mais l'autre proteste que *«la chenillette ne peut pas toucher le mur de gauche, car elle est déjà en train de racler celui de droite».* Intrigué par cet obstacle, Harvey tend la main à l'extérieur du véhicule :

... il sent, non pas de la pierre, froide et rugueuse, mais un métal chaud et lisse qui vibre sous sa paume! Il promène celle-ci sur l'étrange surface et cherche à percer l'obscurité pour en distinguer la nature, lorsqu'un bref éclat lumineux provenant d'une explosion aérienne ou du faisceau vacillant d'un clair de lune artificiel traverse un court instant le nuage de fumée. Harvey se rend alors compte qu'il est en train de caresser la croix anglée ornant le flanc d'un char d'assaut allemand.

Heureusement, les tankistes allemands sont tout aussi désorientés, ce qui permet à l'officier d'artillerie et à son chauffeur de *«s'éclipser inaperçus dans les tourbillons de poussière et de fumée de cette nuit remplie d'éclairs et de grondements».*[*]

Lorsque le ciel s'éclaircit, vers 5 h, la confusion diminue. Quelques heures plus tard, les trois bataillons de la 4e Brigade, n'ayant subi que des pertes légères, ont enlevé leurs objectifs ou sont proches de ceux-ci. À l'est de la route nationale, les unités de la 51e Division de Highlanders se sont également emparées de leurs objectifs de la première phase, à l'exception notable de Tilly-la-Campagne,

---

[*] L'aventure du capitaine Harvey est extraite de l'ouvrage en préparation de George Blackburn sur l'Artillerie royale canadienne, intitulé *Thank God, the Guns.*

dont les défenseurs ont repoussé une fois encore l'attaque d'un bataillon d'infanterie. Lorsque le centre de résistance capitule enfin, le matin du 8 août, ce n'est plus guère qu'un amas de ruines.

Les unités de la 6e Brigade, qui s'occupent du nettoyage sur le flanc droit, livrent une dure bataille pour s'emparer des centres de résistance situés sur les pentes intérieures de la crête de Verrières. Le South Saskatchewan enlève Rocquancourt, mais le FMR et le Cameron Highlanders of Canada affrontent une résistance plus opiniâtre à May-sur-Orne et à Fontenay-le-Marmion. Les Highlanders, pratiquement aveuglés par le brouillard de terre, la fumée et la poussière soulevés par l'attaque des blindés, sur leur gauche, sont ralentis par les mines, ainsi que par l'artillerie et les mitrailleuses ennemies. Il leur faut 12 heures de rudes combats pour nettoyer May-sur-Orne.

Le FMR, refoulé ce matin en attaquant Fontenay, y revient dans l'après-midi, fort d'à peine 150 hommes, et s'en empare, maison par maison, avec l'aide d'une troupe de chars Churchill lance-flammes. Ceux-ci creusent d'abord des trous dans les murs de chaque édifice et mettent le feu à l'intérieur avec leur lance-flammes, puis les Fusiliers pénètrent dans les maisons ainsi incendiées et en délogent les défenseurs.

À 6 h 30, bien qu'il reste des poches de résistance ennemie, l'opération TOTALIZE a réussi à percer la ligne avancée des Allemands. Le lieutenant-colonel M.B. Gordon, commandant le Sherbrooke, se trouve alors avec ses escadrons de tête à l'emplacement de son objectif, près du village de Cramesnil. Une demi-heure après, à l'arrivée de son commandant, le brigadier-général Wyman, Gordon lui demande la permission de poursuivre sa progression sur la nationale, car il lui semble que «la route de Falaise est grande ouverte». Wyman refuse, car les ordres de sa brigade sont d'établir une base solide pour l'attaque de la seconde phase que doit livrer la 4e Division blindée canadienne. Quelques minutes après, il est blessé par un tireur embusqué. Et Gordon attend, et attend.

Par sa simple puissance, l'assaut a violemment secoué la 89e Division d'infanterie allemande. Toutefois, la Némésis des Canadiens, la 12e Division de Panzer SS de Kurt Meyer, qu'on a retirée de la ligne de front, le 4 août, avant de l'envoyer à l'ouest, se trouve toute proche. Son départ est annulé à la demande du commandant du 1er Corps d'armée de Panzer SS, lequel, convaincu qu'il faisait face à une attaque d'envergure au sud de Caen, a disposé la division de Jeunesses hitlériennes en réserve derrière la 89e Division d'infanterie.

Le matin du 8 août, la division de Meyer est déployée au sein de divers groupements tactiques. Ses chars Panther accompagnent l'un de ces groupes, qui se bat pour contenir l'offensive BLUECOAT de la 2e Armée britannique, à l'ouest. Un autre, un bataillon d'infanterie motorisée accompagné d'une quinzaine de chars, dont 10 Tigre, se trouve aux environs immédiats du théâtre de l'opération TOTALIZE. Les Allemands disposent également de toute une collection de chars et de canons automatiques dans un atelier de blindés, à Cintheaux, ainsi que des 14 canons antichars automoteurs de 75 mm de la 12e Division SS. Par ailleurs, Meyer peut aussi déployer ses propres canons antichars et ceux de la 89e Division d'infanterie. Enfin, il peut faire appel à l'artillerie de campagne de deux divisions, ainsi qu'à deux bataillons de lance-roquettes et à une brigade de pièces d'artillerie antiaérienne de 88 mm de la Luftwaffe. Il est donc en mesure de rassembler un assortiment d'armes impressionnant, si les Canadiens lui laissent le temps de les mettre en position de tir sur leur axe manifeste de progression.

Les bombardements de l'aviation et de l'artillerie ayant prévenu Meyer qu'une attaque d'envergure se prépare, il réagit rapidement. Le matin, n'ayant reçu du front que des rapports contradictoires, il se met en route vers le nord, où il se heurte à des soldats allemands qui fuient en désordre vers le sud : les Canadiens ont enfoncé le front de la 89e Division. Meyer rallie personnellement quelques-uns des hommes ébranlés, puis prend des mesures pour stabiliser la situation qui, à ce stade, semble très grave. Ainsi qu'il le racontera par la suite : *«J'ai réalisé que, si j'échouais maintenant et si je ne déployais pas correctement ma division, les Alliés atteindraient Falaise, et les armées allemandes de l'ouest seraient prises au piège.»*

Meyer, qui a suivi un entraînement dans la région, en 1943, connaît le terrain qui s'étend au sud de Caen. Il donne rapidement toute une série d'ordres, rappelant un groupement tactique pour lui faire occuper une position d'arrêt près de Potigny, et l'autre pour qu'il contre-attaque dans le secteur de Saint-Aignan vers midi, avec l'appui de l'artillerie et des mortiers divisionnaires. Il dispose ses canons antichars automoteurs et tractés à l'est de la route de Caen à Falaise et, enfin, ordonne à toutes les autres unités d'artillerie antiaérienne et antichar d'établir un écran défensif de canons dans le secteur de Bretteville-le-Rabet.

Les commandants allemands locaux ont déjà commencé à contre-attaquer. Au petit matin, quatre chars allemands se dirigent vers le nord sur la Nationale 158 et commencent à détruire systématiquement les chenillettes porte-Bren du Royal Regiment of Canada et du Toronto Scottish, près de Cramesnil. En un clin d'œil, tout le secteur est sens dessus dessous, car les obus mettent le feu aux chenillettes. Le capitaine William J. Waddell, un OOA qui accompagne le Royal, repère avec exactitude l'emplacement des chars et guide une troupe des Sherbrooke Fusiliers jusqu'à eux, puis dirige leur tir. Le major Ralph Young, commandant adjoint du Royal, racontera avoir vu Waddell :

... dressé à découvert, tout seul, désignant un char allemand par-ci, un autre par-là, et criant aux équipages de nos chars : «Flanquez-moi ça en l'air!»

ou des trucs dans le genre. C'étaient là ses ordres de tir. Oh, oui... incroyable! Grâce à ses indications, nos chars ont pu éliminer trois engins ennemis, ou peut-être bien quatre : un ou deux canons automoteurs et une paire de chars.*

Une demi-heure après que Gordon, du Sherbrooke, ait demandé la permission de poursuivre sa progression, Simonds ordonne de passer à la deuxième phase de l'opération TOTALIZE, dont l'exécution repose sur la 4ᵉ Division blindée canadienne et la 1ʳᵉ polonaise. Elle ne doit commencer que six heures après la deuxième attaque des bombardiers. Toute la nuit, et jusqu'au petit matin, les deux divisions se dirigent vers les positions avancées évacuées par la 2ᵉ Division canadienne et la 51ᵉ Division de Highlanders. Ce mouvement est marqué par des embouteillages monstres, les omniprésents nuages de poussière et le feu intermittent de tireurs embusqués et de l'artillerie provenant des villages contournés où de poches d'Allemands isolés qui continuent de résister.

Par ailleurs, certains commandants des unités de tête de la 4ᵉ Division n'ont pas une idée très claire de leur mission et de leur rôle. Ainsi qu'il arrive assez souvent, les procédures de combat soigneusement mises au point — qui permettent aux unités de procéder simultanément à leurs reconnaissances, à leurs briefings et à leurs préparatifs administratifs — avortent lamentablement. Dans certaines unités, les plans hautement développés par les états-majors des échelons supérieurs n'atteignent même pas les commandants subalternes qui doivent les réaliser. C'est ce qui se produit dans le cas de la Force Halpenny, fer de lance de la 4ᵉ Brigade blindée, nommée d'après son commandant, le lieutenant-colonel W.H. Halpenny, et qui comprend les propres unités de celui-ci, à savoir les Canadian Grenadier Guards et le Lake Superior Regiment (Motorisé), en plus d'une unité antichar et d'une unité du génie attachées. Par exemple, le 7 août à 22 h, lorsque Halpenny convoque ses officiers à un briefing, le major Edward Amy, qui commande l'escadron de tête des Guards, n'a encore reçu aucune information, à part un ordre préparatoire selon lequel la brigade doit être prête à combattre.

En arrivant au PC régimentaire, les officiers s'entassent dans «la salle des renseignements, avec son atmosphère fiévreuse et enfumée, son éclairage tamisé et sa petite carte punaisée au mur, impatients d'en apprendre le plus possible». Ils ont de la difficulté à entendre quoi que ce soit car, tout près de là, un régiment d'artillerie tire sans relâche pour appuyer la première phase de l'opération. Au moment où Halpenny amorce son briefing, des avions survolent l'endroit et, selon l'histoire du Lake Superior Regiment, quelqu'un éteint les lumières :

Dans la bruyante obscurité, le groupe de commandement, déjà nombreux et turbulent, perd tout ce qu'il a jamais pu posséder de cohésion. Lorsque la lumière revient enfin, la plus grande confusion règne dans la pièce et, quand les officiers rejoignent leurs lignes, ils n'ont qu'une idée des plus vagues de ce qui va se produire le lendemain.

Amy, qui dirige l'attaque de la 4ᵉ Brigade blindée, n'a pas été mis au courant du deuxième bombardement. Il sait seulement qu'il doit être prêt à se lancer à l'attaque au point du jour. Le bruit et la confusion générale retardent le retour d'Amy à son escadron. Lorsqu'il finit par retrouver ses hommes dans l'obscurité, il est incapable de leur donner un briefing convenable :

Nous n'avons qu'une seule et minuscule torche électrique, et le vacarme de l'artillerie est assourdissant, ce qui les empêche d'étudier la carte ou d'entendre mes paroles.

Étant donné que nous devons nous déplacer selon un plan de mouvement rigoureusement contrôlé et franchir le point de départ à 3 h précises, mes ordres aux chefs de troupes se limitent à : levez le camp, embarquez et suivez-moi. Aucune des troupes de soutien ne nous a trouvés, et Dieu seul sait où elles se trouvent.

Voilà une façon peu propice d'entamer une opération d'envergure, particulièrement lorsqu'elle est aussi importante, et les choses ne feront qu'empirer. Une mine fait perdre un char à Amy, et sa brigade, en s'avançant dans l'obscurité, traverse les positions d'une unité d'infanterie furieuse. Néamoins, il atteint à temps sa ligne de départ, où *«nous attendons l'ordre de nous mettre en route».* Près de huit heures plus tard, ils sont encore en train d'attendre, lorsque l'artillerie, pour signaler les objectifs aux bombardiers, se met à tirer des obus fumigènes dégageant une fumée rouge.

Par une erreur tragique, certains avions ne larguent pas leurs bombes assez loin et touchent des unités de la division polonaise et de la 3ᵉ Division canadienne en train de s'avancer. Les avions, écrira le père Raymond Hickey, *«s'approchent sous le soleil de l'après-midi. Il s'agit de bombardiers américains, que nos gars accueillent par des hourrahs. Soudain, un hurlement retentit, et les hommes commencent à sauter en bas des camions... notre convoi se mue en une scène d'horreur.»* Tout se déroule très vite. Le major J.E. Anderson racontera à l'historien du North Shore avoir vu :

... un mur de feu et de fumée s'avancer vers nous. L'espace d'une seconde, nous sommes trop surpris pour réagir, puis nous plongeons vers une tranchée peu profonde où nous nous entassons les uns par-dessus les autres. Le choc des explosions, extrêmement violent, nous enfonce littéralement dans le sol. Nous sommes abasourdis par ce qui vient de se produire, car les seuls avions que nous puissions apercevoir sont des forteresses volantes

---

* Extrait de l'ouvrage de Blackburn, *Thank God, the Guns.*

Les chars Sherman d'un régiment
blindé canadien au sud de Caen,
en août 1944. Le Sherman n'est
pas de taille à se mesurer à ses
homologues allemands, mais
c'est un véhicule robuste, facile
d'entretien et on en possède une
grande quantité.
(ANC, PA 132904)

«Gare à la poussière!» «La poussière, c'est la mort!» Le déplacement d'un
grand nombre de chars ou d'autres véhicules soulève des nuages de
poussière, ainsi que le démontre cette photographie d'une unité blindée
canadienne au sud de Caen, en août 1944. Cette poussière révèle la
position des véhicules et attire le feu de l'artillerie allemande.
(MDN, PMR93-379)

américaines se dirigeant vers la côte. *Nous sommes persuadés que les Allemands, après avoir capturé des avions américains, en ont fait leur nouvelle arme secrète.*

Les bombes alliées font plus de 300 victimes chez les Canadiens et les Polonais, et une bonne partie d'entre elles manquent les objectifs prévus. Lorsque Meyer, vers le milieu de la journée, voit un avion éclaireur décrire des cercles au-dessus de lui, il conclut astucieusement qu'il s'agit d'un PC volant attendant une armada de bombardiers pour les diriger. Précipitant immédiatement sa propre contre-attaque, il fait avancer un groupement tactique, ce qui le place en deçà de la ligne de démarcation tracée sur les cartes en vue de protéger les troupes alliées de leurs propres avions, et la plupart des bombes tombent derrière lui. La longue pause séparant les deux phases de l'opération TOTALIZE déconcerte le commandant allemand : il estime que couper ainsi en deux une offensive blindée revient à *«s'arrêter au beau milieu d'une charge de cavalerie pour abreuver les chevaux»*. Néanmoins, à 13 h 55, les deux divisions blindées franchissent la ligne de départ, marquée par les villages de Bretteville-sur-Laize et Saint-Aignan-de-Cramesnil. Les canons automoteurs de Meyer, qui, dissimulés dans les bois, tirent au-dessus des champs de blé ondoyant complètement découverts, stoppent immédiatement l'avance des Polonais.

Lorsque l'escadron de Grenadier Guards d'Amy franchit la ligne de départ, ce dernier n'a pas dormi depuis 33 heures. Selon lui, le briefing de pure forme, l'épouvantable approche et la confusion générale étaient *«inutiles, et il y a vraiment quelque chose qui ne tourne pas rond lorsqu'on s'y prend ainsi pour engager des troupes qui vont recevoir leur baptême du feu»*. Cette critique est particulièrement pertinente du fait que la 4e Brigade attaque *«sur un front d'escadron»*. Les chars d'Amy émergent maintenant de l'extrémité extrêmement étroite d'un entonnoir sous le nez de pièces antichars allemandes d'une portée double de celle de ses propres canons. *«Avec un flanc découvert et sans la moindre information sur les emplacements occupés par l'ennemi,* décide-t-il, *une charge intrépide est hors de question.»*

Dès qu'il a franchi la ligne de départ, Amy ordonne à sa compagnie attachée du Lake Superior de s'avancer :

... sur la route [la nationale qui relie Caen à Falaise] (notre ligne centrale), qui leur offre un meilleur abri et protège notre flanc droit. Je déploie l'escadron à l'est de la route, avec la troupe du lt Craig Smith en tête.
Dans l'ignorance totale où je suis de la position de l'ennemi, mon attention est instinctivement attirée vers le terrain découvert, à gauche de notre ligne centrale, où je m'attendais à voir des éléments de la division blindée polonaise, mais ceux-ci demeurent invisibles. Bien que ce secteur se prête bien à

l'observation, il contient suffisamment de cachettes pour abriter des chars ou des canons antichars et, avec ce flanc complètement découvert, j'hésite à m'avancer sans plus d'information, non seulement sur l'emplacement de l'ennemi, mais aussi sur celui de nos propres troupes.
Je continue à scruter le secteur qui s'étend sur notre gauche et sur celle de notre front, mais je ne peux voir aucun signe de présence amie ou ennemie.
C'est à peu près à ce moment que nous commençons à recevoir des appels nous incitant à nous «mettre au boulot». Ces appels deviennent de plus en plus fréquents, et l'on envoie à l'avant le major Snuffy Smith (du 3e Escadron) pour me faire savoir à quel point les commandants supérieurs s'impatientent. Je lui dis en termes explicites ce qu'ils peuvent faire.
Compte tenu des circonstances, et en l'absence d'information sur les positions ennemies ou amies, ces exhortations, de la part du commandant de la brigade, puis de celui de la division, puis de celui du corps d'armée, d'avoir à nous «mettre au boulot» n'ont pas le moindre effet positif sur moi. En dépit de mon absence de réaction à ces coups d'aiguillon, je n'aurai jamais la visite de l'un quelconque de mes supérieurs, du commandant de l'unité à celui du corps d'armée.

Peu après avoir franchi la ligne de départ, le commandant de la troupe de tête d'Amy, le lieutenant Craig Smith, perd deux de ses quatre chars, qui ont heurté des mines. Écoutant sur sa radio les instructions des commandants supérieurs qui l'exhortent à se mettre au travail, Smith franchit une colline avec l'appui du char survivant de sa troupe : et il est immédiatement touché par un canon antichar. Lorsque le 3e Escadron des Guards prend la tête, peu après, il ne s'en tire guère mieux. Ainsi que le craignait Kitching, la Force Halpenny est maintenant étranglée par l'étroit corridor séparant la nationale du remblai de la voie ferrée qui la longe du côté ouest. Ralentie par les mines, et prise pour cible sur les flancs par les canons antichars abrités dans les bois et les vergers, elle avance avec circonspection. Au milieu de l'après-midi, en dépit des appels inlassables du commandant de la brigade et de celui de la division, telles que : «Avancez, avancez» et «Ne vous arrêtez pas», la Force Halpenny se trouve encore à cinq kilomètres de Bretteville-le-Rabet, son premier objectif.

Bien que la Force Halpenny s'avance prudemment, certains équipages de char dénichent des objectifs valables. Lorsque la troupe de tête du 3e Escadron, commandée par le lieutenant Ivan P. Phelan, approche de Cintheaux, en fin d'après-midi, elle se fait tirer dessus par un canon antichar allemand dissimulé dans les vergers qui entourent le village. Au lieu de s'arrêter, Phelan fonce droit sur cette pièce en tirant sans relâche. Au bout de quelques minutes d'un combat courageux et intrépide, la troupe a détruit ou capturé 11 autres armes lourdes.

L'après-midi tire à sa fin, et Halpenny replie ses chars pour qu'ils se ravitaillent en carburant et en munitions. Son avance d'une lenteur décevante n'a pas donné satisfaction à ses supérieurs, et Simonds demande à Kitching de continuer à faire avancer sa division durant la nuit pour prendre à la fois Bretteville-le-Rabet et la cote 195, la hauteur qui domine la ville de Potigny. Kitching forme deux groupements tactiques pour emporter ces objectifs. La Force Halpenny, réorganisée, doit enlever Bretteville, pendant que le second groupe, constitué des chars du British Columbia Regiment et de trois compagnies de l'Algonquin Regiment sous le commandement du lieutenant-colonel D.G. Worthington, occupera la cote 195. La Force Halpenny s'empare de Bretteville le lendemain, mais un désastre attend l'autre colonne.

La traversée des champs découverts, immédiatement à l'est de la route de Caen à Falaise, est une entreprise déroutante et hasardeuse. Selon le major L.C. Monk, de l'Algonquin Regiment, la colonne s'avance avec «du blé jusqu'à la taille... mais, à cause des parasites [radio] et du bruit des moteurs, nous ne pouvons pas discerner ce qui se passe devant nous». Les chars, qui se trouvent en tête, «attirent» le feu de l'ennemi, et, bientôt, «les maisons et les meules de foin brûlent de tous côtés, nous donnant l'impression que nous devons nous découper sur le ciel et offrir des cibles parfaites». L'historien du British Columbia Regiment, qui se trouve avec eux, décrira ce déplacement nocturne du point de vue des tankistes :

Able unité à tous les postes, ici le commandant. Avancez en direction de la cote 195. Nous devons être à mi-chemin, maintenant; nous avons dû dépasser le réseau de défenses allemand. Nous approchons sûrement, car nous apercevons leurs véhicules non blindés. Soixante-quinze à gauche... pointé... vu. Semi-chenillé ennemi... feu. Un éclair, un grondement, une épave en flammes jonchée de cadavres, et l'un de nos tireurs revendique un coup au but. Coaxiale à droite... pointé...

Juste avant le lever du jour, la colonne se trouve près de Bretteville-le-Rabet. Lorsqu'elle se fait tirer dessus, Worthington tourne vers l'est pour contourner le village mais, à cause de la rapidité de la progression ainsi que de la confusion créée par les tirs sporadiques, l'infanterie prend du retard sur les chars. Pis encore, la colonne s'égare; au lieu de tourner de nouveau vers l'ouest pour franchir la nationale en direction de la cote 195, Worthington s'engage par erreur sur une route secondaire et s'enfonce encore plus loin vers l'est.

À 7 h 55, il parvient à un champ bordé d'arbres sur une hauteur en pente, et signale par radio qu'il a atteint son objectif. Les deux escadrons de chars, et les deux compagnies d'infanterie qui ont réussi à les suivre, se trouvent en fait près de la cote 140, en face des Polonais et à sept kilomètres au nord-est de leur objectif réel, la cote 195. Croyant être sur la bonne

hauteur, Worthington et le lieutenant-colonel A.J. Hay, du Algonquin, sont déterminés à la défendre jusqu'à l'arrivée des renforts. Sans le savoir, Worthington a pénétré la ligne de front de la 12e Division de Panzer SS, dont les unités ont passé une bonne partie de la nuit à gagner de nouvelles positions.

Un officier de la 12e SS, le lieutenant Bernhard Meitzel, effectuant une reconnaissance dans un véhicule blindé enlevé à l'ennemi, se fait tirer dessus près de la cote 140. Il se replie, met Meyer au courant, puis retourne en apprendre davantage. Des obus mettent son véhicule hors de combat et il est fait prisonnier par la Force Worthington. Cependant, Meyer fait pleuvoir sur la cote 140 le feu de toutes les armes dont il dispose, puis il lance les inévitables contre-attaques. L'historien du British Columbia Regiment décrit ainsi la scène :

Tout le secteur tremble sous les explosions. Les 88 tirent de toutes parts. Des obus traçants zèbrent le ciel, la fumée monte, les chars se transforment en étuves, et leurs équipages les abandonnent. La radio aboie des ordres, et les chefs de char ont les yeux vissés à leurs jumelles.

Une heure après avoir atteint la colline, Worthington demande par radio l'appui de l'artillerie, qui s'empresse de bombarder la cote 195 mais, lorsque les artilleurs demandent confirmation des points de chute, le silence seul leur répond. Les communications avec Worthington sont donc rompues, bien que le PC de la 4e Division passe toute la journée à tenter frénétiquement de le localiser.

Au milieu de la matinée, les Canadiens sont attaqués de trois côtés. Selon un témoin :

À mesure que la journée avance, les tirs ennemis augmentent d'intensité. Il en vient de toutes parts, mais surtout des flancs sud et est. À 10 h 30, la moitié de nos chars sont en flammes; les autres ont de la difficulté à repérer les pièces ennemies et à riposter à leurs attaques. Comme l'ennemi n'offre aucune cible à l'infanterie, nous nous contentons de rentrer la tête et d'encaisser les coups de ses canons et de ses mortiers, dont les obus explosent dans les haies et les arbres au-dessus de nous, faisant pleuvoir des éclats dans les tranchées.

Alarmé par le danger que courent ses défenses, Meyer engage ses chars lourds — les Panther et les Tigre — pour exterminer les Canadiens, dont ils grugent peu à peu les forces. À un moment donné, des chars Sherman, qu'on croit être polonais, s'approchent par le sud de la position des Canadiens, mais de violents tirs ennemis les refoulent. Deux Typhoon britanniques, attirés par les colonnes de fumée qui montent des véhicules en flammes, arrivent au-dessus de la cote 140, mais c'est pour décocher aux Canadiens des roquettes et des salves de mitrailleuse. Le major Monk, des Algonquins, raconte la scène :

Nous nous dépêchons de sortir nos signaux de reconnaissance et nous émettons de la fumée jaune. Les avions balancent leurs ailes pour accuser réception du message. Tout au long de la journée, ils reviendront, à intervalles d'une demi-heure, bombarder et mitrailler l'ennemi autour de nous. Nous leur prodiguerons de chaleureuses acclamations...

À la fin de la matinée, on entasse quelques-uns des blessés à bord de semi-chenillés, qui foncent à toute vitesse vers les lignes polonaises sous le feu de l'ennemi. Quelques heures plus tard, les huit Sherman restants quittent également les lieux.

En fin d'après-midi, la situation est désespérée. Il ne reste plus aucun char en état de combattre.

En fait, la plupart d'entre eux, dont un bon nombre sont encore occupés par leur équipage mort, sont la proie des flammes. Les munitions qui explosent à leur bord ajoutent au vacarme et au danger. Nos détachements de mortiers sont hors de combat. Les trous creusés par les obus ont transformé le champ en passoire, et leurs éclats ont réduit en pièces les arbres et les arbustes. La plupart d'entre nous avons le cœur au bord des lèvres, à force de respirer les odeurs mêlées de la chair brûlée et des explosifs brisants.

Le fracas ininterrompu des explosions d'obus commence à exercer ses ravages, d'abord chez les blessés, puis chez les hommes demeurés valides, qui se sentent devenir un peu «dingos». Nous n'avons plus de morphine ni de pansements. Le délire s'est emparé d'un grand nombre de blessés, qui hurlent à tout rompre, qui bondissent hors de leur tranchée et qu'il faut ramener de force à l'abri. Les choses s'annoncent plutôt mal.

Worthington est tué au début de la soirée et, quelques heures plus tard, lorsque les Allemands se regroupent pour une autre attaque, les survivants se glissent hors de leurs positions et tentent de regagner, seuls ou en groupes, les lignes canadiennes. Meitzel réussit à convaincre un certain nombre que leur meilleure chance de survie consiste à se rendre, et il les guide jusqu'aux positions allemandes. «Lorsque les derniers survivants s'en vont, écrira l'historien du Algonquin, leurs assaillants se trouvent à moins de 50 verges.» Néanmoins, un bon nombre d'entre eux réussiront à s'enfuir. Monk est du nombre :

... après avoir protégé avec une Bren le repli d'un dernier petit groupe, il réussit, à la dernière minute, à suivre celui-ci en rampant. C'est alors que surgit un allié imprévu en la personne de l'un des prisonniers, qui déclare être polonais et vouloir combattre ses ex-camarades forcés. Lorsque ceux-ci attaquent, il leur tire dessus à la mitrailleuse Bren et tombe sous leurs coups. Le SMC Fraser ne soupçonne pas à quel point l'ennemi est proche, jusqu'à ce qu'il voie se dresser au bord de sa tranchée une silhouette portant un fusil braqué, qui l'oblige à se rendre en

déclarant dans un anglais impeccable : «C'est mon pays, ici, et vous ne pouvez pas me l'enlever.»

Ainsi prend fin un combat courageux, mais désespéré, qui a coûté 47 chars et fait au moins 200 victimes. Ironie du sort, la Force Worthington avait inopinément pénétré la position de Meyer, et il est dommage que des problèmes de langue et de communications avec les alliés polonais se soient conjugués pour contrecarrer l'exploitation de cette percée.

Kitching n'apprend toute l'étendue du désastre que le soir du 9 août. Il a tenté d'aider Worthington de toutes les manières possibles, notamment en envoyant le Governor General's Foot Guards sur la cote 195 en fin de matinée, avec une compagnie du Algonquin et des troupes de soutien mais, bien sûr, les hommes du British Columbia livraient leur propre combat à plusieurs kilomètres de là. Aux abords du bois de Quesnay, qui s'étend de part et d'autre de la route nationale, au sud de Grainville-Langannerie, les Guards ont pris vers l'ouest à travers champs. Soudain, la troupe de tête signale avoir aperçu des Allemands et ouvre le feu. On croyait ce bois faiblement défendu, mais Meyer a posté entre les arbres un puissant écran de pièces antichars. Selon l'historien des Foot Guards, ceux-ci ont essuyé, en s'approchant, un tir d'une précision mortelle :

... au bout de quelques minutes, deux obus tirés dans la chenille droite du char du lieutenant Westheuser mettent celui-ci hors de combat. Ses hommes d'équipage, McAfee, Magee, Draper et Marwick, continuent de tirer sur l'ennemi pendant qu'il sort pour tenter de réparer la chenille. Très peu de temps après, le moteur d'un char de la 1re Troupe, commandé par le cpl Pecore, est touché à son tour. Se conduisant comme à l'exercice, l'équipage hisse un pavillon signalant la mise hors de combat du char avant de quitter celui-ci. En plus des obus de 88 mm, l'air est maintenant saturé d'explosions aériennes et de salves de mitrailleuses.

Les Foot Guards, après avoir combattu jusqu'à la tombée de la nuit et perdu 26 chars, c'est-à-dire la moitié de leur effectif, doivent s'arrêter. Ils dirigent le feu de leur artillerie sur les positions allemandes puis, au coucher du soleil, adoptent une position défensive pour la nuit.

À ce stade, l'opération TOTALIZE a fait avancer le front d'environ cinq kilomètres, et Simonds ordonne à Kitching de continuer jusqu'à la cote 195. Celui-ci engage dans une attaque nocturne son dernier bataillon d'infanterie, le Argyll and Sutherland Highlanders of Canada. Le commandant de ce dernier, le lieutenant-colonel J.D. Stewart, choisit d'approcher son objectif en silence, sans préparation d'artillerie, et donne à son bataillon un briefing minutieux avant de se mettre en route. Selon l'historien du régiment, Stewart ne fait preuve d'aucune «incertitude» en décrivant la mission périlleuse qui attend ses hommes mais, au contraire,

Une équipe de pièce «ramone» l'âme de son canon de 5,5 pouces. Celui-ci, une arme précise et d'une bonne portée, équipe les régiments d'artillerie moyenne de l'armée de terre canadienne en Normandie. (ANC, PA 131382)

Régiment d'artillerie moyenne canadien tirant sur des positions allemandes pendant qu'une colonne de véhicules de transport de troupes (VTT) défile au premier plan. Pour percer les blindés allemands supérieurs aux nôtres ainsi que les lignes défensives ennemies judicieusement situées, la 1re Armée canadienne mise énormément sur l'appui de ses artilleurs. Dix régiments d'artillerie de campagne de l'Artillerie royale canadienne et six de ses régiments d'artillerie moyenne ont servi en Normandie. (ANC, PA 116516)

«convainc tous ceux qui l'entourent que l'audace même de l'attaque, et son impétuosité, remporteront la victoire». Menés par leur commandant, les Argyll se mettent en route :

... ils quittent Langannerie à minuit et suivent la ligne de piquets jusqu'à son extrémité, près de la colline, d'où le colonel les mène à l'assaut des pentes. Quel dommage qu'aucun artiste ne soit là pour immortaliser dans un tableau cette colonne sinueuse d'hommes lourdement chargés, las et circonspects qui, derrière leur chef indomptable coiffé d'un béret écossais (même en cette occasion, il a dédaigné le casque d'acier), cheminent péniblement à travers les blés vers un destin qu'aucun d'entre eux ne saurait prédire. En fait, faute de souffle, ils ne seraient probablement pas en mesure de prononcer un seul mot, car ils transportent sur leur dos le maximum d'équipement, et les effets de la fatigue commencent à se faire durement sentir.

N'ayant affronté qu'une faible résistance, le bataillon occupe dès l'aube la plus grande partie de la cote 195, fournissant un exemple remarquable de ce que peuvent réaliser l'innovation et l'initiative. Toutefois, les Argyll ne se laissent pas bercer par un sentiment trompeur de sécurité, et ils obéissent avec empressement à l'ordre laconique qui vole de bouche en bouche : «Creuse, mon pote.»

Ils ont bien raison, car la réaction des Allemands, ébranlés par la perte de cette éminence vitale, est aussi prompte que violente. Les Grenadier Guards qui, aux premières lueurs du jour, font avancer leurs chars pour venir à l'aide des Argyll, en subissent les lourdes conséquences. Une brume au sol masque l'avance des Guards mais, au milieu de la matinée, elle s'est évaporée et, à midi, lorsque le colonel Halpenny convoque une réunion de ses commandants d'escadron, l'unité essuie subitement un feu nourri. Son historien racontera comment les projectiles jaillissaient de toutes parts «en giclant sur nos blindés», suivis des tirs de canons antichars, qui «transpercent huit de nos chars en autant de minutes».

Ensuite, venus de la direction de Potigny, «trois étranges véhicules chenillés ressemblant à des transports de petite taille, avec un drapeau blanc flottant au sommet de leur antenne, escaladent la pente à 15 ou 20 milles à l'heure». Ces engins sont des véhicules de destruction radioguidés qui ont heureusement peu d'effet, car «ils font détoner leurs 800 livres de TNT en une explosion verticale spectaculaire, mais inoffensive».

Les dégâts sont surtout le fait de l'artillerie antichar, au tir nourri et précis. Lorsque le lieutenant Hill, du régiment, s'en va étudier de près les véhicules de destruction :

Son char n'a pas fait 100 verges qu'il prend feu subitement. À partir de ce moment-là, tout se déroule très vite. Sur la gauche, deux autres chars s'embrasent à leur tour... Les chars des chefs d'escadron, qui étaient groupés autour de celui du commandant, se dispersent aussitôt, mais l'engin du major Williamson a déjà eu le temps de se transformer lui aussi en brasier.

Les Grenadier Guards ont perdu 16 chars sans pouvoir s'avancer. Le brigadier-général Booth ordonne donc aux Foot Guards d'apporter leur appui aux Argyll. Le Stormont, Dundas and Glengarry Highlanders de la 3e Division les rejoindra plus tard, faisant ainsi son entrée dans la bataille. Ensemble, ils défendent la position tout le long de la journée contre une série d'attaques d'intensité variable de l'artillerie et de l'infanterie allemandes.

Au cours de la matinée, Simonds confère avec ses commandants de division. La 3e Division d'infanterie canadienne, qui vient tout juste de prendre position à l'ouest de la route de Caen à Falaise, reçoit l'ordre de continuer d'avancer jusqu'aux hauteurs dominantes qui se dressent au sud-ouest d'Épancy. Le bois de Quesnay, que la 8e Brigade a pour mission de nettoyer, se trouve sur sa route.

Après une longue marche sous le feu, ce n'est qu'à la fin de la soirée que les deux bataillons d'assaut, le Queen's Own Rifles et le North Shore Regiment, s'approchent de la partie nord-est du bois. Lorsqu'ils en atteignent la lisière, les Allemands aux aguets prennent le Queen's Own sous le feu de leur artillerie et de leurs mitrailleuses. Dans l'obscurité croissante, il est impossible de discerner les attaquants des défenseurs, et l'artillerie canadienne doit cesser le tir.

Sur les trois compagnies de tête du Queen's Own, deux se font clouer au sol par le tir meurtrier des Allemands. Le sergent-major Charles Martin, de la Compagnie A, a réussi à se rapprocher du bois avec trois hommes, lorsque le petit groupe aperçoit des chars allemands. Martin ne s'en émeut pas outre mesure, car *«ce n'est pas si terrible de se trouver tout près d'un char; l'équipage ne peut pas voir ce qui se passe sous son nez, seulement ce qui se trouve assez loin en avant»*, mais il s'inquiète du fait qu'ils n'aient presque plus de munitions. Après avoir envoyé un homme transmettre à l'unité des informations sur les positions allemandes et une demande de munitions, il se *prépare à tenir*. Fait extraordinaire, le fantassin revient avec des munitions et un ordre de repli.

Le North Shore Regiment ne s'en tire guère mieux, bien que quelques-uns de ses hommes réussissent à pénétrer dans le bois. Des pertes élevées, incluant celles du commandant du bataillon et de deux commandants de compagnie, compliquent la direction des opérations, et le bataillon est incapable d'avancer, face aux tirs nourris de mortiers, de mitrailleuses et d'artillerie. Le sergent Albanie Drapeau, du peloton de mortiers, connaît une aventure particulièrement éprouvante. Ainsi qu'il le racontera à l'historien des North Shore, il venait tout juste de finir de panser un blessé et s'était remis en marche, lorsque soudain :

... ils ont fait feu à tout-va, et j'ai plongé dans les blés. Ils se sont alors mis à me tirer dessus chaque fois que je faisais remuer les tiges, et j'ai dû

demeurer immobile. Ensuite, ils ont lancé des obus fumigènes qui ont fait flamber instantanément les graminées, qui étaient très sèches. J'ai compris que j'allais être rôti vivant si je restais là et que je serais vite mort si je me redressais. Au cours des 11 mois où j'ai servi au combat, c'est la seule fois où mon courage m'ait abandonné. Pendant que le brasier rougeoyant se rapprochait de moi, j'ai prié Dieu de me venir en aide, et je lui ai demandé que, quoi qu'il arrive, tout se passe très vite. Lorsque j'ai vu que le blé émettait, en se consumant, un épais nuage de fumée noire montant à peu près à hauteur d'homme et se déplaçant vers les bois au ras du sol, ç'a été comme une réponse à ma prière. Je me suis mis debout en un clin d'œil, et j'ai couru à perdre haleine.

Cloués au sol par des tirs nourris, les North Shore s'établissent dans des tranchées et, quelques heures plus tard, les deux unités sont repliées.

Cette nuit-là, Charles Martin accompagne une équipe de volontaires qui s'en vont chercher les blessés. Ils *«doivent rester très tranquilles»*, racontera-t-il, car *«la nuit, les bruits portent plus loin»* et, lorsque le détachement trouve un homme, celui-ci *«a droit immédiatement à une injection de morphine»*, non seulement pour calmer ses souffrances, mais pour *«garantir son silence, car les mortiers, l'artillerie et les mitrailleuses continuent de tirer au moindre bruit»*.

Le bois de Quesnay met le point final à l'opération TOTALIZE. Simonds conclut qu'il devra organiser une nouvelle attaque délibérée pour s'emparer des hauteurs qui dominent Falaise. Il envoie donc des fantassins remplacer les divisions blindées et ordonne à celles-ci de se regrouper, de se ravitailler et de se préparer à une nouvelle offensive.

L'opération TOTALIZE n'a eu qu'un succès mitigé. Elle a fait avancer le front des Canadiens de 13 kilomètres vers Falaise et infligé aux Allemands de lourdes pertes qu'ils seront incapables de compenser, mais elle n'a pas atteint ses objectifs, et la brèche qui sépare les Canadiens des Américains demeure ouverte. Simonds a orchestré une opération complexe en faisant appel aux nombreuses ressources dont dispose un commandant allié à ce stade avancé de la guerre. Grâce à une attaque nocturne combinant astucieusement la puissance aérienne, des effectifs massifs de chars et d'artillerie et des transports de troupes blindés, l'opération TOTALIZE a démontré qu'il était possible de percer les défenses allemandes et d'enlever les villages fortifiés. Malgré tout, elle a été victime de sa propre ampleur et de la planification détaillée nécessaire à sa réalisation. Son minutage rigide laissait peu de chances aux commandants subalternes de s'adapter rapidement à l'évolution rapide de la situation, et ce manque de souplesse a permis aux Allemands de réagir avec leur rapidité notoire.

CHAPITRE VIII

AOÛT : LA FIN DE LA CAMPAGNE DE NORMANDIE

Sabre au clair, et chargez!
(Un officier anonyme)

Alors que l'opération TOTALIZE est en perte de vitesse, Patton commence à s'avancer vers l'est. La rapidité de sa progression amène Montgomery à donner de nouvelles instructions à la 1re Armée canadienne et à la 2e britannique. Les Canadiens doivent maintenant bifurquer vers l'est en contournant Falaise et opérer leur jonction avec les Américains, qui se rapprochent d'Argentan. Le général Simonds prépare donc une nouvelle opération, sous le nom de code TRACTABLE, ayant pour objectif les hauteurs qui se dressent au nord de Falaise.

Les Canadiens sont séparés de leur objectif par la vallée du Laison, une profonde dépression boisée dont le versant nord constitue la première ligne de défense des Allemands, qui en possèdent une seconde sur les pentes boisées de la crête qui s'élève au sud. En attaquant ici, Simonds évitera le centre de résistance allemand du bois de Quesnay, et le terrain légèrement valonné, mais découvert, offrira à ses chars un espace suffisant pour manœuvrer.

À l'instar de TOTALIZE, l'opération TRACTABLE doit consister en une poussée massive de blindés qui pénétrera au cœur des lignes de défense allemandes. La 2e Brigade blindée vient en tête sur la droite, accompagnée de la 9e Brigade d'infanterie de la 3e Division, à bord de TTB, et de la 7e, qui suit à pied. Sur la gauche, c'est la 4e Brigade blindée, accompagnée de la 8e Brigade, également à pied, qui se trouve en tête. Contrairement à ce qui s'est produit dans le cadre de l'opération TOTALIZE, on lancera l'attaque en plein jour, en employant de la fumée pour masquer les mouvements. Afin de réaliser un effet de surprise, il n'y aura pas de long bombardement préliminaire mais, juste avant l'heure H, tous les canons, tous les bombardiers moyens et lourds dont on dispose attaqueront les positions connues. À l'heure H, c'est-à-dire le 14 août à midi, les chars et l'infanterie blindée ouvriront un chemin, et ils seront suivis d'autres unités qui procéderont à la consolidation. Un officier résumera cette manière de procéder, qui ne brille pas de subtilité, dans une formule lapidaire à l'ironie contenue : *«Sabre au clair, et chargez!»*

Il faut trois jours au 2e Corps d'armée pour se regrouper en vue de l'attaque — le temps nécessaire pour remplacer les chars détruits ou endommagés et pour intégrer les renforts aux compagnies ou aux pelotons — mais, le soir du 13 août, tout est prêt. Auparavant, au cours d'une réunion de son groupe de commandement, qui s'est tenue le même jour, Simonds a critiqué avec âpreté ses commandants de blindés pour les piètres résultats qu'ils ont obtenus au cours de l'opération TOTALIZE, et il leur a bien fait comprendre qu'il attendait davantage d'eux. Insistant sur la nécessité d'agir vite et de *«pousser les blindés à l'extrême limite de leur endurance»*, il les a prévenus qu'*«un échec serait sans excuse»*.

Les Canadiens affronteront la 85e Division d'infanterie allemande, nouvellement arrivée. Bien que ce ne soit pas une formation puissante, elle a l'appui de la 12e Division de Panzer SS, qui demeure redoutable, même si, avec ses quelque 35 chars, elle est réduite à l'effectif d'un groupement tactique. Les Allemands disposent également de 10 Tigre, et la 85e Division peut faire appel à ses propres unités divisionnaires d'artillerie antichar ou antiaérienne et à celles des Jeunesses hitlériennes, ainsi qu'à des bataillons supplémentaires d'artillerie antiaérienne et de mortiers de la Luftwaffe et de l'armée de terre.

Le jour de l'assaut, le 14 août, est une belle journée d'été ensoleillée, *«d'une chaleur infernale»*, selon un soldat. Au milieu de la matinée, les unités d'assaut réunies dans leurs zones de concentration, derrière les crêtes qui s'élèvent au nord du Laison, composent un spectacle impressionnant. Un officier du South Alberta estime qu'une *formation d'environ 250 chars qui se touchent presque les uns les autres évoque davantage une publicité de la General Motors que la guerre telle que nous avons appris à la connaître»*. À 11 h, la tension est presque palpable, alors que les hommes comptent les minutes qui les séparent du moment où l'artillerie ouvrira le feu. Vingt-cinq minutes plus tard, celle-ci commence à tirer des marqueurs fumigènes rouges à l'intention des bombardiers, qui s'approchent en grondant pour frapper les positions allemandes avancées. En même temps que les avions traversent le ciel, vague après vague, des centaines de pièces lourdes ou moyennes et de canons de campagne ouvrent le feu, noyant tout autre son. La fumée vient s'ajouter à la poussière soulevée par le bombardement pour obscurcir la vallée. À 11 h 40 résonne le commandement : «En

avant!» Ensuite, ainsi que l'écrira l'historien des Grenadier Guards, «l'enfer se déchaîne» :

Toute la terre tremble sous l'élan d'un millier de véhicules et le choc du recul et du départ des canons. L'air âcre vibre du ronronnement des moteurs et de l'explosion de toutes sortes de missiles hurlants. Une gamme de vibrations incompréhensibles frappe nos sens d'une pulsation confuse et déroutante. La vue est obscurcie par la fumée et la poussière, au point où l'œil ne peut plus distinguer, à travers le voile d'une brume frissonnante, que le dispositif de visée du canon et le disque rouge du soleil.

Avançant en formations de huit sur une ligne de front, les brigades blindées s'enfoncent droit dans les défenses des Allemands. Ceux-ci éliminent bien quelques chars, mais ils ne peuvent pas tous les atteindre. À bord de ceux-ci, «les pilotes sont incapables de diriger leur engin; ils se contentent de foncer vers le soleil, l'accélérateur au plancher».

L'infanterie vient ensuite. Le Lake Superior Regiment s'avance en grande pompe, pendant que son officier du renseignement joue à la trompette la marche du régiment, «Light Afoot». Dans les véhicules du 8e Escadron de campagne du Génie royal canadien, qui accompagne l'infanterie pour s'occuper des mines et des obstacles, on semble bien s'amuser. Selon l'historien de l'escadron, ses membres viennent juste de recevoir leur première ration de rhum, et voici comment l'un des sapeurs racontera ses impressions :

Et nous voilà partis, en poussant allégrement des hourras, en criant et en agitant les bras à l'intention des occupants des véhicules voisins. Jamais soldats ne sont allés aussi gaiement au combat. À travers les champs et les haies, dans le plus grand désordre, c'est une course folle. On peut visualiser des chevaliers en armure lancés dans une charge épique, leurs oriflammes claquant au vent. Çà et là, un char éprouve de la difficulté à franchir une haie ou un fossé. Tout à coup, on entend siffler et s'écraser les obus de mortier et de 88. Les acclamations et les cris cessent comme par magie, et nous nous écrasons encore davantage, si la chose est possible, à l'intérieur des flancs des semi-chenillés.

En raison de la visibilité médiocre et de leur nombre tout simplement trop élevé, le désordre s'installe dans les colonnes de chars :

... elles se muent en une masse hétérogène qui se déverse dans la vallée remplie de fumée, à contre-courant d'un flot de prisonniers s'écoulant vers l'arrière. En dépit de la poussière qui fait disparaître les repères et réduit la visibilité, les lourds véhicules surmontent les obstacles, balisent et contournent les champs de mines et, après chaque brève halte destinée à permettre de vérifier la direction, reprennent leur avance zigzaguante pour disparaître en rugissant dans la fumée

Des blindés britanniques et canadiens se rassemblent en vue de la folle ruée du 14 août 1944 : l'opération TRACTABLE. Au premier plan, on aperçoit un engin antichar M-10; derrière lui, un char lance-flammes Crocodile s'avance sur la route. On peut distinguer, à l'horizon, la fumée produite par l'attaque des bombardiers alliés. (ANC, PA 116525)

Rassemblement en vue de l'opération TRACTABLE. On aperçoit au premier plan un char Sherman équipé d'un Flail. À noter la poussière soulevée par la colonne de Sherman, à l'arrière-plan. (ANC, PA 116539)

semblable à un brouillard qui empeste la cordite et les moteurs surmenés.

Malgré tout, et bien que les deux brigades blindées se fassent constamment tirer dessus, elles ne subissent que des pertes légères et s'avancent de quatre à cinq kilomètres vers le Laison au cours des deux premières heures.

Quoique le Laison ne soit guère plus qu'un ruisseau sinueux, son fond vaseux et ses berges abruptes fournissent aux Allemands un fossé antichar tout fait que les planificateurs ont inexplicablement négligé en préparant l'opération TRACTABLE. Une confusion monstre se produit donc lorsque des dizaines de chars pris sous le feu de l'ennemi se mettent à aller et venir dans tous les sens sur la rive nord à la recherche d'un point de franchissement. Un grand nombre d'entre eux s'embourbent dans le sol meuble, ou y démolissent leurs chenilles. L'Escadron A des Hussars, par exemple, perd 11 de ses 19 chars en essayant de trouver un passage. Les assaillants sont ralentis ou immobilisés durant plusieurs heures, jusqu'à ce que les sapeurs coincés dans cet embouteillage arrivent à s'avancer pour niveler les berges au bulldozer.

Une fois franchi le Laison, les commandants des blindés doivent réorganiser leurs unités et en reprendre la direction avant de se remettre en route, ce qui retarde encore l'assaut. Le British Columbia Regiment éprouve des difficultés toutes particulières. Il a reçu de nouveaux chars après le désastre du 9 août, mais il n'a pas eu le temps d'y peindre des signaux tactiques pour permettre aux équipages de se reconnaître. Si l'on en croit l'historien du régiment, ils éprouvent même de la difficulté à se retrouver les uns les autres :

Allô, Baker deux. Je suis maintenant au point de rendez-vous. Dans quel véhicule êtes-vous?...
«J'agite mon bras par l'écoutille de la tourelle.» «Allô, Baker deux, êtes-vous celui qui agite le bras droit ou le bras gauche? Êtes-vous celui à côté de l'arbre ou près de la clôture?»

Lorsque les chars de la 12e SS interviennent, ils retardent encore davantage les assaillants.

À la fin de l'après-midi, la 2e Brigade blindée canadienne, sur la droite, se trouve tout près de ses objectifs. Derrière elle, des bataillons de la 9e Brigade descendent de leurs TTB, nettoient les positions ennemies qu'elle a contournées, puis se remettent en route. À la tombée de la nuit, les deux brigades d'assaut se trouvent sur les hauteurs qui s'élèvent à l'ouest d'Olendon, quatre kilomètres au sud du Laison, et la 7e Brigade s'avance à pied pour consolider la position.

Dans le secteur de la 4e Division, sur la gauche, l'avance est encore plus difficile. Comme si l'embouteillage et l'obstacle présenté par le Laison ne suffisaient pas, la situation s'aggrave lorsque le brigadier-général E.L. Booth, commandant la 4e Brigade blindée, se fait tuer, et que la plupart de ses véhicules de commandement et leurs radios sont mis hors de service juste au moment où ils atteignent le Laison. À cause de la confusion et de la rupture des communications, Kitching n'apprend la mort de Booth qu'à la fin de l'après-midi. Il ordonne alors au lieutenant-colonel M.J. Scott, des Foot Guards, de prendre le commandement de la brigade, mais celui-ci, lui-même blessé, est en train de combattre avec son unité au sud du Laison et ne peut obéir à cet ordre avant plusieurs heures. Entre-temps, les trois régiments blindés se fraient un chemin, chacun de son côté, vers leurs objectifs. Durant près de six heures, la 4e Brigade blindée, sans personne pour la commander réellement, s'écarte considérablement vers l'est de sa route prévue. Lorsque Scott en prend le commandement, il fait presque nuit. Il décide donc de procéder à une réorganisation, et ce n'est qu'à l'aube du lendemain que la 4e Division s'empare de ses objectifs.

Selon certains des participants à l'opération TRACTABLE, il s'agit d'une entreprise passionnante, marquée par la poussière et la soif, et par d'occasionnels intermèdes de combats violents, mais confus. Il est extrêmement difficile de distinguer les amis des ennemis, car les unités allemandes et canadiennes se trouvent mélangées. Par exemple, aux abords du bois de Quesnay, quatre engins antichars M-10 de la 14e Batterie antichar sont détruits coup sur coup lorsqu'une méprise les conduit trop près des positions allemandes.

La journée est marquée par un intermède tragique lorsque, par erreur, un certain nombre d'avions apportant leur appui à l'opération ne larguent pas leurs bombes assez loin. Après l'opération TOTALIZE, on a adopté plusieurs dispositifs de navigation et de marquage des objectifs pour empêcher que de tels incidents se produisent, mais même les préparatifs les plus détaillés ne peuvent garantir le succès. Certains aviateurs choisissent de lâcher leurs bombes sur des marqueurs d'objectifs jaunes, au lieu de calculer la durée de leur approche à partir de la Manche au moyen des chronomètres qu'on leur a fournis. Malheureusement, si le Bomber Command emploie de la fumée jaune pour marquer les objectifs, les troupes terrestres s'en servent, elles, pour signaler leurs positions avancées. L'incapacité des commandements de l'armée de terre et de l'aviation de communiquer clairement entre eux a des résultats désastreux, bien que prévisibles, et les hommes se blottissent contre le sol sous un orage d'explosifs brisants.

L'une des unités ainsi touchées est le 7e Régiment d'artillerie moyenne de l'Artillerie royale canadienne. Leur historien, qui se trouve sur place, nous livrera ses impressions :

C'est l'une des choses les plus atroces qui puissent arriver à quelqu'un. Il regarde en l'air et voit tout un escadron de Halifax qui se dirige vers lui à très basse altitude et se met subitement à changer de forme. Il réalise alors avec horreur que ce sont les portes des soutes à bombes qui sont en train de

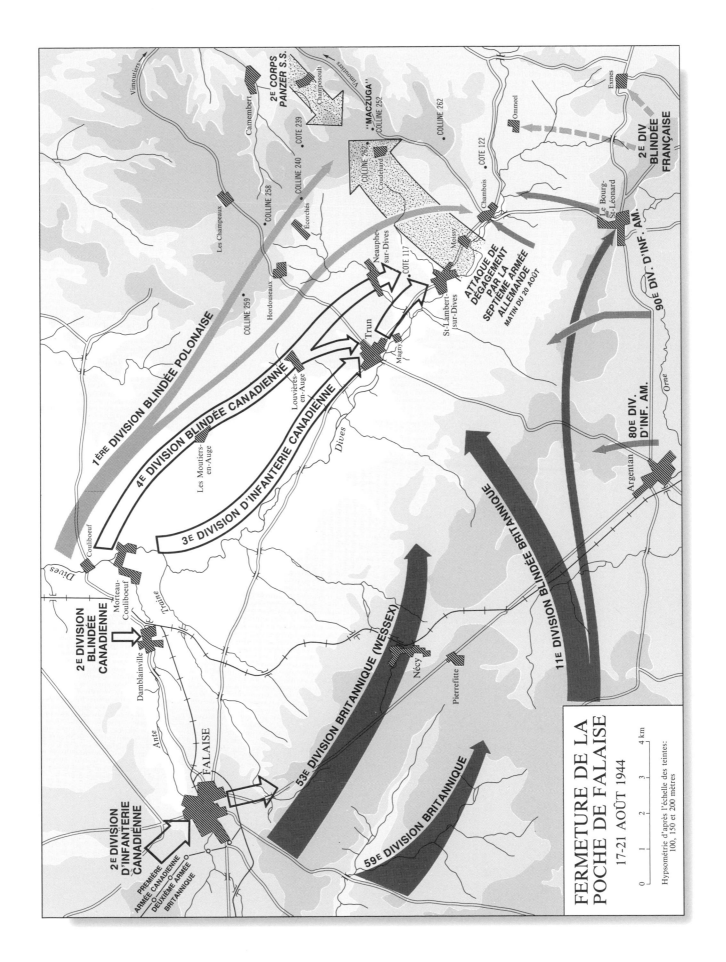

2E CORPS PANZER S.S.

"MACZUGA"
COLLINE 252

2E DIV
BLINDÉE
FRANÇAISE

Esnes

Ommeel

COLLINE 262

COTE 122

Camembert

COLLINE 258

COLLINE 240 COTE 239

Chambois

Le Bourg-
St-Léonard

ATTAQUE DE
DÉGAGEMENT
PAR LA
SEPTIÈME ARMÉE
ALLEMANDE
MATIN DU 20 AOÛT

90E DIV. D'INF. AM.

Les Champeaux

Hordouseaux

Écorches

Moissy

Neauphe-
sur-Dives

COTE 117

St-Lambert-
sur-Dives

Magny

80E DIV.
D'INF. AM.

Argentan

Orne

1ÈRE DIVISION BLINDÉE POLONAISE

4E DIVISION BLINDÉE CANADIENNE

Louvières-
en-Auge

Trun

COLLINE 259

3E DIVISION D'INFANTERIE CANADIENNE

Les Mouliers-
en-Auge

Dives

11E DIVISION BLINDÉE BRITANNIQUE

Couliboeuf

Dives

Morteau-
Couliboeuf

2E DIVISION
BLINDÉE
CANADIENNE

Trâine

53E DIVISION BRITANNIQUE (WESSEX)

Nécy

Pierrefitte

Damblainville

Ante

FALAISE

59E DIVISION BRITANNIQUE

2E DIVISION
D'INFANTERIE
CANADIENNE

PREMIÈRE
ARMÉE CANADIENNE
DEUXIÈME ARMÉE
BRITANNIQUE

FERMETURE DE LA
POCHE DE FALAISE
17-21 AOÛT 1944

0 1 2 3 4 km

Hypsométrie d'après l'échelle des teintes:
100, 150 et 200 mètres

s'ouvrir et, la minute d'après, il voit les bombes tomber dans sa direction et devenir de plus en plus grosses. Il plonge alors au sol et se met à creuser la terre, jusqu'à ce que ses doigts lui fassent mal. Soudain, l'enfer se déchaîne autour de lui. La poussière, la fumée et l'odeur âcre des explosifs en flammes se combinent et font de leur mieux pour le suffoquer. En même temps, la terre, les pierres et les cailloux pleuvent sur son dos, et chacun lui semble peser une tonne. La fumée se dissipe enfin, et il se dit qu'il a eu de la chance; puis, s'étant redressé, il constate à quel point, effectivement, il en a eu. Il regarde le ciel pour voir s'il s'y trouve d'autres avions, et découvre, à son grand effroi, qu'un autre escadron est justement en train d'ouvrir les portes de ses soutes à bombes, et que derrière lui il y en a un autre, et encore un autre.

En désespoir de cause, des pilotes observateurs d'artillerie envoient leur petit avion de reconnaissance Auster devant les bombardiers pour essayer de les guider vers les bons sites de bombardement, mais en vain. Furieux, le lieutenant-colonel G.D. Wotherspoon, du South Alberta, est sur le point d'ordonner à sa troupe d'AAA de 20 mm d'ouvrir le feu sur les avions qui les survolent, mais il en est dissuadé au dernier moment par l'aumônier du régiment, le capitaine Philip Silcox qui, effectuant une tentative futile pour arrêter le bombardement, s'élance en courant dans un champ découvert afin d'y déployer le pavillon britannique.

Cette consternante affaire se solde par la perte de 500 soldats polonais et canadiens, une désorganisation des zones de l'arrière du corps d'armée et, chez les soldats, un scepticisme profond et durable à l'égard de certaines formes d'appui aérien. Ironie du sort, l'un des nombreux hommes pelotonnés contre le sol au passage des avions, en ce 14 août, est le vice-maréchal de l'air M. Coningham, commandant la 2e Force aérienne tactique, qui observait alors le bombardement aux côtés de Simonds.

Les unités reprennent leur avance le 15 août, au lever du jour, mais, presque immédiatement, les forces blindées affrontent un puissant écran de canons antichars allemands qui ralentissent la 4e Division lorsqu'elle tente de s'emparer du secteur oriental de la longue crête dominant Falaise. En fin d'après-midi, les Grenadier Guards et le British Columbia Regiment atteignent la partie méridionale de cette éminence, près de Versainville, mais ils sont refoulés par des tirs nourris et précis.

À l'ouest, la 3e Division affronte également une résistance opiniâtre. Le Canadian Scottish, qui s'est porté à l'avant pendant la nuit pour protéger le terrain conquis la veille, reçoit l'ordre de s'emparer d'une colline à trois kilomètres au nord-est de Falaise. Sous le commandement du major R.M. Lendrum, le bataillon se met en route avec quelques chars et engins antichars M-10, mais sans grand appui d'artillerie. En effet, il se trouve pratiquement hors

de portée de toutes les pièces, sauf de l'artillerie moyenne, qui s'empresse de lancer ses obus au beau milieu de l'avance des Canadiens.

Le bataillon poursuit quand même sa progression contre les fantassins allemands épaulés par des canons, des mortiers, des mitrailleuses et des chars. Il égare certains postes radio, d'autres sont détruits et les communications sont interrompues. (Un commandant de compagnie racontera à l'historien du régiment que, lorsqu'il a réclamé l'appui des blindés, il a été ébahi de capter dans ses écouteurs, par quelque phénomène atmosphérique fortuit, un programme musical de la BBC intitulé «Travaillez en musique».) Le Scottish s'empare de son objectif, mais ce succès lui coûte 127 hommes, ses pires pertes en une seule journée durant toute la guerre. Les autres unités de la 7e Brigade ne s'en tirent guère mieux. Le Winnipeg Rifles est refoulé à Soulangy, tandis que le Regina Rifles, qui a reçu l'ordre d'aller aider le Scottish, abandonne son attaque lorsqu'il se rend compte que ses chars d'appui demeurent introuvables.

À ce stade, les forces allemandes de Normandie sont en train de se faire isoler. Deux armées, la 5e Panzer et la 7e, derniers vestiges des 21 divisions, sont presque complètement encerclées mais, en dépit de ses demandes répétées, le maréchal Von Kluge ne peut arriver à obtenir du QG de Hitler la permission de se replier. De toute manière, il n'en a plus pour longtemps à commander; soupçonné de complicité dans l'attentat à la bombe du 22 juillet contre le Führer, il sera remplacé par le maréchal Walter Model. Heureusement pour les Allemands, le commandant de la 5e Armée de Panzer, le général Heinrich Eberbach, a stoppé les Américains près d'Argentan et, avant qu'ils puissent se remettre en marche, Bradley, prenant une décision controversée, a ordonné à Patton de s'arrêter à la ligne de démarcation séparant les forces américaines de celles du Commonwealth. S'il faut refermer le piège, ce sera donc à partir du nord.

La bataille de Normandie entre maintenant dans une phase extrêmement fluide où le 2e Corps d'armée de Simonds menace l'extrémité nord du front allemand et les forces américaines son extrémité sud. Le 14, Simonds donne de nouveaux ordres : la 2e Division de Foulkes, qui garde alors le flanc droit de l'opération TRACTABLE, doit prendre Falaise, pendant que la 4e Division isolera la ville du côté est. En même temps, la 1re Division polonaise s'emparera, encore plus loin à l'est, d'un point de franchissement du Laison, à Jort, en vue de s'avancer jusqu'à Trun. Cependant, le lendemain matin, devant l'évolution rapide de la situation tactique, Simonds ordonne à la 4e Division de pousser plus avant son mouvement latéral vers l'est et de se rendre également à Trun.

Il faut un certain temps aux deux divisions pour se regrouper et se mettre en marche. La 1re Division polonaise n'est prête à partir que le soir du 16 août, où elle franchit le Laison, mais elle a dû attendre que

Un détachement antichar canadien remorque son canon de 6 (57 mm), faisant partie de la formidable phalange constituant l'opération TRACTABLE. (ANC, PA 116536)

Le nettoyage de Falaise, les 16 et 17 août 1944. Une section d'infanterie des Fusiliers Mont-Royal suit un char des Sherbrooke Fusiliers dans une rue de la ville natale de Guillaume le Conquérant. Il aura fallu deux jours de durs combats pour s'emparer de Falaise. (ANC, 115568)

les sapeurs reconstruisent des ponts. La 4ᵉ Blindée met toute la journée à atteindre sa position, en amont de Damblainville, avant d'attaquer la ville. Entre-temps, la 2ᵉ Division, constatant que les Allemands qui se trouvaient sur son front se sont repliés, s'approche de la périphérie de Falaise.

La ville est occupée par une petite garnison de 200 hommes de la 12ᵉ Division SS, pourvus de canons antichars et de deux chars Tigre. Ayant reçu l'ordre de gagner du temps, ceux-ci se retranchent dans les ruines de la ville natale de Guillaume le Conquérant, qui a été pratiquement détruite par les bombardements massifs du 14 août. Leur élimination échoit à la 6ᵉ Brigade du brigadier-général H. Young, appuyée par les Sherbrooke Fusiliers. À la fin de l'après-midi du 16 août, le South Saskatchewan Regiment et le Queen's Own Cameron Highlanders pénètrent dans la banlieue éloignée de la ville, mais ils sont arrêtés par les cratères des bombes et par les débris qui encombrent les rues. Le soir, les South Saskatchewan atteignent le pont qui enjambe l'Ante, laquelle partage la ville en deux. Là, les chars des Sherbrooke sont arrêtés par un canon antichar judicieusement situé. Le lieutenant-colonel Fred Clift du Saskatchewan s'avance, emprunte un fusil, abat trois membres de l'équipe de pièce, et les Sherbrooke font traverser le pont à leurs chars. Le soir, la 6ᵉ Brigade se trouve dans la ville même.

Elle affronte alors la tâche peu enviable consistant à nettoyer Falaise, rue après rue, maison après maison. Selon leur habitude, les grenadiers de la 12ᵉ Division SS résistent vaillamment mais, le soir du 17 août, les Canadiens les ont refoulés dans leur dernier centre de résistance, une école de filles appartenant à un complexe d'immeubles aux murs épais, dans la partie sud de la ville qui domine l'une des grandes artères. Il faut toute la journée aux FMR pour les en déloger, et ils paieront leur victoire d'un prix élevé : une compagnie perdra 12 de ses 40 hommes. La nuit tombe, et les Fusiliers sont en train de préparer un autre assaut, lorsqu'un membre du service de santé allemand, accompagné d'un Canadien capturé, apparaît sous un pavillon parlementaire et leur apprend qu'un groupe de 21 Allemands, dont certains sont blessés, et d'autres non, sont prêts à se rendre. Un officier des Fusiliers accompagne les deux hommes dans l'édifice, qui est maintenant partiellement en flammes, et arrive à organiser l'évacuation de sept blessés; les autres refusent de se rendre. Au moment où il sort, la Luftwaffe fait l'une de ses rares apparitions, bombardant la malheureuse ville et mettant le feu à l'école.

Ayant décidé de pénétrer dans l'immeuble à l'aube du 18 août, les Fusiliers s'installent pour la nuit. Celle-ci se déroule sans incident, jusqu'à ce qu'un officier SS *«tente d'effectuer une sortie avec un automatique et réussisse à abattre plusieurs de nos soldats à bord de véhicules».* L'Allemand aux abois *«s'élance vers un hangar, non loin de là, et il est*

grièvement blessé par une grenade». Lorsque le jour se lève, les Fusiliers passent au peigne fin les ruines fumantes de l'école, mais n'y trouvent aucun Allemand en vie. Falaise est aux mains des Canadiens.

La perte de la ville est un coup accablant pour les Allemands. Le 16 août, lorsque le maréchal Model, le commandant allemand en Normandie, reçoit enfin la permission de battre en retraite, une centaine de milliers d'hommes sont comprimés autour de Falaise dans une poche longue de 30 kilomètres et large de 20. Leur seule route par laquelle ils puissent s'enfuir suit la vallée sinueuse de la Dives, à travers une brèche entre Trun et Chambois. Vue des airs ou des hauteurs — occupées au nord par les Canadiens et au sud, par les Américains — la vallée semble une dépression peu profonde parsemée de villages. Son fond est toutefois un dédale de haies, de petits bois et de champs enclos sillonnés de chemins vicinaux et de sentiers qui fournissent d'excellentes cachettes.

Lorsque débute cette massive migration militaire, les routes et les chemins qui enjambent la Dives se remplissent de transports, y compris des «trains» de chars et d'autres véhicules lourds remorquant des camions plus petits et des voitures. Les pilotes de l'aviation alliée ont tôt fait de découvrir des cibles comme ils n'en ont jamais vues qu'en rêve. Chasseurs et chasseurs-bombardiers attaquent la colonne allemande à coups de roquettes et d'armes automatiques. Survolant les routes engorgées, les aviateurs peuvent à peine en croire leurs yeux. Selon l'historien de la 35ᵉ Escadre de reconnaissance de la RAF :

Les pilotes rendent compte par radio dans un langage qui, s'il est quelque peu pittoresque, et n'est donc pas rigoureusement réglementaire, est le seul moyen d'expression adéquat. Des phrases comme celles-ci réjouissent nos oreilles : «Une pagaille terrible, avec des trucs qui s'en vont dans tous les sens; de grands mouvements confus» ou «Embouteillages monstres, et même des drapeaux blancs qu'on agite.» Cette dernière venait d'un pilote de reconnaissance, qui regrettera toujours de ne pas avoir pu accepter la reddition.

Les objectifs ne manquent pas. Dans ses mémoires, *Wing Leader*, J.E. Johnson, commandant la 127ᵉ Escadre de Spitfire de l'ARC, décrit la tactique favorite des pilotes de Typhoon contre les colonnes de véhicules allemands :

... couper la route en avant et en arrière... en larguant quelques bombes avec précision. Cette technique emprisonne l'ennemi désespéré sur une étroite section de chemin poussiéreux et, puisque les transports sont souvent entassés à quatre de front, les attaques suivantes, aux roquettes et aux canons, s'avèrent une tâche relativement aisée contre ces cibles stationnaires. Certains des véhicules blindés sur roues et des chars tentent d'échapper à leur destin en faisant des détours à travers les champs et les bois, mais ils sont vite repérés par les pilotes de

Saint-Lambert-sur-Dives, le 19 août 1944. Un Sherman du South Alberta Regiment passe près d'un de ses homologues hors combat. Durant trois jours, ce petit village endormi aura été le théâtre de quelques-uns des plus durs combats de la campagne de Normandie. (ANC, PA 132192)

Quelques minutes à peine avant que cette photographie soit prise, une colonne motorisée allemande a pénétré dans la position des Canadiens, qui ont ainsi réussi un beau coup de filet. Quelques minutes après, une attaque allemande a débuté. Pour les qualités de chef et le courage dont il a fait preuve durant ce combat, le major David Currie du South Alberta Regiment, qu'on aperçoit à gauche, un pistolet à la main, a reçu la Croix de Victoria. (MDN, PMR 93-394)

Typhoon, et subissent le même traitement que leurs camarades qui ont emprunté les routes et les chemins.

Lorsque les Typhoon ont terminé leur sinistre travail, les Spitfire de Johnson s'en viennent le parachever en mitraillant les véhicules non blindés au canon de 20 mm. Lorsqu'ils ont épuisé leurs munitions, ils regagnent leur base, où le personnel de piste refait le plein d'obus et de carburant dans les plus brefs délais, puis ils repartent effectuer une autre sortie.

À l'est de Falaise, la route principale traverse Trun et se rend jusqu'à Vimoutiers, à l'extérieur de la poche. Le 17 août, Simonds ordonne à ses deux divisions blindées de couper cette route à Trun. Les Polonais sont arrêtés par un groupement tactique de la 21e Division de Panzer, mais la 4e Division blindée s'empare de Damblainville. Toutefois, des vestiges de la 12e Panzer SS se replient sur des hauteurs au sud et à l'est du village d'où, avec leur artillerie et leurs mortiers, ils commandent les ponts qui enjambent l'Ante et coupent court à toute tentative de franchissement de la rivière. Simonds, maintenant que la route directe de Trun lui est fermée, ordonne à Kitching de déplacer latéralement sa division de trois kilomètres vers l'est et de prendre la ville à la tombée de la nuit. Il faut réaliser de véritables prodiges pour diriger la circulation des centaines de véhicules qui doivent changer d'axe de progression mais, au coucher du soleil, les éléments avancés de la division se trouvent à trois kilomètres au nord de Trun.

Vivement insatisfait de la progression des Canadiens, Montgomery déclare qu'il est *«absolument essentiel»* que les deux divisions blindées *«colmatent la brèche qui sépare la 1re Armée canadienne et la 3e Armée américaine»* et ordonne que la Division blindée polonaise *«s'avance vers CHAMBOIS en contournant TRUN... à n'importe quel prix, et le plus rapidement possible».* Les Polonais se mettent en route cette nuit-là, mais la barrière des langues leur crée malheureusement certains problèmes de communication avec les guides de l'endroit, et le commandant du régiment de tête, se trompant d'objectif, s'avance nuitamment dans la mauvaise direction. Ce n'est que le lendemain matin que les Polonais découvrent leur erreur et, toute la journée, ils ne progressent que lentement, face à une résistance acharnée. Ils sont également ralentis par une pénurie de munitions, d'essence et d'approvisionnements, et la destruction d'une de leurs colonnes de ravitaillement par des avions alliés, en fin d'après-midi, ne fait rien pour leur faciliter les choses. Dans le secteur de la 4e Division blindée, Trun tombe rapidement aux mains du Lake Superior et du Grenadier Guards à l'aube du 18 août, tandis qu'au milieu de la journée, les chars de la 4e Brigade blindée coupent la route de Vimoutiers.

Pendant que les commandants tentent de suivre l'évolution rapide de la situation, les ordres et les objectifs ne cessent de changer. Dans l'après-midi du 18 août, Simonds ordonne à Kitching d'avancer vers Chambois par l'ouest, pendant que les Polonais s'empareront à la fois de ce village et de la hauteur — la cote 262 — qui se trouve au nord. Étant donné que les Américains doivent attaquer vers Chambois par le sud, les deux armées feront leur jonction dans la ville, refermant ainsi la brèche.

Toute la journée du 19 août, la 1re Division polonaise, organisée en groupements tactiques de chars et d'infanterie, s'avance difficilement vers le sud, aux prises avec un ennemi désespéré. Au milieu de l'après-midi, certains soldats ont atteint Coudehard, au nord de Chambois, mais ils sont arrêtés par une contre-attaque de blindés. Un autre groupe est incapable de dépasser la cote 262. Ce soir-là, le 10e Dragons polonais s'empare de Chambois et opère sa jonction avec les troupes de la 90e Division américaine.

La brèche est maintenant colmatée. Toutefois, l'encerclement est loin d'être parfait, et les Allemands continuent de s'infiltrer à travers les positions alliées, ou autour de celles-ci. Le capitaine Jack Summers, qui tente de les en empêcher, estime qu'il pourrait aussi bien *«tenter d'arrêter un troupeau de bisons pris de panique».* Les trois jours suivants, des combats dispersés et confus se déroulent dans toute la vallée de la Dives, alors que les Canadiens et les Polonais s'efforcent de maintenir dans la poche un ennemi désespéré, mais invaincu, qui bataille comme un animal pris au piège.

Un engagement qui illustre bien cette lutte a lieu à Lambert-sur-Dives. Le soir du 18 août, la 4e Division blindée dépêche un petit groupement tactique sur la route de Trun à Chambois. Le major David Currie, du South Alberta, est accompagné de son propre Escadron C, d'une compagnie du Argyll et d'une troupe de canons antichars de 17. Tard dans la soirée, il a atteint le petit village de Saint-Lambert, où plusieurs routes secondaires et chemins ruraux convergent pour franchir des ponts sur la Dives. Lorsqu'il perd deux chars en tentant de pénétrer dans la ville, Currie décroche pour la nuit, avec l'intention d'envoyer son infanterie le lendemain matin.

Incapable d'obtenir l'appui de l'artillerie, car les canons de la division sont hors de portée, Currie conduit ses chars et les Argyll dans Saint-Lambert au lever du jour. Une mêlée confuse éclate alors, les chars et les fantassins des deux camps se poursuivant mutuellement dans les rues. Repérant un char allemand, le lieutenant Armour, des Argyll, le traque dans les rues, puis :

... l'escalade, une grenade no 36 à la main. Au moment précis où il va laisser tomber la grenade dans la tourelle, un officier boche regarde dehors. Les deux hommes sont aussi surpris l'un que l'autre, mais le lt Armour se ressaisit le premier et oblige le Boche à sortir. Celui-ci, qui est armé d'un pistolet automatique, lui saute alors dessus. D'un coup de poing, le lt Armour l'expédie en bas du char, mais, ce faisant, perd l'équilibre. C'est alors

Saint-Lambert-sur-Dives, le
19 août 1944. Des prisonniers
allemands, désarmés quelques
minutes plus tôt, marchent vers
leurs lieux de détention.
(ANC, PA 116586)

La fin de la campagne de
Normandie. Une longue colonne
de prisonniers allemands, dont
la plupart ne semblent pas trop
mécontents d'avoir été capturés,
entament une longue marche vers
la captivité. Bien que l'armée de
terre allemande ait vaillamment
combattu en Normandie, la
supériorité matérielle alliée a
fini par avoir raison d'elle.
(ANC, PA 113654)

que le sdt La Forrest tire sur le Boche, le blessant grièvement. La tourelle du char s'est refermée, et celui-ci s'est remis en marche. Le pilote recule d'environ 25 pieds et s'arrête pour bien voir le Boche blessé. L'écoutille placée à gauche du canon s'ouvre, et une tête en jaillit. Le cpl Hannivan, qui observait la scène au coin d'un immeuble, à une trentaine de pieds de là, loge une balle dans la tête de l'infortuné Boche. Sautant sur l'occasion, le lt Armour s'élance en courant et lâche la grenade dans l'écoutille ouverte.

Étant donné que le moteur du char tourne toujours, le trio surveille celui-ci jusqu'à ce qu'on ait trouvé un PIAT pour l'achever.

À midi, Currie décide de réunir ses forces sur la hauteur qui se dresse au nord du village. L'après-midi, deux autres compagnies d'infanterie se joignent à lui; heureusement, car Saint-Lambert forme un goulot d'étranglement sur la route qu'empruntent les Allemands dans leur fuite, et ceux-ci lancent contre sa position une série d'attaques qui se poursuivent toute la nuit du 19 août et le lendemain. L'artillerie se trouve maintenant à bonne portée, et Currie en dirige le tir contre les formations serrées d'Allemands, brisant attaque sur attaque. À un certain point, «les obus tombent à moins de 15 verges de son propre char», mais l'indomptable Currie ordonne aux artilleurs de continuer à tirer, en raison de l'«effet dévastateur» de leurs obus «sur l'infanterie qui attaque dans son secteur immédiat».

Malgré tout, les Allemands continuent d'attaquer, et Currie est bientôt le seul officier indemne de son élément. Infatigable, cet officier de la Saskatchewan, avec sa taille imposante et son allure paisible, détermine ses hommes à tenir bon :

> À un moment donné, il dirige personnellement le tir de son char de commandement contre un char Tigre qui ne cesse de harceler sa position, et réussit à l'éliminer. Au cours d'une autre attaque, pendant que les armes de son char sont dirigées vers d'autres objectifs, plus éloignés, il se sert d'un fusil, depuis la tourelle, pour régler son compte à un tireur embusqué qui s'est infiltré à moins de 50 verges de lui. La seule fois où des renforts réussissent à le rejoindre, il les conduit à l'avant, leur indique leurs positions, et leur explique l'importance de leur rôle pour la défense. Au cours de l'attaque suivante, lorsque ces renforts se replient... il se charge lui-même de les rassembler et de les ramener à leurs positions.

Lorsque la relève arrive enfin, au milieu de la journée du 21 août, Currie n'a pas dormi depuis trois jours. Après s'être convaincu que sa position a été complètement relevée, il «s'endort debout et s'écroule par terre». Pour son courage et ses qualités exceptionnelles de chef, il recevra la Croix de Victoria.

À ce stade, l'artillerie divisionnaire des 2e, 3e et 4e Divisions canadiennes est entrée en action sur les hauteurs qui dominent la Dives. Les hommes du South Alberta, dans les positions qu'ils occupent sur les collines entourant Saint-Lambert, regardent les artilleurs imiter les chasseurs-bombardiers. L'historien de l'unité décrira ainsi la scène :

> On peut voir l'ennemi s'en venir de l'ouest sur les routes, à bord de longues files de camions, de chars, de chariots, de fourgons et de véhicules de toute sorte. Le massacre est effroyable. Les artilleurs visent d'abord les véhicules de tête et de queue, puis canardent méthodiquement le reste du convoi. On ne mesure plus les pertes au nombre de véhicules, mais par centaines de verges de véhicules. Malgré tout, ceux-ci continuent de se presser sur les routes, et certains réussissent à passer.

Le carnage se poursuit dans l'obscurité, car les colonnes allemandes, qui tentent de s'enfuir ou de se rendre, s'enfoncent par erreur dans les positions canadiennes et polonaises. Un officier canadien fait prisonnier par l'un de ces groupes d'ennemis désespérés racontera par la suite son aventure :

> *Leur groupe semblait s'être égaré. Les véhicules se sont engagés sur plusieurs routes, mais ils ont fait trois fois demi-tour. À un moment donné, le char a effectué un virage à dérapement sur trois cadavres ennemis. Les Allemands ont consulté des cartes et ils ont interrogé des prisonniers sur la région, puis ils ont fini par emprunter une route qui se dirigeait vers l'est.*
>
> *L'ennemi nous a bien traités. Nous avons été fouillés par plusieurs hommes, dont chacun s'emparait de ce qu'il désirait. Ils semblaient vouloir de l'argent, des montres et des briquets. Ils portaient beaucoup d'équipement canadien, particulièrement des révolvers, des jumelles et des montres. Nombre d'entre eux fumaient des cigarettes canadiennes.*

Ce ne sont pas toutes les unités allemandes présentes dans la poche qui sont démoralisées. Certaines d'entre elles, particulièrement les unités de SS, de Panzer et de parachutistes, maintiennent leur intégrité. Elles marchent et combattent en petits groupes tactiques constitués autour de leurs derniers véhicules blindés. Le principal état-major de la poche est celui de la 12e Division de Panzer SS, et, ainsi qu'on pouvait s'y attendre, Kurt Meyer continue à se battre avec détermination. La nuit du 19 août, il arrive à communiquer avec le général Paul Hausser, commandant la 7e Armée allemande, qui s'est échappé de la poche, et coordonne avec lui des plans en vue d'une sortie. Pendant que le 2e Corps d'armée de Panzer SS attaque depuis l'extérieur les positions polonaises de la cote 262 et de Chambois, les survivants des unités de parachutistes, de SS et de Panzer qui se trouvent dans la poche forment trois colonnes pour effectuer une sortie entre ces positions.

Le temps pluvieux qui oblige les avions alliés à demeurer au sol favorise les Allemands lorsque ceux-ci se répandent autour de la force d'arrêt de Currie, à

Saint-Lambert, et franchissent la route de Trun à Chambois pour attaquer les Polonais sur la cote 262. Attaqués de deux côtés, ces derniers doivent se battre désespérément pour conserver leur position. Parce que la 90e Division américaine, qui s'efforce de tenir bon au sud de Chambois, ne peut pas rejoindre les Polonais, Simonds ordonne à Kitching de leur envoyer la 4e Brigade blindée en renfort aux premières heures du 20 août. Malheureusement, elle n'avance guère et, en soirée, se trouve encore à plusieurs kilomètres.

Le matin gris et humide du 21 août, des groupes forcenés d'Allemands continuent à s'échapper du piège. On peut lire dans l'histoire régimentaire du Algonquin le sort de l'un de ces groupes :

Lorsque le jour se lève, nous sommes tous en état d'alerte, frissonnant de froid et trempés jusqu'aux os par la pluie. Graduellement, à mesure que la brume se dissipe, les choses deviennent visibles dans la vallée en contrebas. D'abord un arbre ou deux, puis un toit, enfin des centaines d'hommes en marche! Ils avancent lentement en une longue file sur la route qui passe en bas de notre colline, accompagnés de véhicules dont certains sont tirés par des chevaux. Leur colonne s'étend à perte de vue dans les deux directions. Qui sont-ils? Amis ou ennemis? Nous les observons dans nos jumelles, les yeux écarquillés. Enfin, nous avons une certitude : ce sont bien des Allemands! Juste devant notre position — hausse 500 — ennemi sur la route — commencez le feu! Toutes nos armes se mettent à tirer. Vengeance? Si vous voulez : vengeance au nom des compagnies prises au piège sur la colline il y a 10 jours! Tout est parfait. Nos armes continuent de faire feu jusqu'à ce que plus rien ne bouge sur la route, à l'exception de quelques drapeaux blancs. «Cessez le feu!»

Le massacre se poursuivra jusqu'à la fin. Selon l'historien des Grenadier Guards, «le carnage et la destruction, dans les 20 milles carrés de la verte vallée et des hauteurs boisées du secteur Trun-Chambois-Vermoutiers, sont difficiles à croire, même pour ceux qui les ont vus de leurs propres yeux». Dans ses mémoires, le colonel Charles Forbes*, des Maisonneuve, en donnera une description saisissante :

... un cimetière cataclysmique de chars, de canons et de cadavres que nos bulldozers poussent simplement de chaque côté de la route. Quel spectacle sinistre! Par ici, on aperçoit un char de 40 tonnes complètement retourné à l'envers, la tourelle arrachée et le canon tordu. À côté repose le cadavre à demi enfoui d'un soldat dont les pieds sortent du sol. On a violé sa sépulture : quelqu'un lui a volé ses bottes. Le vent fait voleter ses papiers près du portefeuille qui repose à côté de sa tombe. Par là, il y a une croix blanche anonyme. Quoi d'autre, encore? Un fusil planté la crosse en l'air dans le sol, près d'un tas de terre. Partout la dévastation, la pourriture, les cadavres, et les véhicules de toute espèce, détruits ou brûlés. Au

volant, un squelette dont les yeux sont des orbites vides et dont la bouche carbonisée s'est contractée et figée dans un hurlement de douleur ou un éclat de rire satanique.

Par la suite, les Canadiens recenseront, dans le secteur de la poche, les épaves de plus de 3 000 chars et autres véhicules blindés, camions ou canons. Pourtant, ce qu'il y a de bien pire, encore, c'est l'odeur de ces milliers de dépouilles humaines ou de carcasses d'animaux, sous le brûlant soleil d'août. Une odeur si forte que le lieutenant-colonel d'aviation Johnson peut la sentir en volant à 2 000 mètres au-dessus de la région, alors que la verrière de son Spitfire est fermée. Le sergent-major Charles Martin racontera simplement que «la puanteur nous rendait malades», et Forbes qu'elle «nous obligeait à porter nos masques à gaz».

Un grand nombre d'habitants de la vallée se sont fait prendre dans les combats. Forbes verra le corps d'un «paysan, assis raide comme un piquet et aussi mort qu'on peut l'être. Il tient encore entre ses mains calcinées les rênes de son vieux canasson grouillant d'asticots, en train de pourrir au soleil.» En dépit de leurs propres pertes, racontera Martin, les «Français se montrent amicaux et bien intentionnés envers nous», quoiqu'«ils doivent manifestement faire de gros efforts pour accueillir leurs libérateurs canadiens avec le sourire et de grands gestes des bras».

Le matin du 21 août, la 4e Brigade reprend ses efforts pour atteindre la cote 262. En dépit d'une résistance opiniâtre, les régiments blindés, avec les Grenadier Guards à leur tête, avancent lentement, mais sûrement, toute la journée. Au début de la soirée, deux escadrons portant une compagnie du Lake Superior sur la plate-forme de leurs chars, sont prêts pour la ruée finale. Après une brève pause destinée à leur permettre de se regrouper, nous informe l'histoire du régiment, ils se mettent en route :

... ils escaladent la colline et pénètrent dans les bois, où un autre Mark IV a pris feu au milieu de la route avant d'avoir pu tirer un coup. Faisant un crochet pour l'éviter, nos chars de tête foncent à travers les arbres qui bordent la route et se trouvent soudain face à face avec deux Stuart qui s'avancent vers eux. On se reconnaît immédiatement, de part et d'autre : ce sont les derniers chars polonais, partis chercher de l'aide, et nous voilà.

Les Polonais sont transportés de joie. «L'une des toutes premières questions qu'ils posent», racontera l'historien, c'est : «Avez-vous une cigarette?»

Ces hommes vivent un moment unique : «le soulagement qu'ils éprouvent leur fait tout oublier, même les tireurs embusqués.»

La campagne de Normandie était terminée.

---

* Forbes, Charles. *Souvenirs de guerre* (titre provisoire), Les Éditions du Septentrion, Québec, 1994.

Charles Martin

ÉPILOGUE

Au prix de 76 jours de combats et de pertes s'élevant à plus de 18 000 hommes, dont près d'un tiers de tués, les Canadiens ont apporté une extraordinaire contribution à la libération de la Normandie. Une fois colmatée la brèche de Falaise, la 1re Armée canadienne s'est jointe aux forces britanniques et américaines pour talonner les Allemands à travers la France, et jusqu'en Belgique. Son rôle consistera à protéger le flanc gauche des Alliés et à s'emparer de la chaîne de ports côtiers nécessaires au soutien des opérations ultérieures. Ceux qui entretiennent avec un optimisme béat l'illusion d'une conclusion prochaine de la guerre devront toutefois déchanter lorsque les Allemands, après s'être ressaisis, continueront de se battre encore plusieurs mois avec acharnement. D'ici la fin des hostilités, en mai 1945, d'autres Canadiens mourront en livrant des batailles maritimes, aériennes ou terrestres : sur l'Escaut, en Hollande, en Rhénanie et plus loin en Allemagne.

Bien qu'il ait été grièvement blessé deux mois avant la fin de la guerre, le sergent-major Charles Martin, du Queen's Own Rifles, survivra à celle-ci et retournera dans sa ferme, en Ontario. Depuis le jour J, il aura reçu la Médaille de conduite distinguée et la Médaille militaire, en témoignage justifié, bien qu'à peine suffisant, de son sens du commandement et de sa bravoure. Qu'ont donc représenté tous ces événements pour ce soldat canadien? En Normandie, écrira-t-il plus tard :

... nous avons fini par comprendre le véritable sens de la guerre totale : la violence appelle la violence. Au cours de cette guerre, en à peine plus de deux mois, nous en avons déjà trop vu, et nous avons appris de la manière la plus cruelle que, pour survivre, et pour remporter la victoire, il fallait accepter la guerre totale, et tout ce qu'elle entraînait.

Jacques Dextraze a été décoré de l'Ordre du Service distingué pour ses qualités exceptionnelles de commandement en Normandie et, de nouveau décoré, après s'être distingué à la tête des Fusilliers Mont-Royal, à l'âge de 25 ans. Il a laissé l'armée à la fin de la guerre, puis est revenu en 1950 pour commander le 2e Bataillon du Royal 22e Régiment appelé à servir en Corée. Le général Dextraze a quitté les Forces armées canadiennes en 1977, après avoir servi pendant cinq ans à titre de chef d'état-major de la défense.

Le père Hickey survivra également à la guerre. Le roi George VI lui décernera la Croix militaire avant que l'aumônier regagne son foyer, au Nouveau-Brunswick, où son église le nommera un jour prélat domestique en lui accordant le titre de monseigneur. Lorsqu'il retournera en Normandie, en 1979, Hickey reverra le capitaine J.C. Stewart, et c'est avec stupéfaction que les deux vétérans seront accueillis par madame Constant, l'habitante grièvement blessée de Saint-Aubin-sur-Mer qui semblait à l'article de la mort lors de leur rencontre du 6 juin, et dont l'ecclésiastique avait amadoué les enfants avec des tablettes de chocolat. Le père Hickey mourra huit ans plus tard à Carpiquet, près de Caen, ainsi qu'il l'aurait peut-être lui-même souhaité. Il y assistait à une réunion d'anciens combattants du North Shore, qui s'étaient rendus en Normandie pour ériger un monument à la mémoire de leurs camarades tombés au champ d'honneur.

NOTE AU SUJET DES SOURCES

Le présent ouvrage s'inspire principalement de documents appartenant à la collection du Service historique du ministère de la Défense nationale et à celle des Archives nationales du Canada, à Ottawa. Ces collections comprennent les originaux des plans opérationnels, des ordres, des comptes rendus et de la correspondance, les journaux de guerre des unités, les journaux de bord des navires et les journaux des transmissions, les procès-verbaux de la marine et la traduction de documents allemands. Au cours de la guerre, les officiers historiens ont eu avec les participants des entrevues qui, combinées à d'autres matériaux, ont permis de composer des récits détaillés des opérations. À leur tour, ces sources principales ont servi de fondement à l'histoire des trois armées qui ont participé à la campagne de Normandie. Tout ouvrage traitant de la participation des Canadiens a une dette inévitable envers C.P. Stacey, dont l'histoire officielle de l'armée de terre demeure inégalée aux points de vue de la recherche et de la rédaction.

Les opérations de Normandie ont été à l'origine d'un nombre et d'une variété presque illimités d'ouvrages publiés, et la bibliographie choisie qu'on trouvera ci-dessous effleure à peine la surface de cette vaste collection. Les auteurs du présent ouvrage ont fait appel, pour sa rédaction, aux histoires des unités et aux mémoires où étaient relatées des expériences personnelles. Nous sommes reconnaissants aux écrivains, ainsi qu'aux nombreux auteurs d'histoires de régiments, de corps et d'unités, que nous avons abondamment cités. L'origine des passages extraits de ces ouvrages, et d'autres, est indiquée dans le texte; on trouvera ci-dessous des informations bibliographiques complètes à leur sujet.

BIBLIOGRAPHIE CHOISIE

OUVRAGES GÉNÉRAUX

Barnett, Corelli. *Engage the Enemy More Closely*, Norton, Londres, 1991.

Bennett, Ralph. *Ultra in the West: The Normandy Campaign of 1944-45*, Charles Scribner's Sons, New York, 1979.

Blackburn, G. *Thank God, the Guns* (à paraître prochainement).

Copp, Terry et Vogel, Robert. *Maple Leaf Route: Caen and Falaise*, Maple Leaf Route, Alma, 1983.

Copp, Terry. *The Brigade*, Fortress Publications, Stoney Creek, 1992.

Copp, Terry et McAndrew, Bill. *Battle Exhaustion: Soldiers and Psychiatrists in the Canadian Army, 1939-1945*, McGill-Queen's University Press, Montréal, 1990.

D'este, Carlo. *Decision in Normandy*, Collins, Londres, 1983.

Easton, A. *50 North*, Ryerson, Toronto, 1963.

English, John. *The Canadian Army and the Normandy Campaign: A Study of Failure in High Command*, Praeger, Wesport, 1991.

Forbes, Charles. *Souvenirs de guerre* (titre provisoire), Les Éditions du Septentrion, Québec, 1994.

Foster, Tony. *Meeting of Generals*, Methuen, Toronto, 1986.

Greenhous, B. *et al. The Crucible of War: The Official History of the RCAF, III*, University of Toronto Press, Toronto, 1994.

Hamilton, N. *Monty: Master of the Battlefield, 1942-1946*, McGraw-Hill, New York, 1983.

Hastings, Max. *Overlord: D-Day and the Battle for Normandy 1944*, Michael Joseph, Londres, 1984.

Hickey, Raymond. *The Scarlet Dawn*, Tribune Publishers, Campbellton, 1947.

Hillsman, J.B. *Eleven Men and a Scalpel*, Columbia Press, Winnipeg, 1948.

Hinsley, F.H. *et al. British Intelligence in the Second World War, III, Part 2*, HMSO, Londres, 1988.

Johnson, J.E.J. *Wing Leader*, Chatto and Windus, Londres, 1956.

Kitching, G. *Mud and Green Fields: The Memoirs of Major General George Kitching*, Battleline Books, Langley, 1986.

Law, C.A. *White Plumes Astern*, Nimbus, Halifax, 1989.

Lawrence, H. *A Bloody War*, Macmillan, Toronto, 1979.

Luther, Craig. *Blood and Honor· The History of the 12th SS Panzer Division, "Hitler Youth"*, Bender Publishing, San Jose, 1987.

Martin, Charles M. *Battle Diary: One Sergeant Majors Story from D-Day to VE Day*, Dundurn Press, Toronto, 1994.

McKee, A. *Caen: Anvil of Victory*, Souvenir Press, London, 1964.

Milberry, L. et Halliday, H. *The Royal Canadian Air Force at War, 1939-1945*, Canav Books, Toronto, 1990.

Roskill, S.W. *The War at Sea, III, Part 2*, HMSO, Londres, 1960.

Roy, R. *1944: The Canadians in Normandy*, Macmillan, Toronto, 1984.

Schull, J. *Lointains Navires*, Imprimeur de la Reine, Ottawa, 1953.

Stacey, C.P. *La Campagne de la victoire*, Imprimeur de la Reine, Ottawa, 1960.

Stacey, C.P. *Six années de guerre*, Imprimeur de la Reine, Ottawa, 1957.

U-Boat War in the Atlantic, HMSO, Londres, 1989.

Weigley, R. *Eisenhower's Lieutenants*, Indiana University Press, Bloomington, 1981.

Wright, Jean Ellis *et al. Memoirs — Women in War, 1942-1947*, Westside, Victoria, 1993.

HISTOIRES DE RÉGIMENTS ET D'UNITÉS

A History of the First Hussars Regiment, 1856-1980 (le régiment, 1981).

Barnard, W.T. *The Queen's Own Rifles of Canada*, Ontario Publishing, Don Mills, 1960.

Barrett, W.W. *The History of the 13 Canadian Field Regiment, Royal Canadian Artillery, 1940-1945* (Holland : le régiment, 1945).

Bell, T.J. *Into Action with the 12th Field, 1940-1945* (Holland : le régiment, 1945).

Baylay, G.T. *The Regimental History of the Governor General's Foot Guards* (Ottawa : le régiment, 1948).

Bird, Will. *No Retreating Footsteps: The Story of the North Nova Scotia Highlanders*, Kentville Publishing, Kentville, s. d.

Bird, Will. *North Shore (New Brunswick) Regiment*, Brunswick Press, 1963.

Boss, W.H. *The Stormont, Dundas and Glengarry Highlanders, 1783-1951*, Runge Press, Ottawa, 1952.

Brown, K. et Greenhous, Brereton. *Semper paratus. The History of The Royal Hamilton Light Infantry*, RHLI Historical Association, Hamilton, 1977.

Buchanan, G.B. *The March of the Prairie Men. A Story of the South Saskatchewan Regiment* (Weyburn : le régiment, 1957).

Cassidy, G.L. *War Path: The Story of the Algonquin Regiment, 1939-1945*, Ryerson, Toronto, 1948.

Castonguay, J. et Ross, Armand. *Le Régiment de la Chaudière* (Lévis : le régiment, 1983).

Cent ans d'histoire d'un régiment canadien français. Les Fusiliers Mont-Royal, 1869-1969, Éditions du Jour, Montréal, 1969.

Duguid, F. *History of the Canadian Grenadier Guards, 1760-1964*, Gazette Printing, Montréal, 1965.

First Battalion The Regina Rifle Regiment, 1939-1946, Regina, 1946.

Goodspeed, D.J. *Battle Royal: A History of the Royal Regiment of Canada, 1862-1962* (Toronto : le régiment, 1962).

Gouin, J. *Bon cœur et bon bras : histoire du Régiment de Maisonneuve, 1880-1980* (Montréal : le régiment, 1980).

Harker, D.D.E. *The Story of the British Columbia Regiment, 1939-1945*, à compte d'auteur, Vancouver, 1950.

Hayes, G. *The Lincs: A History of the Lincoln and Welland Regiment at War*, Alma, 1986.

Jackson, H.M. *The Argyll and Sutherland Highlanders of Canada (Princess Louise's), 1928-1953* (Montréal : le régiment, 1953).

Jolly, A. *Blue Flash: The Story of an Armoured Regiment*, à compte d'auteur, Londres, 1952.

Kerry, A.J. *A Souvenir War History: 8th Canadian Field Squadron, Royal Canadian Engineers, 1941-1945* (Holland : l'escadron, 1945).

Morton, R. *The Fort Garry Horse in the Second World War* (Holland : le régiment, 1945).

Rogers, R.L. *History of the Lincoln and Welland Regiment* (le régiment, 1954).

Ross, R.M. *The History of the 1st Battalion Cameron Highlanders of Ottawa (MG)* (Ottawa : le régiment, 1946).

Roy, R. *Ready for the Fray (Deas Gu Cath): The History of the Canadian Scottish Regiment (Princess Mary's), 1920-1955* (Vancouver : le régiment, 1958).

Scarfe, N. *Assault Division*, Collins, Londres, 1947.

Snowie, J.A. *Bloody Buron*, The Boston Mills Press, Erin, 1984.

Stanley, G. *In the Face of Danger: The History of the Lake Superior Regiment* (Port Arthur : le régiment, 1960).

Tascona, B. *The Little Black Devils: A History of the Royal Winnipeg Rifles*, Frye Publishing, Winnipeg, 1983.

Warren, A. *Wait for the Waggon: The Story of the Royal Canadian Army Service Corps*, McClelland and Steward, Toronto, 1961.

Willes, J.A. *Out of the Clouds: The History of the 1st Canadian Parachute Battalion* (le régiment, 1981).